£7-25

"L'ONIRISME ET L'INSOLITE
DANS LE
THÉÂTRE FRANÇAIS CONTEMPORAIN "

COLLECTION ACTES ET COLLOQUES

* 1. — *Les anciens textes romans non littéraires ; leur apport à la connaissance de la langue au Moyen Age* (Colloque, Strasbourg, 1961). *Epuisé.*

2. — *Jean-Jacques Rousseau et son œuvre, problèmes et recherches* (Colloque, Paris, 1962). *Epuisé.*

* 3. — *L'Humanisme médiéval dans les littératures romanes du XIIe au XIVe siècle* (Colloque, Strasbourg, 1962). *Epuisé.*

* 4. — *Actes du 10e Congrès international de Linguistique et Philologie romanes* (Strasbourg, 1962), en 3 vol.

* 5. — *Le vers français au XXe siècle* (Colloque, Strasbourg, 1966).

6. — *Le réel dans la littérature et dans la langue : Actes du 10e Congrès de la Fédération Internationale des langues et littératures modernes* (FILLM) (Strasbourg, 1966).

7. — *Mme de Staël et l'Europe* (Commémoration de Coppet, 18-24 juillet 1966).

* 8. — *Positions et oppositions sur le roman contemporain* (Actes du colloque sur le roman contemporain recueillis et présentés par M. Mansuy, Strasbourg, avril 1970).

* 9. — *Les dialectes de France au Moyen Age et aujourd'hui. Domaines d'Oïl et domaine franco-provençal* (Strasbourg, 1967). Actes publiés avec le concours de la Société de Linguistique romane par G. Straka.

10. — *L'esprit républicain.* Colloque d'Orléans (4 et 5 septembre 1970) présenté par J. Viard.

* 11. — *La linguistique catalane.* Colloque de Strasbourg (23-27 avril 1968). Actes publiés par A. Badia Margarit et G. Straka.

* 12. — *Paul Valéry contemporain,* Colloques organisés en novembre 1971 par le C.N.R.S. et par le Centre de Philologie et de Littératures romanes de Strasbourg. Actes publiés par M. Parent et J. Levaillant.

13. — *La gloire de Dürer* (Colloque, Nice, 1972). Actes publiés par J. Richer.

Le présent volume et ceux, ci-dessus, précédés d'un astérisque concernent les Colloques organisés par le Centre de Philologie et de Littératures romanes de l'Université des Sciences Humaines de Strasbourg (Directeur : Georges STRAKA).

ACTES ET COLLOQUES
— 14 —

"L'onirisme et l'insolite dans le THÉÂTRE FRANÇAIS CONTEMPORAIN"

Actes du Colloque organisé par
le Centre de Philologie et de Littératures romanes de Strasbourg
et la Société d'Etude du XXe siècle
(Avril 1972)

Textes recueillis et présentés par

PAUL VERNOIS

PARIS
Editions (KLINCKSIECK)
1974

Allocutions de

M. le Recteur GUYARD, Georges STRAKA, Michel DÉCAUDIN.

Communications de

Mme Jacqueline ADAMOV, Henri BÉHAR, Mme Simone BENMUSSA, Mme Danielle BONNAUD-LAMOTTE, Michel DÉCAUDIN, Pierre-Etienne HEYMANN, Henri LAGRAVE, Michel LIOURE, Jacques MONFÉRIER, Jean ONIMUS, Jacques PETIT, Pierre ROBIN, Paul VERNOIS, Pierre VOLTZ, Mlle Colette WEIL.

Interventions de

Pierre CAIZERGUES, Mme Marie-Jeanne DURRY, René ETIEMBLE, Victor HELL, Mme Huguette LAURENTI, Fritz LAUTENBACH, Jean-Claude LIÉBER, Pierre MÉLÈSE, Alfred KERN, René de OBALDIA, Jean PIERROT, Jean-Noël SEGRESTAA, Andreas STOLL, Hans STAUB, Romain WEINGARTEN.

ISBN 2-252-01631-0

© Editions Klincksieck, 1974.

Les 27, 28, 29 avril 1972, le Centre de Philologie et de Littératures romanes *de l'Université des Sciences humaines de Strasbourg, fidèle à une tradition qui ne répugne pas à dissimuler sous un titre de respectabilité ancienne des recherches littéraires sur des sujets d'actualité, recevait, comme deux ans auparavant, dramaturges, critiques et universitaires soucieux de confronter leur expérience de la scène contemporaine. Cette manifestation avait été organisée avec l'accord et le patronage de* la Société d'Etude du XXe siècle *qui apportait en l'occurrence à l'Université son encouragement précieux. Délibérément était ainsi forgé le second maillon d'une chaîne de rencontres consacrées à l'exploration de la littérature française du* XXe siècle. *La raison d'être et l'esprit de ces confrontations ont été parfaitement définis par Michel Mansuy dans sa préface aux* Actes du précédent colloque consacré au roman. *La plus large ouverture est donnée à nos débats et la liberté même qui règne dans les propos permet aux clivages naturels des positions de s'établir cependant que, de la variété même des sujets traités et des questions posées, se dégagent les grandes lignes de la problématique d'un « genre » aux frontières souvent indécises. A cet égard les* Actes *sur le* Théâtre *seront une réplique des* Actes *sur le Roman* (1). *On y trouvera le souci identique de cerner et de discerner l'originalité des tentatives les plus proches de nous dans le domaine théâtral. Pour autant les réflexions et commentaires ne seront pas dépourvus du feu des passions que suscitent, dans le cadre de la cité, les frontons, déjà évoqués par Valéry, du Théâtre du Tribunal et du Temple.*

---

(1) Nous avons également procédé pour la clarté de l'exposé à une légère modification de l'ordre des communications qui a été le suivant :

Le 27 avril (matin) : Allocutions d'ouverture de M. le Recteur Guyard, de MM. Straka et Michel Décaudin. Communications de Henri Béhar et de Mme Simone Benmussa.

Le 27 avril (après-midi) : Communications de Pierre Voltz, Michel Décaudin, P.-E. Heymann.

Le 28 avril (matin) : Communications de Michel Lioure, Jacques Monférier.

Le 28 avril (après-midi) : Communications de Jean Onimus, Mlle C. Weil, Pierre Robin.

Le 29 avril (matin) : Communications de Mme J. Adamov, Jacques Petit.

Le 29 avril (après-midi) : Communications de Henri Lagrave, Mme Bonnaud-Lamotte et conclusions de Paul Vernois.

Les positions et les oppositions du roman avaient suscité un nouveau type de lecteur. Nous avons dû définir un nouveau type de spectateur. On connaissait bien le public des œuvres anciennes : de brillantes études dramaturgiques nous avaient livré les secrets de son plaisir. On n'avait jamais, en revanche, interrogé l'adepte du nouveau théâtre. Aussi bien, dans cette querelle actuelle des Anciens et des Modernes, avons-nous mis l'accent sur la spécificité d'une dramaturgie bouleversée de fond en comble depuis que le rêve et l'insolite, sous toutes leurs formes, se sont emparé de la scène avec le consentement d'abord résigné, puis affirmé et enfin passionné des spectateurs. Il y avait intérêt majeur à reconnaître les motivations et les modalités d'une révolution technique qui précède ou déborde les prises de positions esthétiques ou idéologiques auxquelles peuvent se référer les créateurs. L'Université aurait failli à sa tâche en ne tentant pas d'organiser les confrontations qui fraient la voie aux synthèses postérieures de l'histoire littéraire. A ce propos nous n'avons pas cru devoir imposer des limites chronologiques trop rigoureuses aux auteurs de communications. Nous avions besoin de revenir aux sources du théâtre contemporain avec Jarry, mais il n'était pas indifférent non plus de voir le théâtre chinois incarner les idées d'Artaud avec son génie propre.

Nous aurions aimé aussi des exposés et des discussions sur un plus grand nombre d'auteurs (Cocteau, Arrabal, Boris Vian entre autres). Nous avons dû, comme toujours en pareilles circonstances, borner nos ambitions. En revanche nous avons attaché un prix particulier aux précieuses collaborations qui nous ont été offertes, et d'abord à celle de Pierre-Etienne Heymann, Directeur de l'Ecole d'Art dramatique, qui illustra sa communication en présentant dans le cadre du Théâtre National de Strasbourg une lecture-spectacle d'Adorable Peau d'Ange *de Louis Foucher et* La Politique des Restes *d'Adamov.*

La présence parmi nous de Mme Jacqueline Adamov, au témoignage si émouvant, de dramaturges aussi originaux que René de Obaldia et Romain Weingarten, auxquels s'était joint en ami Alfred Kern, ont constitué pour nos travaux un honneur et une caution irremplaçables. Nos débats, enfin, ont été rehaussés par la compétence des personnalités qui ont bien voulu en assurer les présidences, Mme Marie-Jeanne Durry, MM. René Etiemble, Hans Staub, Jacques Petit, Michel Décaudin. Grâce à un faisceau de concours exemplaires que valut au Centre de Philologie et de Littératures romanes l'appui de la Société d'étude du XXe siècle et de la Faculté des Lettres modernes, la salle de la Table Ronde de notre Université devint un peu, pendant trois jours ce « plateau d'heureuse lumière » dont rêvait Giraudoux. C'est pour nous une raison d'espérer et, pour autant, de persévérer.

Paul VERNOIS.

Séance d'ouverture du Colloque

De gauche à droite: Paul Vernois, M. le Président Chevallier, M. le Recteur Guyard, MM. Georges Straka, René Etiemble, Michel Décaudin.

OUVERTURE DU COLLOQUE

par M. M.-F. GUYARD,
Recteur de l'Académie de Strasbourg

MESDAMES, MESSIEURS,

Mon début sera claudélien, la suite aussi et la fin pas du tout. Je commencerai, comme Claudel, et comme l'Ecriture peut-être, parce que je vois devant moi Jacques Petit. Ainsi donc, encore une fois, le Centre de Philologie et de Littératures romanes, organise un de ses colloques ; et ainsi donc, encore une fois, j'ouvre l'un de de ces colloques auxquels, en des temps peut-être meilleurs, — je parle pour moi, — je participais quand je n'avais pas à les organiser — comme l'a fait pour celui-ci mon ami Vernois — et là je pense que c'était des temps pires.

Les discours d'ouverture consistent parfois, comme les présentations de conférenciers, en propos indiscrets d'un homme qui vous explique ce que vous allez entendre. Après quoi le conférencier, au fond, pourrait repartir. Ce matin, j'ai eu une tentation — due à mon métier actuel — lorsque j'ai vu votre programme : j'avais envie de sauter aux conclusions dont le titre, je dois le dire, m'a réjoui, cher ami Vernois, « Voies, moyens et perspectives du théâtre insolite » ; ça m'a réjoui parce que pour un colloque littéraire, ces formules avaient de singulières résonances administratives et que je suis si déformé par mon métier actuel qu'il y avait là de quoi charmer mes oreilles et susciter ma prose, évidemment technocratique.

Mais mon rôle est plus limité ; rassurez-vous ; je ne vais pas développer des conclusions que je serais bien incapable de présenter. Mon rôle, je l'imaginerai plutôt, puisque j'ai dit que je continuerai encore sous le signe de Claudel, je l'imaginerai semblable à celui de l'annoncier du Soulier de Satin lançant à l'auditoire : « C'est ce que vous ne comprendrez pas, qui sera le plus beau. » Après tout, ce rôle de l'annoncier, surtout lorsque je songe qu'à ma gauche siège mon redoutable collègue Etiemble, est moins périlleux devant lui, je pense, que celui du père jésuite du même drame, lequel, on le sait, après une prière s'abîme dans les flots, comme vous souhaitez tous me voir sombrer avec ou sans prière, avec ou sans sacrement, tant vous avez hâte, j'en suis convaincu, de passer aux choses sérieuses. J'ai été professeur assez longtemps, je le suis encore viscéralement assez, pour savoir qu'un recteur, ce n'est pas quelqu'un de sérieux pour des professeurs. La réciproque est peut-être vraie d'ailleurs mais enfin, c'est un autre chapitre à traiter ailleurs. Même si vous commencez par Jarry, vous pensez certainement que c'est plus sérieux que d'entendre une allocution d'ouverture, et que pourrait vous dire de sérieux un professeur provisoirement chargé d'une de ces vacations farcesques dont parlait Montaigne ? Eh bien ! Il pourrait peut-être essayer de se placer sur le même terrain que vous et de vous lancer par exemple que c'est un professeur qui fut le modèle d'Ubu. Pardonnez-moi cette provocation, pauvre revanche d'un qui n'ouvre que pour sortir.

Avant de céder la parole à Georges Straka, laissez-moi remercier tous ceux qui, de l'Université ou du Théâtre, des provinces ou de Paris sont venus ici réfléchir avec mes collègues strasbourgeois sur quelques aspects du théâtre le plus moderne où l'insolite dirait un Franglais, mais le Franglais ici a le renfort de Littré, a cessé d'être obsolète.

ALLOCUTION DE M. GEORGES STRAKA,

Directeur du Centre de Philologie et de Littératures romanes,
Membre de l'Académie Royale de Belgique

MES CHERS COLLÈGUES,
MESDAMES, MESSIEURS,

A mon tour, je vous souhaite, au nom du Centre de Philologie et de Littératures romanes, la plus cordiale bienvenue à Strasbourg, dans notre Université et, tout spécialement, dans notre Centre que beaucoup d'entre vous connaissent déjà. Que ceux qui prennent part pour la première fois à nos travaux soient plus particulièrement remerciés d'être venus se joindre à la grande famille de nos collaborateurs et amis français et étrangers.

Nous sommes heureux de vous accueillir tous aujourd'hui : votre présence constitue pour nous un encouragement à persévérer sur la voie de nos activités et nous fournit une nouvelle preuve de l'utilité des colloques que nous avons pris l'habitude d'organiser périodiquement. Le présent colloque est le vingtième de notre Centre et nous nous réjouissons de voir que vous avez répondu très nombreux à notre invitation. Mais notre reconnaissance va surtout à ceux qui ont bien voulu accepter de se charger d'une communication ou de diriger les débats ; ceux-ci forment la partie essentielle d'un colloque autour des communications qui en sont l'ossature.

Le thème de ce colloque a tout naturellement attiré en premier lieu des hommes de lettres et des critiques littéraires français. Mais je n'oublie pas la présence, dans cette assemblée, de nombreux collègues étrangers, venus d'une dizaine de pays : leur participation témoigne de l'intérêt que suscite chez eux, dans leurs Universités et dans leurs pays, le théâtre contemporain, celui de France en particulier.

Nous nous félicitons, au Centre de Philologie et de Littératures romanes, de la collaboration que M. Vernois a amorcée récemment et cherche à développer avec la Société d'Etude du XX⁰ siècle. La présence de M. Michel Décaudin, président de cette Société, nous est très précieuse. Je vous remercie, mon cher Collègue, d'avoir bien voulu vous intéresser, avec vos confrères, aux travaux de la section littéraire de notre Centre, section orientée avant tout vers la littérature française contemporaine, et de nous avoir fait l'honneur d'accepter, aux côtés du Centre, le patronage scientifique du présent colloque.

Je remercie tout aussi chaleureusement M. le Recteur Guyard d'être venu présider cette séance et ouvrir le colloque. Je ne saurais vous dire, Monsieur le Recteur, combien réconfortante est pour nous la bienveillante attention que vous portez aux activités du Centre. Vous avez été le premier professeur de littérature française contemporaine en France et c'est au Centre de Strasbourg que vous avez tracé les voies de la recherche dans ce domaine particulièrement important et attrayant des études littéraires. Depuis neuf ans, M. Vernois continue ici votre œuvre, et je suis heureux d'avoir aujourd'hui l'occasion d'exprimer publiquement notre reconnaissance à lui aussi.

Bien que je sois philologue et linguiste, je tiens beaucoup au développement, à l'épanouissement des études littéraires au sein du Centre que j'ai l'honneur de diriger. Les études littéraires et les études de langue sont inséparables, elles sont complémentaires, et on a tort de vouloir en faire deux pôles d'attraction opposés. Personnellement, j'étais jadis très attiré par la littérature, par la littérature dramatique surtout, et tant que mes occupations me le permettaient j'ai suivi d'assez près les nouveautés de la scène, dans mon pays d'origine d'abord et, ensuite, en France. Parmi mes péchés de jeunesse, dont je ne me vante d'ailleurs pas, je retrouve, dans mes souvenirs, quelques chroniques théâtrales et une série d'émissions radiophoniques à Paris, aussitôt après la guerre, sur Caligula *et autres pièces de théâtre d'alors... Aussi, dès que M. Vernois a conçu le projet du présent colloque — comme suite à un autre, sur le roman contemporain, qui a eu lieu ici même il y a deux ans —, ai-je accueilli ce projet avec la plus grande sympathie et, depuis, je n'ai cessé de m'y intéresser.*

La préparation et l'organisation d'un colloque demandent beaucoup de travail — j'en parle en connaissance de cause — et ce n'est pas toujours un travail facile. Il faut savoir gré à M. Vernois de n'avoir rien ménagé pour que ce colloque fût une réussite. Je vous en remercie, cher Ami, de même que de la collaboration continue que vous me prêtez, comme mon directeur-adjoint, pour guider le Centre toujours vers le haut.

A partir de maintenant, tout le poids du colloque reposera sur vous, mes chers Collègues. Trois journées intéressantes, pleines de promesses pour vos études, s'ouvrent devant vous. Dégager les lignes de force et les caractéristiques de la dramaturgie contemporaine dans ce qu'elle a de plus original par rapport à la dramaturgie classique — quel beau thème ! Je souhaite que vos travaux soient couronnés de succès. Je suis convaincu qu'ils le seront.

ALLOCUTION DE MICHEL DECAUDIN,

Président de la Société d'Etude du XXᵉ siècle

Mesdames, Messieurs,

Employant le vocabulaire du théâtre, ce qui ne doit pas vous surprendre au début de ces journées, je dirai que nous assistons à une « première » marquée par les débuts de la Société d'étude du XXᵉ siècle. Ce colloque, en effet, est le premier auquel elle se trouve associée en tant qu'organisatrice et je tiens à remercier en la personne de MM. Straka et Vernois le Centre de Philologie et de Littératures romanes de l'Université de Strasbourg, qui a pris l'initiative d'une telle collaboration.

Elle a pour moi une valeur symbolique. Elle est l'image concrète de l'ambition qu'a notre jeune Société d'être un groupement ouvert, toujours disposé à la participation, prêt à offrir ses services à toute initiative de qualité, se donnant pour vocation d'être un lien entre tous ceux qui s'intéressent au XXe siècle.

Et par « tous », je n'entends pas seulement les spécialistes de littérature et les sociétés littéraires, mais les chercheurs de toutes disciplines. Le linguiste est aujourd'hui solidaire du mathématicien, le critique littéraire du psychanalyste, l'urbaniste du physicien... Programme démesuré, auquel le premier numéro des Cahiers du XXe siècle *tentera de donner une réalité.*

Mais ce n'est pas tout. Ce programme débouche naturellement sur l'actualité. Le présent, les perspectives d'avenir nous retiennent autant que par le passé, fût-il proche, et la Société s'ouvre également aux créateurs d'aujourd'hui, à ceux qui forgent le monde où nous vivrons demain.

C'est pourquoi je me réjouis que ce colloque soit un colloque sur le théâtre, et qu'il réunisse non seulement des universitaires et des chercheurs, mais des critiques, des écrivains, des auteurs dramatiques, des gens de théâtre. C'est dans une confrontation de ce genre que nous concevons la recherche dans le domaine du XXe siècle.

Adorable Peau d'Ange, *une des pièces de Louis Foucher dont je dois vous parler demain, s'achève sur ces mots :*

On ne saurait se rendre compte assez
Qu'ici ce soir il ne s'est rien passé.

Je crois que samedi soir, nous nous rendrons bien compte, nous, qu'en trois jours il se sera passé beaucoup de choses.

SECTION I

SOURCES ET PROBLÉMATIQUE
DE L'INSOLITE ET DE L'ONIRISME

AUX SOURCES DU THEATRE INSOLITE :

LA DRAMATURGIE D'ALFRED JARRY (1)

par

Henri BÉHAR

Devant aborder, le premier au cours de ce colloque, un continent mal connu, à peine signalé sur nos cartes de navigation, désigné comme insolite et onirique, j'avoue n'avoir que peu de renseignements permettant de mieux le localiser, de l'identifier, le circonscrire, le mesurer, d'y faire tous les relevés nécessaires à la connaissance. Je me demande s'il n'est pas tour à tour présent et absent, comme ces terres mystérieuses dont nous parlent les mythologues, ou comme ces cités englouties dont les appels sonores attirent et troublent dangereusement nos marins.

Je m'interroge aussi sur la signification du concept d'insolite : ne serait-ce pas une notion toute transitoire et relative, égale en quelque sorte à la *modernité* dont parlait Baudelaire, ce côté fugitif, contingent, de l'art, variable selon les époques, dont l'autre partie serait l'éternel et l'immuable ? Ne serait-ce pas aussi, et de la même façon, le *merveilleux* cher à André Breton qui réclamait des contes pour les grandes personnes et l'analysait ainsi :

« Le merveilleux n'est pas le même à toutes les époques ; il participe obscurément d'une sorte de révélation générale dont le détail seul nous parvient : ce sont les *ruines* romantiques, le *mannequin* moderne ou tout autre symbole propre à remuer la sensibilité humaine durant un temps. Dans ces cadres qui nous font sourire, pourtant se peint toujours l'irrémédiable inquiétude humaine, et c'est pourquoi je les prends en considération, pourquoi je les juge inséparables de quelques productions géniales, qui en sont plus que les autres douloureuses et affectées » (1er *Manifeste du Surréalisme,* p. 26).

Il me semble, à première vue, que l'insolite dans le théâtre contemporain serait non pas tout ce qui est nouveau et incompréhensible, mais, au contraire, tout ce qui, sous des apparences choquantes, bruyantes, fantastiques, absurdes, touche au fond même de notre

---

(1) Les références renvoient à *Tout-Ubu,* Ed. de Poche, 1962, sous le sigle T.U.

sensibilité, tout ce qui réveille notre angoisse et nous rappelle durement l'origine majestueuse de l'homme, maintenant déchu.

Pensant à la théorie de Wegener pour qui l'Amérique n'est qu'une partie détachée d'un tout primitif adhérant parfaitement à l'ancien continent, je me demande si ce monde foisonnant et divers dont nous allons nous entretenir pendant trois jours n'est pas un fragment à la dérive de ces immenses utopies conçues par les penseurs du xvie siècle, au premier rang desquels il faut citer Rabelais dont Alfred Jarry est l'héritier spirituel, par l'intermédiaire des Silènes que tous deux révéraient.

« Silènes estoient jadis petites boites, telles que voyons de présent ès bouticques des apothicaires, pinctes au-dessus de figures joyeuses et frivoles, comme de harpies, satyres, oysons bridez, lièvres cornuz, canes bastées, boucqs volans, cerfz limonniers et aultres telles pinctures contrefaictes à plaisir pour exciter le monde à rire (quel fut Silène, maistre du bon Bacchus) ; mais au dedans l'on réservait les fines drogues comme baulme, ambre gris, amomon, musc, zivette, pierreries et aultres choses précieuses... » (prologue de *Gargantua*).

Pour Rabelais, Socrate était à l'image de Silène, que la tradition a dépeint comme un être fort laid, au ventre fort gros, ne se soutenant qu'à peine sur son âne, tant son ivresse était grande et continuelle. Mais sous des dehors si grossièrement matérialistes, il possédait une grande sagesse, qu'il ne révélait que sous la menace.

Toutes proportions gardées, Jarry ne me semble pas très éloigné des portraits de Socrate et de Silène tels que Rabelais les rapporte en son prologue ; en témoignent son comportement et surtout le sens que l'on peut inférer de l'ensemble de son œuvre, souvent pareille à ces petites boîtes...

Comme Socrate incarnant pour Rabelais l'unité du bas et du sublime, de l'esprit et de la matière, de la folie et de la sagesse, Jarry représente cette constante de l'esprit humain qui tend à unifier les contradictoires en une seule et fraîche respiration. En ce sens, son œuvre dramatique — qu'elle lui soit propre ou que, l'ayant trouvée sur sa route, il se soit donné à elle — constitue une partie importante du rituel dionysiaque que les dramaturges contemporains ont ressuscité, de manière épurée et laïque, si je puis dire.

Silène, Rabelais le rappelle, passe pour avoir élevé Dionysos. Cette brève évocation d'une haute figure de l'Antiquité et des origines religieuses et mystiques du théâtre permettra de comprendre pourquoi Jarry traduisit sous le titre *Les Silènes* la pièce de C.-D. Grabbe « Raillerie, satire, ironie et signification cachée ». Cela, non seulement parce qu'il y avait une parenté évidente dans l'existence des deux poètes qui, tous deux, tenaient le sentiment et l'intelligence pour également suspects (cette parenté, Jarry, à l'époque, ne pouvait que la soupçonner, ne connaissant pas l'identité de son destin avec celui du dramaturge allemand), mais surtout parce qu'ils donnaient la même représentation artistique à leur conception du monde. C'est le diable lui-même qui, dans l'œuvre de Grabbe, en révèle la signification secrète : l'Univers n'est « rien d'autre qu'une médiocre comédie compilée pendant ses vacances par un ange imberbe et blanc-bec qui vit dans l'univers véritable, incompréhensible aux hommes, et qui est encore, sauf erreur, en classe de rhétorique (...). L'enfer est la partie ironique de la pièce, et comme c'est d'usage, le collégien l'a mieux réussie que le ciel qui doit être la partie sereine et pure ».

L'outrance, le grotesque, l'humour, la fantaisie verbale contribueront à dénoncer notre réalité quotidienne sans que, pour autant, nos auteurs nous proposent un domaine idéal et mieux conçu, celui du Beau et du Bien éternels, puisque toute existence ici-bas est l'œuvre d'un grimaud de collège. Inutile donc de se rebeller, d'accuser qui que ce soit, et encore moins de se désespérer. Ainsi se justifie le second pôle de la pensée jarryque, sur lequel nous reviendrons, qui est la liberté d'indifférence, toutes choses étant égales, donc finalement indifférentes, dans l'univers que nous connaissons.

Puisque l'insolite prend généralement l'allure du monstrueux, je n'omettrai pas la définition de Jarry lui-même, pour servir de lanterne à nos travaux : « Il est d'usage d'appeler *Monstre* l'accord inaccoutumé d'éléments dissonants : le Centaure, la chimère se définissent ainsi pour qui ne comprend. J'appelle monstre toute originale inépuisable beauté. » Peut-être suffirait-il de remplacer « monstre » par « insolite » ?... A ce propos, on remarquera que l'un des bois anciens, reproduit dans *l'Imagier*, ayant inspiré cette définition, figure un Centaure, énorme crapaud à plumes et carapace, pattes arrière palmées, avant griffues, tête d'homme laissant déborder de sa bouche un enfant à demi dévoré, tandis qu'à gauche, agenouillé, un homme aux traits réguliers est dans l'attitude de supplication. Or, cette même composition picturale semble avoir servi de base à une lithographie d'A. Jarry pour l'affiche d'*Ubu Roi* et représentant deux paysans polonais, à la même place, avec les mêmes vêtements, les mêmes traits et dans la même attitude de supplication devant le monstre qui a pris l'apparence terrestre d'Ubu par simple translation. Il apparaît logiquement, mais ceci, vous le saviez tous, qu'Ubu est le monstre ou l'objet insolite qui nous a réunis aujourd'hui, et surtout qu'il est d'une « originale-inépuisable beauté » — pour ceux qui comprendront !

Encore que cela puisse être d'un intérêt certain pour la science je ne me livrerai pas ici à l'étude tératologique des cinq cycles ubuesques. Je ne parlerai ni des antécédents familiaux du monstre, ni des syndromes de sa manifestation, ni de ses causes ni de ses conséquences, ni de la lutte organisée contre lui, ni des moyens d'éradication du mal, ni de la littérature se rapportant à ce sujet. On voudra bien retenir seulement qu'une fois apparu en certaine région de notre globe, il y exerce son activité maléfique selon un schéma d'une rigueur exemplaire, illustrant sans aucune digression ce que Jan Kott intitule le grand mécanisme de l'histoire et qui montre comment l'usurpateur, parvenu au faîte du pouvoir, ayant accumulé les crimes et les exactions, sera nécessairement vaincu par un nouveau prétendant qui, au nom de la justice, recommencera les mêmes méfaits. Ubu incarne l'ambition du pouvoir, sans chercher à se justifier. Pour lui, le mauvais droit ne vaut-il pas le bon ?

C'est là le point essentiel où nous voulions en venir. Jarry développe dans toute son œuvre dramatique le principe d'identité des contraires, se rattachant par là au système de Nicolas de Cuse et, peut-être plus précisément encore, à celui de Giordano Bruno, tel que le résume Samuel Beckett :

« Les maxima et les minima de contraires particuliers sont identiques et indifférenciés. La chaleur la plus faible équivaut au froid le plus faible. En conséquence, toute transmutation est circulaire. Le principe (minimum) d'un contraire emprunte son mouvement au principe (maximum) d'un autre. Ainsi donc, non seulement les minima coïncident avec les minima et les maxima avec les maxima, mais les minima coïncident avec les maxima dans la série de transmutations. La vitesse maximale est repos. La corruption maximale est identique à la génération minimale : en principe, corruption et génération ne font qu'un... »

Pour illustrer cet énoncé quelque peu abstrait, prenons l'exemple des rapports qui unissent *Ubu Roi* et *Ubu Enchaîné*. Ayant été chassé de la Pologne-Nulle Part, Ubu se trouve désormais au Pays des Hommes Libres qui, pour être la patrie de Descartes, présente la particularité de se situer dans un univers non cartésien bipolaire (le positif et le négatif, le neutre étant exclu) où, en vertu de la liberté que chacun doit manifester, le signifiant finit par être l'opposé du signifié — et réciproquement —. Ainsi les « Hommes libres » désobéissent avec application, « se rassemblent et sortent en évitant de marcher au pas » quand leur caporal ordonne : « Rompez vos rangs ! Une, deux ! une, deux ! » On voit quel parti dramatique peut découler d'une telle formule. Il aboutit à des axiomes parfaitement contradictoires comme celui-ci : « La liberté, c'est l'esclavage ! » (V, I, p. 325), ce qui conduit le Père Ubu, pleinement adapté aux circonstances, à se mettre esclave, puisque, dit-il : « C'est encore moi qui finirai par tuer tout le monde... » (I, I, p. 273).

Si, au pays des « Hommes libres », le signifiant est l'opposé du signifié (Sa = — Sé) et si les contraires sont égaux (Sé = — Sé),

il s'ensuit qu'un même terme peut désigner deux éléments antinomiques (Sa = — Sé). C'est ce que prouvent les touristes anglais se
servant d'un dictionnaire au 4ᵉ acte d'*Ubu Enchaîné*. Devant la prison, ils vérifient l'exactitude de cette proposition en lisant : « Palace :
édifice en pierres de taille, orné de grilles forgées. Royal-Palace :
Louvre : même modèle, avec une barrière en plus et des gardes qui
veillent et défendent d'entrer » (IV, 2, p. 315). On notera l'adéquation
de la description à son objet. Ainsi prison = palais, bagnard = roi,
homme libre = esclave, plus généralement, *Ubu Enchaîné = Ubu
Roi.* Ainsi s'exprime, d'une pièce à l'autre, l'identité des contraires.
Tout est égal et indifférent ; quel que soit le régime social dans
lequel il est plongé, Ubu est toujours satisfait dès lors que sa
gidouille engraisse. Corrélativement, tout régime social permet l'ex-
pansion de l'ubuesque forme.

Que la liberté = l'esclavage, que le despotisme = l'anarchie, voilà
des propositions pour le moins « insolites », susceptibles de heurter
nos esprits sagement cartésiens. Le raisonnement, usant du syllo-
gisme, se complique singulièrement lorsque Jarry, en préface à
César Antéchrist où « De la dispute du signe Plus et du signe Moins,
le Révérend Père Ubu, de la Compagnie de Jésus, ancien roi de
Pologne (fait) la seule démonstration pratique, par l'engin mécanique, dit ″ bâton à physique ″, de l'identité des contraires » (*gestes...
Faustroll*, chap. XXXIX) expose dans un article intitulé « Etre et
Vivre » (*L'art littéraire*, mars 1894) que, les contraires étant identiques, la vie et la mort sont assimilables. En effet, si vivre, qui est
action, donc modification, changement constant, est discontinu, il
va de soi que Etre (existence, durée, éternité) est continu ; on peut
identifier Etre et Vivre, l'un étant dans une relation nécessaire à
l'autre. Alors le Continu devient le Discontinu, « L'Etre = le Non-
Etre, Vivre = Cesser d'Exister ». Voilà ce que d'aucuns n'hésiteront
pas à nommer de la Pataphysique, science à laquelle Jarry se
réfère dès sa première publication, dans l'*Echo de Paris* du
28 avril 1893. Mais si l'énoncé précédent surprend, c'est simplement
parce qu'on a omis d'y introduire une certaine temporalité, ou le
principe d'alternance : « Le jour et la nuit, la vie et la mort, l'être
et la vie, ce qu'on appelle, parce qu'il est actuel, le vrai et son
contraire, alternent dans les balancements du Pendule qui est Dieu
le Père » affirme l'un des Christs du prologue. En poursuivant la
métaphore jarryque, on peut assurer que le vrai et le faux sont
identiques, mais comme ils alternent nécessairement, ils sont les
deux phases, ou les deux faces, d'une même entité. C'est pourquoi
César Antéchrist, comme son nom l'indique, se donne lui-même
comme le contraire du Christ et, partant, son pareil : « Christ qui
vins avant moi, je te contredis comme le retour du pendule en
efface l'aller. » Ici intervient Ubu, qui est le double de l'Antéchrist
sur la terre, l'un des aspects possibles de la Bête de l'Apocalypse
laquelle, rappelons-le, a un nombre d'homme.

Le Bâton-à-physique, qui doit opérer la démonstration de l'unité des antinomiques, est tour à tour assimilé, selon sa position, au phallus, au pal, à la ligne, à la croix, au cercle et à l'œil. « Moins en plus » ou « Plus en moins », il est lui-même le symbole de l'unité des sexes, de l'homme et de la femme, de l'esprit et de la matière.

Une telle surcharge symbolique en un seul objet ne doit pas nous étonner : mathématiquement, biologiquement, physiquement, les extrêmes se touchent et s'identifient.

*
**

De ce sentiment de l'unité infinie « où n'entrent ni altérité ni diversité, où l'homme ne diffère pas du lion ni le ciel de la terre, où pourtant toutes choses sont présentes de la façon la plus véritable » comme dit le Cusain, découle chez Jarry une représentation originale de l'espace et du temps, un principe de synthèse qui s'affirme dans son langage et d'une façon plus générale, dans sa dramaturgie.

Et tout d'abord, dans la nécessité première, selon lui, de n'écrire pour le théâtre que si l'on éprouve le besoin impératif de créer un personnage unique qui ne se conçoive pas ailleurs. Alors on donnera forme et vie à un personnage qui aura plus d'existence et de réalité qu'un simple vivant, car il s'imposera à la conscience du spectateur chaque soir, en de multiples lieux au besoin, et durant des siècles. Jarry en vient à penser que le type est même la créature la plus vraie :

« Il est admis par tous — dit-il — qu'Hamlet, par exemple, est plus vivant qu'un homme qui passe, car il est plus compliqué avec plus de synthèse, et même seul vivant, car il est une abstraction qui marche » (T. 4, p. 149).

Devant une telle considération, les règles classiques de la composition dramatique n'ont plus de raison d'être. Le « personnage un » monopolise toute l'attention et justifie les déplacements imaginaires dans le temps et dans l'espace. Mais tout doit graviter autour de lui, il est le pivot, le centre de l'univers dramatique, univers lui-même avec Ubu, vaste sphère dont le centre est partout, la circonférence nulle part. Il va de soi que tous les autres personnages seront, dans une telle perspective, de simples accessoires, des éléments animés du décor, en quelque sorte. Sans entrer ici dans une discussion de détail, on peut assurer que Jarry est resté constamment fidèle à cette conception dans les différents cycles ubuesques et même, à un degré moindre, dans les œuvres du théâtre mirlitonesque où, dans *l'Objet aimé* par exemple, c'est bien M. Vieuxbois qui assure la fonction héroïque principale. Enfin Jarry ne s'est-il pas survécu à lui-même en vouant sa personne au mythe Ubu ?

Nous touchons ici au cœur du problème dramatique. Il faut, pour faire œuvre théâtrale, insuffler la vie à un personnage ; mais il faut le faire en intégrant les facultés créatrices du spectateur. De nombreux écrivains ont imaginé des héros avec une telle précision qu'on se dit : il ne leur manque que la vie. C'est bien là qu'est la difficulté : plus le personnage sera dépeint, analysé, fouillé, moins il aura de chances de devenir un type, et encore moins un type dramatique. Il faut, au théâtre plus qu'ailleurs, viser juste, donner les éléments minimum, et eux seuls, qui susciteront le plaisir actif de créer, « seul plaisir des Dieux », octroyé au spectateur. D'où ce paradoxe : pour mettre au monde un type vraiment nouveau, il faut partir d'une matière rudimentaire, une structure en creux dans laquelle puissent s'investir toutes les projections du public. Il va de soi que, pour moi, le génie d'Alfred Jarry est d'avoir immédiatement saisi la faculté projective du Père Ubu et d'avoir fait l'impossible pour le propulser à la scène, car l'œuvre écrite ne permet pas le même phénomène complexe d'action et de réaction. Une lecture attentive de toutes les interprétations du personnage me permet d'affirmer qu'il est bien ce que Jarry avait vu en lui dès l'abord : la bête immonde qui dort en chacun de nous.

Mais, dira-t-on, au spectacle, c'est Gémier, c'est Georges Wilson qui incarne Ubu, qui est Ubu à nos yeux, alors parlons du comédien, ne parlons pas du « type ». Jarry a pensé à l'objection ; dans son article « De l'inutilité du théâtre au théâtre » (*Mercure*, septembre 1896) qui sert de repère et de guide à toute réflexion théorique contemporaine, il suggère tout simplement de supprimer l'acteur, parmi d'autres éléments superflus ! La boutade appréciée, il n'en reste pas moins que l'acteur est l'obstacle majeur au principe unitaire examiné précédemment puisque, être de chair, au physique bien défini, il est chargé d'incarner un être virtuel, symbole, abstraction ou idée. L'acteur est en lui-même la dualité réalité et apparence. Le deuxième trait de génie d'Alfred Jarry est d'avoir pensé à l'*acteur jouant en marionnette* pour résoudre cette contradiction.

Non pas la marionnette seule qui, dans sa forme classique du moins, qu'elle soit à fil ou à gaine, renforce l'illusion ; non pas l'acteur seul qui, lui, entrave l'imagination créatrice, mais un composé des deux, une synthèse, s'adressant à l'adulte pour qu'il retrouve le plaisir de son enfance, l'âge d'or de la création continue.

A l'exception d'une boutade dans *Ubu Cocu* :

Achras : « Pour ne point nuire, voyez-vous bien, à l'unité de lieu, nous n'avons pu nous transporter jusqu'à votre échoppe » (T. II, p. 230).

On peut avancer cette loi qui s'applique à tout le théâtre de Jarry : le personnage un déplace son décor avec lui. Cela signifie que la règle des trois unités se subordonne à un principe radical : l'unité du personnage, que nous verrons aux moments les plus importants de son existence, en quelque lieu qu'ils se situent. Malgré l'absence de reproductions on connaît assez bien, désormais, le décor effarant d'*Ubu Roi* imaginé par Jarry aidé de Bonnard, Cérusier, Vuillard, Toulouse-Lautrec : « Un lit à rideaux jaunes avec son vase annexe, peints au bas d'un ciel bleu où tombait la neige, un gibet avec pendu équilibrant un palmier à boa, une fenêtre fleuronnée de hiboux et chauves-souris s'enlevant au-dessus de collines vaguement boisées, et, sommant le tout, un soleil écarlate nimbant un éléphant ; au-dessous l'autel des intérieurs modernes, la cheminée avec sa pendule tenait lieu de centre et battait à deux portes jusqu'au ciel pour servir d'entrée aux personnages » (R. Vallier, *La République*).

Si l'on imagine qu'un seul décor était censé représenter l'intérieur d'un palais royal, l'appartement des Ubus, le champ de bataille, deux cavernes, etc., on comprendra la nature de la révolution scénographique introduite par Jarry. S'opposant au décor naturaliste, simple trompe-l'œil, s'opposant, en fin de compte, au décor utilisé dans les mises en scène symbolistes, trop lourd de significations et imposant une certaine conception de la scène au spectateur, il découvre le décor naïf (entendons : par celui qui ne sait pas peindre selon les règles académiques), « décor parfaitement exact » selon Jarry, puisqu'il suggère tous les lieux, tous les temps, en une seule vision. Toile hybride et monstrueuse, c'est la synthèse idéale qui permet d'atteindre à l'universel et l'intemporel.

De même, le temps du drame n'est ni celui de la chronologie, ni celui de la psychologie. Il y a bien sûr une temporalité interne au déroulement de chaque œuvre. Par exemple, la Mère Ubu nous informe qu'il lui a fallu quatre jours pour traverser la Pologne et rejoindre son épox. Mais rien ne doit permettre de dater historiquement l'époque où se déroule chaque action. C'est là un point qui a toujours préoccupé Jarry. L'anachronisme lui paraît le meilleur moyen de situer une œuvre dans l'éternité : il suffit de tirer des coups de revolver en l'an mil et, poursuit-il dans une importante conférence, « si l'on veut que l'œuvre d'art devienne éternelle un jour, n'est-il pas plus simple, en la libérant soi-même des lisières du temps, de la faire éternelle tout de suite ? » (*Le temps dans l'art*, 1901).

C'est pourquoi le théâtre de Jarry, particulièrement le théâtre mirlitonesque, nous paraît d'une extraordinaire légèreté puisqu'il transcende l'histoire.

Cependant, au théâtre, ces excellentes ambitions risquent d'être lettre morte si elles ne sont pas servies par un langage adéquat. De même qu'un physique de comédien peut entraver l'imagination du spectateur, le langage peut nous imposer, malgré nous, une interprétation univoque. Rien n'est plus révélateur des origines géographiques et sociales d'un individu que sa façon de parler. C'est donc pour nous mettre sur la voie de l'éternité que Bordure parle anglais et la reine Rosemonde « charabie du Cantal ». Une œuvre du théâtre mirlitonesque, peu connue et peu appréciée des amateurs, est à mon sens, la plus caractéristique de ce traitement intemporel du langage. On sait qu'aux yeux de Jarry et en vertu du principe pataphysique, toutes choses sont égales, et ont donc la même importance. Dans *le Moutardier du Pape* s'accumulent les invraisemblances et les anachronismes, mais surtout la papesse Jeanne, qui en est l'héroïne, parle une langue très « modern style » alors que l'action se passe au IX⁰ siècle.

« Elles sont chouettes, ses inventions — dit-elle à son amant — quand on enlève une Anglaise et une femme mariée encore, ça peut paraître drôle d'abord d'avoir l'idée, pour la cacher, de la mettre pape... »

Mais c'est le parler d'Ubu qui demeure le plus typique, par son aspect synthétique et créatif. Composé d'archaïsmes, de vulgarismes, d'un ton majestueusement royal, il est extraordinairement direct et vivant. Il suffit de l'avoir entendu articuler une fois pour en être hanté toute sa vie, pour « parler Ubu ». A sa conscience qui s'étonne de son opposition à la réforme de l'orthographe, celui-ci répond : « J'écris *phynance* et *oneille* parce que je prononce *phynance* et *oneille* et surtout pour bien marquer qu'il s'agit de phynance et d'oneilles spéciales, personnelles, en quantité et qualité telles que personne n'en a, sinon moi... » (T.U., p. 407). Le personnage qui accède au statut de type est non seulement une synthèse de la foule assemblée qui se retrouve en lui, à son corps défendant ; il est aussi une création unique, éternellement ranimée.

Ainsi la place que Jarry assigne à l'amateur de théâtre, au lieu même où les contradictions se fondent et se dépassent, cette place, donc, ne paraît pas très différente d'« un certain point de l'esprit d'où la vie et la mort, le réel et l'imaginaire, le passé et le futur, le communicable et l'incommunicable, le haut et le bas cessent d'être perçus contradictoirement » selon la belle formule du deuxième Manifeste du Surréalisme.

*

Le principe de l'égalité des contraires informant toute la dramaturgie jarryque s'accompagne d'un corollaire évident : la liberté d'indifférence. Si Oui = Non, comme le propose Jarry, on récuse en bloc toute logique ; c'est le « démolissons même les ruines » d'*Ubu Enchaîné*. On s'interdit par là même de prendre parti. Comme Tristan Tzara, nous ne pouvons qu'affirmer : « *Dada* doute de tout. Dada est à Tout. Tout est Dada » (7 mars, p. 62). *Ubu Roi* doit-il être interprété de façon comique ou tragique, comme l'envisageait Lugné-Poe quand il reçut cette œuvre qu'il ne savait par quel bout prendre ? Question inépuisable et vaine, car le rire et les larmes ne sont pas dans l'objet considéré mais dans la façon dont on le considère. Or Ubu n'est qu'un sot personnage, débitant les pires inepties, telles que « monter sur un rocher fort haut pour que nos prières aient moins loin à arriver au ciel » (T.U., Acte IV, Sc. 6, p. 107).

Il est possible que l'image qu'on se fait d'Ubu soit particulièrement tragique, quand on l'associe à certaines figures historiques, mais Ubu n'est ni comique ni tragique par nature. Jarry, pour sa part, se situe en plein éther, au-dessus de ces deux notions. Imperturbable mais non impassible, il nous invite à le rejoindre. Dès lors, il est impossible d'accorder un sens politique, social, moral, philosophique, idéologique à son œuvre. Elle se contente d'être, c'est tout. Voilà un trait essentiel, commun au théâtre contemporain, où comique et tragique se mêlent et se dépassent, comme chez ce personnage du *Coup de Trafalgar* de Vitrac qui pleure ou rit, indifféremment. Quant au créateur, il rit peut-être, mais *en dedans*. C'est du moins ainsi que je m'imagine Jarry ou Beckett, comme Vitrac ou Raymond Roussel.

**

La paralogique de Jarry (pour ne pas dire à nouveau pataphysique) rejette donc le principe de non-contradiction d'où découle, en corollaire, la liberté d'indifférence ; elle rejette aussi le principe de similitude (qui veut que, pour être déclarées semblables, deux figures aient des rapports en tous points identiques) au profit de l'analogie, où la ressemblance s'établit dans l'imagination à partir, le plus souvent chez lui, d'un écho verbal. En son linteau des *Minutes de Sable mémorial*, Jarry préconisait : « Suggérer au lieu de dire, faire de la route des phrases un carrefour de tous les mots », ajoutant que la beauté de l'œuvre serait fonction de la multiplicité des sens qu'on y trouverait. Ainsi les « palotins », serviteurs d'Ubu, qui prolongent extérieurement sa volonté, sont, selon un système de figuration polyplan, à la fois la trinité phallique, le préservatif caoutchouteux (d'où leur fin par explosion !) et le symbole, réduit, du pal suppliciatoire. Enfin, ils peuvent provenir, tout simplement, d'un ordre religieux polonais qui existe encore, je crois !

Un phénomène de condensation analogique du même ordre se produit pour la « machine à décerveler » qui, selon les textes où elle est mentionnée, est aussi bien un instrument de supplice qu'une

presse d'imprimerie ! Le croisement de significations évoque irrésistiblement le jeu surréaliste de l'un dans l'autre où, en vertu du
principe d'universelle analogie, les êtres ou les objets les plus divers
se superposent en une seule image, ainsi J.-J. Rousseau et un
crocodile, un sanglier et une barre de chocolat...

L'analogie pose en principe que tous les rapports sont décelables
dans la nature, mais elle ne précise pas la direction qu'il faut leur
attribuer. De fait, en fonction de l'anthropocentrisme qui nous
caractérise, l'orientation se fera le plus souvent à partir de nous.
Mais il n'y a là aucune logique, et rien ne s'oppose à ce que nous
inversions le point de vue commun. Imaginons qu'un Africain entre
à Paris dans un café, qu'il y consomme et reparte sans payer : rien
n'empêche de considérer que c'est un explorateur s'inspirant des
mœurs européennes en Afrique ! Supposons, image banale, qu'un
omnibus est comparé à un pachyderme ; on pourra alors le chasser
dans la jungle des villes comme un vulgaire éléphant. C'est le sujet
d'une « cynégétique de l'omnibus » (Ch. V, p. 191). Jarry affirme
en se référant à son premier recueil poétique « que si l'auteur a su
déterminer deux points en corrélation absolue (encoche, point de
mire), tous les autres, sans nouvel effort de sa part, seront sur la
trajectoire » (ch. V, p. 301). C'est le cas pour de nombreuses
Spéculations, dont la plus célèbre est sans doute la « passion
considérée comme course de côte ». Ces exemples semblent nous
éloigner de la dramaturgie ; en réalité, nous sommes au cœur de la
création d'Alfred Jarry qui, dans son *théâtre mirlitonesque* (dont les
Spéculations devaient faire partie) s'est laissé guider par ce mode de
rêverie poétique « dans une ténébreuse et profonde unité ».

*
**

Placer toute son œuvre sous le signe de l'unité des contraires
manifeste sans doute chez Jarry une profonde réflexion, une réaction
contre le positivisme et le rationalisme régnants ; mais aussi cela
témoigne d'une fidélité exceptionnelle à l'esprit d'enfance.

Les manuels de psychologie nous enseignent que l'enfant n'est pas
capable de synthèse. Jarry s'inscrit en faux contre cette opinion.
A propos d'*Ubu Roi*, il affirme : « Cette pièce ayant été écrite par
un enfant, il convient de signaler, si quelques-uns y prêtent attention,
le principe de synthèse que trouve l'enfant créateur en ses professeurs » (T.U., p. 166). Comment une telle opinion s'explique-t-elle ?
On voit bien que le professeur ne développe pas l'esprit de synthèse
par sa pédagogie ; ce ne peut être que par son expression, ses *tics*
gestuels ou verbaux, révélateurs de l'individu, ce qui fait dire à
Jarry « l'âme est un tic ». L'enfant atteint la synthèse par la caricature qui fut à l'origine, bien loin dans le temps, du type Ubu.

Comme l'a fort bien montré Roger Shattuck, Jarry passe du tic au type dans le théâtre mirlitonesque comme dans le cycle ubuesque. *L'objet aimé*, inspiré des albums de Rodolphe Töpffer, développe très précisément les tics verbaux, l'obsession verbalisatrice du Maire, le respect de l'Habit dans la Force armée, la manie du suicide chez M. Vieuxbois.

C'est le mirliton, dans sa double qualité d'accessoire et d'instrument verbal qui rend le mieux compte de cet esprit de synthèse spécifique à l'enfance. Par son aspect léger, factice, immatériel, il indique la voie insolite qui nous mènera, très loin en arrière, dans le pays de tous les possibles.

Ce mirliton, Jarry l'a cultivé depuis ses premières tentatives « littéraires » recueillies dans *Saint Brieux des choux* jusqu'à ses dernières œuvres, *Pantagruel* et le *Moutardier du pape*, en passant par *Ubu Roi* et *Ubu enchaîné* où l'objet incongru est mentionné. Il apparaît comme une marque de l'univers enfantin, indissociable de l'esthétique, de la mystique même, des marionnettes. Comme la marionnette, le mirliton nous affranchit de l'univers quotidien et de sa pesanteur. Aux yeux de Jarry, la marionnette permet de résoudre toutes les antinomies dramatiques, elle se prête à tous les caprices de l'auteur, elle crée, pour le spectateur, un monde à part, où la réalité des idées atteint directement notre esprit, grâce à l'artifice évident de la représentation.

Pour Jarry, la marionnette est l'instrument parfait d'un nouveau langage dramatique, simple, (mais la simplicité résulte d'une condensation du complexe) essentiel, stylisé, directement accessible au public. Jarry affirme la supériorité de la marionnette sur la gestuelle humaine qui use de la convention :

« Exemple de cette convention : une ellipse verticale autour du visage avec la main et un baiser sur cette main pour dire la beauté suggérant l'amour-Exemple de geste universel : la marionnette témoigne sa stupeur par un recul avec violence et choc du crâne contre la coulisse. » (T.U., p. 193).

Jarry veut bannir du spectacle tout geste supposant la connaissance d'une convention préalable pour être saisi. D'une autre manière, il oppose le message qui implique un code, donc l'établissement d'une convention, pour être reçu par l'interlocuteur, à la réaction physique immédiatement perceptible par tous, donc universelle. Encore une fois, le dramaturge ne pourra créer un type véritable que s'il atteint à la plus grande généralité, sans recourir au mode analytique.

Mais, dira-t-on, l'enfant ne se préoccupe pas de telles spéculations, il faut être un adulte pour le croire. L'objection est fondée, dans la mesure où elle insiste, implicitement, sur la spontanéité enfantine. Mais cela ne nous empêche pas de dégager, avec Jarry, les lois et les mécanismes de l'esprit d'enfance. Au demeurant, il suffit de se reporter à *Ubu Roi* pour voir combien son théâtre est fidèle à l'enfance. C'est peut-être là que se situait exactement le scandale pour les spectateurs de la première.

L'enfant apprend en imitant, mais il ne possède un savoir que lorsqu'il est capable de distance. Tel est l'objet principal du jeu parodique, abondant dans *Ubu Roi*, depuis la structure constitutive, emprunt burlesque de *Macbeth*, jusqu'aux imitations plaisantes de scènes du théâtre classique ou romantique. On a cité Corneille, Racine, Hugo, Lesage, Florian, Molière, mais il n'y a pas de raison de s'arrêter. Comme *les Anthaclastes* (1888 — Jarry a 15 ans), nous paraît l'écho retourné d'*Hernani*, l'essentiel de son théâtre nous semble jailli, thèmes et personnages, des premiers vers de *Bérénice* :

> « Arrêtons un moment. La pompe de ces lieux,
> Je le vois bien, Arsace, est nouvelle à tes yeux.
> Souvent ce cabinet superbe et solitaire
> Des secrets de Titus est le dépositaire... »

Il est impossible de glisser silencieusement sur la scatologie de Jarry, matière fondamentale, si je puis dire, de ses premières œuvres, sublimée par la suite il est vrai, comme si l'on passait d'une phase anale, caractéristique de l'enfance dans la veine ubuesque, à un stade génital dont *Messaline* et *le Surmâle* fournissent le meilleur exemple. Avec les œuvres de jeunesse, œuvres genèse que sont *les Anthaclastes*, *les Alcoolisés*, *Ubu Cocu*, etc. nous touchons aux bas-fonds (si l'on peut s'exprimer ainsi) de l'esprit d'enfance. L'erreur serait de s'en offusquer. La fécalité est le trait majeur du premier âge et l'enfant n'éprouve aucun sentiment de honte à ce sujet. Seul l'adulte, avec sa morale, introduit une réprobation hypocrite. On notera d'ailleurs que le thème fécal fonctionne de manière telle qu'il exclut l'idée de curiosité sexuelle, et réciproquement. C'est pourquoi Jarry, répondant à la critique, affirmait qu'il aurait pu mettre dans *Ubu Roi* un coucher de petite femme, mais que ç'aurait été plus sale !

Enfin l'acquisition des connaissances, l'appropriation du monde, se manifeste essentiellement chez le jeune enfant au travers du langage. Nous savons combien la langue *d'Ubu* est une chimère (au sens premier du mot) de toute beauté. L'enfant ne fait pas de différence entre le signifiant et le référent, pour lui les mots sont des choses. Il est rejoint sur ce point par toute la tradition gnostique, qui tend à unifier le réel et le verbe, fixant l'origine du monde dans une énonciation première. L'enfant crée le monde par la magie de sa parole. C'est là l'origine du principe de *littéralité* que l'on trouve dans le théâtre contemporain, et dont l'œuvre de Jarry nous fournit au moins deux exemples magistraux. Dans *Ubu Enchaîné* la Mère Ubu, derrière les barreaux de sa prison, déclare à l'oncle Pissembock : « Frappez et l'on vous ouvrira ». Nous avons retrouvé une photographie de la représentation de 1937, montrant le personnage se séparant en deux parties sous l'effet du coup porté par la Mère Ubu. Dans *L'Objet Aimé*, M. Vieuxbois a littéralement « le coup de foudre » pour l'Objet Aimé. Constatant que son rival est épargné par le phénomène, il en conclut que lui seul est valablement amoureux.

Mais il est une autre manière de s'emparer de la connaissance ; elle consiste simplement à prendre le discours d'autrui et à l'intégrer au sien : citation ou collage verbal, comme on voudra. Je ne voudrais pas manquer l'occasion de signaler ici un magnifique collage, quelque peu parodique, d'un paragraphe entier de Théodule Ribot dans *Ubu Cocu* (V. 2) pour dépeindre les lésions qui se sont produites dans le cerveau d'un personnage tombé sur la tête. Ce collage est, à ma connaissance, l'un des premiers, employés comme tels, dans le théâtre moderne.

Cependant, si le langage est considéré comme une matière réelle, il peut subir tout un ensemble d'opérations au même titre qu'un quelconque tissu : jeu paronomastique, déclenchant les séries « sacripant-mécréant », « pochard, soulard, bâtard, Polognard... », « capon, cochon, polochon »... contrepèteries ou lapsus :

> « Dans le fouillis
> Oyez, oyons
> Le gazillon
> De l'oisouillis..., etc.

Outre ces opérations linguistiques, c'est le rythme et l'intonation qui comptent. On prétend que l'intonation si particulière de Jarry, détachant les syllabes sur deux notes, lui serait venue de ses habitudes scolaires, lorsqu'il apprenait ses leçons. En tout cas, elle était bien ancrée en lui puisque le vers de mirliton, qui en est la représentation graphique et sonore, parcourt toute son œuvre.

Sans m'appesantir sur ce point, qui a donné lieu à de longues dissertations, je rappellerai pour finir les deux créations verbales majeures de Jarry, le nom-magique « Ubu », symétrique et palindrome, et le « Merdre » initial et fondateur qui nous ramène précisément à l'univers enfantin. L'adjonction d'une consonne ne me semble pas sacrifier à la bienséance, et encore moins rejoindre un processus de déformation dialectale ; elle marque simplement l'appartenance de l'œuvre à un milieu spécifique. Elle est le sceau de l'inaliénable en même temps que des lieux humides et sombres...

⁂

J'ai distingué, pour les besoins de l'exposé, d'une part un principe unitaire chez Jarry, entraînant en corollaire la liberté d'indifférence et l'idée d'analogie universelle, d'autre part, un esprit d'enfance marqué par un caractère spontané, l'affirmation du thème fécal, une pratique libertaire du langage jouant sur la polysémie ou, au contraire, sur l'homophonie et la paronomase, aboutissant à des créations verbales inoubliables. En réalité, ces deux types d'esprit n'en ont jamais fait qu'un. Ils revêtent tous deux le caractère incohérent aux yeux de l'homme raisonnable ; tous deux refusent la logique courante ; enfin, tous deux manifestent avec sérieux le plaisir du jeu où justement le théâtre et la vie ne font qu'un. En d'autres termes, revenir à l'esprit d'enfance signifie retrouver cette universelle unité qui guidait la réflexion des philosophes de la Renaissance et qui sera le but unique de la recherche surréaliste.

Ainsi se dégage un espace privilégié, qui obéit à des lois très précises. Ce théâtre n'est insolite et dérisoire que pour qui ne veut pas comprendre. Le temps de l'ironie et de la parodie n'est en aucune façon un but, mais un moment nécessaire sur la voie du retour.

Le scandale n'est ni l'objet ni la nature même du théâtre de Jarry, il est chez le spectateur qui refuse d'abolir les barrières, les retranchements derrière lesquels s'abrite sa fragile raison d'adulte. Or l'espace où évolue le théâtre jarryque est celui du mythe, où tout se dit et se réalise en un même mouvement, qui n'accepte aucune censure d'ordre social, qui franchit tous les obstacles concrets. Afin de nous faire entrer de plain-pied dans cet espace mythique (après une phase, inéluctable, de réaction scandalisée), Jarry a voulu un théâtre dépouillé de toute convention réaliste, s'affublant du masque, de la marionnette et du mirliton, prônant l'artificiel pour mieux dissoudre le rationnel.

Ainsi parvient-on au véritable plaisir théâtral, celui qui nous amène à retrouver l'univers privilégié de l'enfance. « Qui sait même (dit Bergson) si nous ne devenons pas, à partir d'un certain âge, imperméables à la joie fraîche et neuve, et si les plus douces satisfactions de l'homme mûr peuvent être autre chose que des sentiments d'enfance revivifiés, brise parfumée que nous envoie par bouffées de plus en plus rares un passé de plus en plus lointain ?... » (*Le Rire*, p. 52).

Jarry nous redonna cette enfance à l'état pur. C'est peut-être cela, l'insolite ! Mais il est sûr que « le génie, c'est l'enfance retrouvée à volonté ».

DISCUSSION

sur la communication de M. Henri BEHAR

Interventions de : R. Etiemble. — H. Béhar. — M. Décaudin. — J. Petit. — Mme Laurenti. — P. Vernois. — P. Robin. — V. Hell. — P. Caizergues.

René Etiemble.

Eh bien, de par la chandelle du Père Ubu, en tant que Lavalois et vieux lecteur quand même du Père Ubu, j'ai été touché au vif par cette interprétation totalisante, non pas tout à fait totalitaire, de la dramaturgie du Père Ubu.

Je me pose une question, toutefois : Comment se fait-il que cette dramaturgie, dont vous avez si bien démonté les mécanismes et que vous reliez à une certaine métaphysique, se manifeste en France, alors que la métaphysique en question n'est pas française ? Cette dialectique des contraires (telle que vous l'avez définie) et que vous rapprochez de toute entreprise gnostique, cette métaphysique est, en effet, anormale en France, bien qu'elle y soit actuellement en vogue : tout le monde se gargarise de Zen et de Tch'an et nous allumons maintenant des cigarettes Zen. Or ce qui m'a foudroyé pendant votre intervention c'est que les pays qui pratiquent cette dialectique des contraires et la métaphysique dont se réclamerait Jarry n'ont jamais produit *Ubu Roi*. Si vous liez la dramaturgie de Jarry et sa technique à cette métaphysique, comment se fait-il que le théâtre chinois, qui serait fondé sur la métaphysique du Père Ubu, n'a jamais ressemblé à Ubu ? Comment se fait-il que le *nô* japonais, qui est fondé sur la dialectique du bouddhisme Tch'an ou Zen, n'ait jamais le moindre rapport avec la dramaturgie d'Ubu ? Y a-t-il donc un rapport nécessaire entre une métaphysique et une dramaturgie ? J'aimerais que vous m'éclairiez.

Henri Béhar.

Votre question est très embarrassante et je ne suis pas assez métaphysicien pour y répondre. J'ai l'impression que, d'une façon générale, le théâtre contemporain a retrouvé des principes qui ne sont pas étrangers à l'esprit français en dénonçant la logique cartésienne. Il suffit de voir la manière dont nous nous comportons quotidiennement pour penser que le cartésianisme est une philosophie implantée par l'Ecole, mais qu'elle ne touche pas profondément notre être. Je pense que Jarry a totalement assimilé la pensée de Rabelais, sa pensée et son projet artistique ; il est donc normal de découvrir, à l'arrière-plan de son œuvre, une métaphysique semblable à celle de Rabelais, reposant sur l'analogie, l'identité des contraires, etc. Pourquoi est-ce que le théâtre étranger, le théâtre chinois que vous connaissez mieux que quiconque ici, n'a pas produit d'œuvre identique à la sienne ? C'est peut-être qu'une telle œuvre ne s'impose pas quand la pensée adulte ne brime pas l'esprit de l'enfant que nous avons été. Au contraire, dans notre civilisation, l'enfant qui se meut dans un univers régi par ses lois propres apprend soudain, vers huit - dix ans, que cet univers est aberrant, que son mode de raisonnement, son comportement, son langage, ses thèmes favoris sont impurs ; alors Jarry réagit.

Michel Décaudin.

Vous avez posé une question, j'essaierai d'y répondre par une autre question. L'esthétique de la dramaturgie procède-t-elle vraiment de la métaphysique chez Jarry ? Au moment où *Ubu Roi* et *Ubu cocu* commencent à prendre leur forme définitive, Jarry est élève de rhétorique supérieure à Henri IV et, comme tout khâgneux, bon ou mauvais, il sait comment faire un exposé et que tout exposé doit reconstruire le monde. Or, le voici qui prétend s'inscrire en faux contre la littérature de son temps. Contre le naturalisme et son interprétation rationaliste, scientifique ou pseudo-scientifique de la réalité. Contre le symbolisme aussi (il faudrait nuancer, mais nous sommes bien forcés de schématiser) qui, tout en s'opposant au naturalisme, propose un ordre des choses non moins cohérent, fondé sur les correspondances, l'existence d'un monde idéal, etc. Refuser l'un et l'autre systèmes, c'est briser la nécessité rationaliste comme les enchaînements symboliques : peut-on le faire mieux que par l'affirmation de l'identité des contraires ? Ainsi, l'option première est peut-être d'origine esthétique et, par l'effet d'un esprit systématisant et généralisant, elle a pu devenir un ordre métaphysique parfaitement organisé.

Henri Béhar.

Peut-être ai-je le tort de systématiser une œuvre née dans la spontanéité. Il y a deux temps dans la démarche de Jarry : il découvre d'abord Ubu puis, en second lieu, il le porte à la scène paré d'un certain nombre de considérations dramaturgiques. Mais il ne l'a mis en scène que parce que seul *Ubu Roi* lui permettait de maintenir une joie théâtrale connue dans l'enfance. C'est la prise de conscience d'un spectateur avant tout qui, ne retrouvant pas dans le théâtre de son temps la joie éprouvée lorsqu'il manipulait des marionnettes, a décidé de devenir dramaturge. Parce que, ne l'oublions pas, à l'époque plus que maintenant, la mode était de confier un petit Théâtre aux enfants. Rappelons-nous Proust et sa lanterne magique, évoquant Golo et Geneviève de Brabant. *Ubu Roi* est donc une tentative de reviviscence : il s'agit, pour Jarry, de rendre présents certains plaisirs d'enfance, et particulièrement celui du geste, sur lequel je n'ai pas suffisamment insisté. *Ubu Roi* est une pièce de gestes. Voilà pourquoi certains trouvent le texte très mauvais. Il n'est pas scandaleux à la lecture, il est ennuyeux, mais il ne devient intéressant que lorsqu'on y retrouve la spontanéité de l'enfance. Voilà pourquoi j'aimerais que la discussion ne porte pas trop sur un système métaphysique. Si j'ai opéré des rapprochements avec la pensée du seizième siècle, c'est simplement parce que j'entrevois des points communs entre le mode de raisonnement de Rabelais et de ses contemporains, celui de Jarry, celui d'un certain nombre de dramaturges actuels, et celui de l'enfant. Il ne me paraît pas inutile de signaler que Beckett, avant de venir au Théâtre, écrit un essai sur Dante, Bruno, Vico, Joyce !

Jacques Petit.

C'est un peu dans le même sens que M. Décaudin que je voudrais intervenir ; il me semble que vous ne faites aucune part à la provocation dans ce théâtre. Vous avez décrit le théâtre de Jarry comme s'il était né, en effet, d'un système métaphysique et d'un certain bonheur de retrouver l'enfance. Je me demande si la métaphysique et le plaisir de retrouver l'enfance ne sont pas postérieurs à une provocation qui était l'élément primitif. L'insolite chez Jarry est beaucoup plus provocant qu'il ne l'est chez les auteurs de théâtre d'aujourd'hui tout simplement parce que nous y sommes habitués ; dans quelle mesure ce désir de rompre, ce désir d'écrire quelque chose qui ne soit pas comme ce qu'écrivent les autres n'est-il pas primitif, l'enfance et la métaphysique n'étant que des conséquences ? Je ne sais. Personnellement j'ai un peu l'impression que votre explication du théâtre de Jarry était une explication *a posteriori* plus qu'une explication génétique.

Henri Béhar.

Vous avez bien raison de me poser cette question sur la provocation qui manquait dans mon exposé ; il aurait fallu retrouver un mode identique de provocation, mais je crois que vous avez donné la réponse vous-même ; vous avez dit « nous y sommes habitués » ; c'est donc bien chez nous qu'est le sentiment de provocation, et non pas dans l'objet. Voilà ce que je voulais montrer, le Théâtre de Jarry ne vise pas à la provocation, il la rencontre, le scandale est arrivé parce qu'*Ubu Roi* apportait quelque chose de nouveau, de jamais vu sur une scène professionnelle, le refus de l'histoire, le refus de l'anecdote, de la construction dramatique, de la temporalité, de l'unité de ton, etc. Il est normal que l'on soit heurté, mais rappelons-le bien, ce n'est pas « le mot » qui a choqué le public, il suffit de lire les comptes rendus de l'époque. Il est vrai que ce mot a surpris, non pas par sa signification propre, mais par son caractère sacrilège, puisque c'était la première fois qu'il était articulé sur une scène, mais nous savons que le public n'a pas réagi immédiatement, le scandale n'a éclaté qu'au troisième acte. Je pense que le scandale est bien ailleurs que dans l'utilisation d'un certain nombre de termes.

Jacques Petit.

Permettez-moi de répondre en deux mots. Je crois que ce n'était pas le sens de ma question. La conscience de provoquer existe-t-elle ou non chez Jarry ? Quand je disais que nous y sommes habitués, je veux dire simplement qu'un dramaturge aujourd'hui peut écrire un théâtre tout à fait insolite ; il a un public qui est prêt à l'accepter et il ne provoque plus en agissant ainsi, alors que Jarry devait avoir profondément conscience de provoquer. Je ne parle pas du scandale, je pense à Jarry lui-même ; il me semble que cet élément a été déterminant et que vous avez présenté le théâtre de Jarry en le masquant. Je demandais simplement dans quelle mesure ce désir de provoquer existait chez Jarry.

Henri Béhar.

C'est très ambigu chez Jarry. Dans « De l'inutilité du théâtre au théâtre » il explique que l'œuvre réellement originale laissera le public abasourdi et muet, au moins le premier jour. On ne peut pas dégager des écrits de Jarry une volonté de provocation. A certains moments, il se rend compte qu'il va heurter le public, mais n'oublions pas que l'Œuvre était un lieu de scandales permanents et quand Jarry écrit à Lugné-Poe « il faut monopoliser toutes les innovations » c'est justement pour perpétuer la tradition de ce Théâtre. Qu'il y ait une phase provocation dans son œuvre, cela me paraît évident, mais, encore une fois, ce n'est provocation que par rapport à l'instant, alors que Jarry vise et a toujours visé à l'éternité.

Mme H. Laurenti.

Je considère pour ma part Jarry comme l'élément le plus révolutionnaire du symbolisme, et je pense qu'au départ il est bon de le voir symboliste. Le théâtre de Lugné-Poe est tout de même le grand foyer du théâtre symboliste à ce moment-là, et il est assez curieux de voir les symbolistes osciller entre *Ubu Roi* et *Pelléas*. Jarry représente précisément l'envers de l'aspect « décadent » du symbolisme. Cette idée m'est venue en étudiant les réflexions de Valéry sur le théâtre. La recherche valéryenne se situe évidemment dans la suite logique de la recherche symboliste, mais dès qu'il aborde la question des rapports du théâtre avec le réel ou les problèmes du comique, Valéry est fasciné par Jarry, par la création dramatique et par la dramaturgie de Jarry. Et ceci m'apparaît comme une espèce de renversement des positions, qui se produit précisément au moment où Jarry crée Ubu. Un point, par exemple, qui me paraît commun entre la recherche du personnage chez Jarry et le personnage symbolique au théâtre, c'est le thème du monstre. Je pense que le monstre de Jarry lui est propre ; il lui vient de très loin, mais il n'est pas sans rapport non plus avec un certain univers monstrueux né de l'imagination symboliste. Et dans ce sens, ce qui me frappe aussi c'est que chez Jarry ce thème du monstre s'apparente au thème du pouvoir, qui est justement l'un des grands thèmes du symbolisme au théâtre : c'est le thème de Villiers de l'Isle-Adam, c'est celui que reprendra Valéry quand il cherchera à créer un personnage dramatique. D'ailleurs, il en arrivera lui aussi à l'idée qu'il faut créer des types au théâtre, parce que seul le type est plus vrai que le vrai. Cette idée encore, Valéry l'a-t-il reprise à Jarry ? Etait-elle justement dans le climat où évoluait la pensée de Valéry comme celle de Jarry ? Je ne sais, mais en tout cas ce thème du pouvoir, Valéry le développe constamment, et il cherche lui aussi très tôt à le traduire sous forme dramatique par un personnage qui serait un monstre. Son Tibère, par exemple, qui est un succédané dramatique de Teste, il le définit comme un monstre ; et il se pose le problème : comment traduire le monstre au théâtre ? Alors il lui vient à l'idée de songer à Jarry, mais comme il le cherche plutôt du côté du tragique, il se contente de le mentionner comme seul représentant valable du comique moderne. Pour ma part, je pense aussi que Jarry est franchement comique, et qu'il faudrait plutôt le ranger (comme le fait Valéry) parmi les « grotesques ». Le grotesque nous ramène de nouveau au thème du monstre, et celui de Jarry utilise de façon caricaturale des principes dramatiques auxquels les symbolistes ont été très sensibles (importance du geste, par exemple, stylisation du personnage, — ce qui fait encore de lui l'élément provocateur et explosif du symbolisme.

P. Vernois.

Pour ma part je voudrais d'abord rendre hommage à votre exposé, Monsieur, et souligner les perspectives qu'il ouvre à ce colloque. Vous avez bien montré qu'il y avait chez Jarry un point de départ vers un théâtre nouveau caractérisé par la polyvalence des éléments, l'existence de personnages-pivots ou encore la présence de jeux de scène invitant les acteurs à jouer en marionnettes. Mais je me suis demandé en vous écoutant si Jarry n'a pas réagi contre ce que je pourrais appeler le théâtre de son adolescence, c'est-à-dire non seulement le théâtre symboliste, mais aussi le théâtre qu'il apprenait au Lycée. Il y a une sorte de purge potachique chez Jarry, très tôt sensible à un certain nombre de procédés dramaturgiques qu'il reproduira volontiers. Il nous proposera comme sous un verre grossissant, en effet, la scène de ménage, la scène de tentation, la scène du messager, la scène de conspiration, la scène très réduite de la cour du Palais où un personnage parle à son peuple, la scène du paysan dans la forêt, les scènes entre un personnage royal et des inférieurs, une scène de conseil, des scènes de bataille, etc. On a l'impression que tout ce qu'il a appris est révélé ici comme aux rayons X, de manière extrêmement squelettique et schématique, et qu'il veut en quelque sorte se venger de tout cet ensemble de procédés, voire de scènes à faire en usage dans le théâtre classique ou romantique. Alors je me demande si nous ne procédons pas maintenant à une autre lecture qui consiste à éliminer plus ou moins ces scènes de caricature pour prouver justement ce qu'il peut y avoir de plus anarchique dans son théâtre et de plus révolutionnaire. En effet, si on lit les textes intégraux de Jarry et si on les compare aux textes joués — je pense en particulier à ceux que Jean Vilar a retenus — on s'aperçoit que beaucoup de scènes qui ont gardé encore une apparence de chronologie ont été éliminées pour privilégier une suite de séquences plus ou moins désordonnées. Ainsi est accentué dans l'œuvre de Jarry un caractère anarchique, certes indéniable, mais qui peut-être n'était pas aussi visible dans le texte primitif, replacé dans le contexte de l'époque. Il y aurait ainsi deux manières de lire Jarry, l'une faisant apparaître l'aspect parodique de son œuvre, l'autre soulignant des traits dramaturgiques qui ont été reproduits par des auteurs postérieurs « d'avant-garde ».

Henri Béhar.

Si vous le voulez bien, je répondrai aux deux interventions en même temps. Il me semble qu'effectivement les rapprochements que vous faites avec Valéry — vous êtes davantage versée dans le sujet que moi — montrent bien qu'il y avait quelque chose dans l'air à l'époque. Par exemple, dans son article « De l'inutilité du Théâtre au Théâtre », Jarry ne fait que reprendre certaines propositions antérieures de Pierre Quillard, et donc du groupe symboliste. Or je crois qu'il a dépassé ce groupe, non pas dans ses textes théoriques, mais dans ses œuvres, et particulièrement dans *Ubu Roi*. Mais sa conception du théâtre, l'idée du recours à la marionnette, tout cela est dans l'air et même plus que dans l'air, dans la réalité de l'époque. Le théâtre d'ombre, le théâtre de marionnettes sont des faits quotidiens. Anatole France, pour prendre un exemple tout à fait opposé, réagit comme Jarry, il condamne l'acteur, surtout celui de la Comédie Française, parce qu'il joue trop bien, et qu'on ne voit que lui au lieu de rêver à partir du texte. A l'opposé le spectacle de marionnettes est le théâtre idéal pour autant qu'il propose un canevas à l'imagination créatrice.

Vous avez eu raison M. Vernois, de parler de schémas de scènes. Mais, il me paraît important de remarquer combien toutes ces scènes, véritables épures des mille et une situations dramatiques, s'intègrent à un ensemble narratif parfaitement cohérent.

Pierre Robin.

Je voudrais dire simplement que vous avez abordé un problème sur lequel il nous faudra revenir, et que nous aurons bien du mal à élucider au cours de ces trois journées : celui d'une définition de l'insolite. Il me semble avoir perçu chez vous une certaine hésitation — qui existe, probablement, en chacun de nous — puisque vous avez successivement rapproché l'insolite de ce qui, dans la modernité, se fane, du merveilleux selon Breton, et enfin du monstrueux. Mais sans doute cette discussion pourrait-elle s'instituer après l'exposé de Voltz : « L'insolite est-il une catégorie dramatique ? ».

Henri Béhar.

Je voulais simplement introduire quelques points de repère et avancer cette idée que l'insolite touche au fond même de notre être. Le « monstre » Ubu est un exemple d'insolite, mais il n'est pas dans mon intention de conclure ce matin un débat qui ne fait que s'amorcer.

Victor Hell.

Mon intention était de poser une question de comparatisme sur ce que vous avez dit à propos de l'importance du théâtre des marionnettes. Je voudrais savoir si Jarry connaissait le beau texte de Kleist sur ce théâtre ?

Henri Béhar.

Je ne peux pas l'affirmer ; car, dans quelle mesure peut-on dire qu'un auteur a connu un texte et l'a médité, quand il ne le mentionne pas nommément ? en tout cas le texte était connu et déjà traduit à l'époque.

Pierre Caizergues.

J'ai été très intéressé par votre exposé et vous en remercie. Je voudrais toutefois revenir sur la notion d'esprit d'enfance. Il me semble que vous avez utilisé, en dernier ressort, cette explication à propos de Vitrac dans l'ouvrage que vous lui avez consacré. On pourrait d'ailleurs la proposer également, en dernière analyse, pour d'autres formes théâtrales du xxᵉ siècle. Je pense en particulier aux *Mamelles de Tirésias*, où cet esprit d'enfance est sensible à travers l'utilisation du cirque, du music-hall, des marionnettes encore une fois, et d'un certain langage puéril ; je pense aussi au Théâtre de Pierre Albert-Birot, souvent conçu pour clowns et marionnettes par moments : *Matoum et Tevibar* est un « drame pour marionnettes ». Alors je me demande quelle explication on en pourrait proposer. C'est quand même au xxᵉ siècle qu'intervient ce type d'explication possible ! Est-ce qu'on ne peut pas la mettre en relation avec l'engouement pour la psychanalyse à ce moment-là ? Je ne sais pas, je pose la question.

Henri Béhar.

C'est peut-être dans nos réponses qu'il y a engouement pour la psychanalyse, car Freud n'était pas connu en France à la mort d'Apollinaire, mais déjà l'importance des émotions infantiles dans la vie adulte était ressentie, puisque le texte cité de Bergson date de 1899 ! Votre intervention me fait prendre conscience d'un penchant personnel à tout réduire, à tout ramener à l'esprit d'enfance. Ai-je tort ? Seuls nos collègues historiens de la pédagogie pourraient nous dire si, dans les dernières années du xixᵉ siècle, une mutation de l'enseignement, et peut-être de la Société, a permis l'irruption de forces jusqu'alors réprimées.

Une étudiante.

Il me semble que vous avez très peu souligné l'influence qu'a eue Grabbe, l'auteur allemand, sur la notion de monstrueux chez Jarry. Vous avez mentionné que Jarry a vu la pièce de Grabbe et je trouve que sa conception du monstrueux a été fort influencée par cette pièce et d'autre part que sa conception historique a certainement subi l'influence de Grabbe.

Henri Béhar.

Vous confirmez mon sentiment, quand je fais partir artificiellement et arbitrairement la dramaturgie de Jarry d'une traduction, et je suis heureux que vous apportiez des éléments supplémentaires. Pour ce qui est de la conception historique, j'en suis moins convaincu. Je pense davantage à Shakespeare parce qu'*Ubu Roi* contient des indices précis, alors qu'il n'y en a pas du côté de Grabbe. Mais l'essentiel est qu'on y retrouve un schéma narratif, qui est aussi bien l'histoire de Napoléon le Petit que tel ou tel conte merveilleux, à ceci près qu'Ubu est un héros à l'envers.

Michel Décaudin.

Je dirai trois choses en trois phrases. La première, pour revenir à l'observation de Madame Laurenti, reprise par Béhar. Effectivement, Jarry a été de ce qu'on peut appeler le groupe symboliste — mais tout en le détruisant de l'intérieur ; Ubu roi, c'est de l'antithéâtre, au sens où Sartre parle d'anti-roman, et Jarry est, dans le même sens, anti-symboliste.

En second lieu, j'appuierai votre analyse selon laquelle Jarry refuse à la fois la marionnette seule et l'acteur seul en remarquant que le pantin représente précisément une sorte d'intermédiaire entre la marionnette et l'acteur.

Enfin, vous me permettrez de regretter, d'un point de vue pataphysique, que cette communication n'ait pas figuré au programme de demain : elle aurait pu être la neuvième de notre colloque, le neuvième jour du neuvième mois de l'an 99 de l'ère pataphysique.

Henri Béhar.

Un tout petit point de détail. Je dois dire que cette question de la marionnette, du refus de la marionnette seule et du comédien seul, n'est pas très claire. Jarry n'a parlé de comédiens jouant en marionnettes que dans un ajout de dernière heure, sur épreuves, à sa conférence publiée dans le Mercure de France. C'est vraiment un tout petit détail, mais je crois que cela nous permet de dater le moment où Jarry a pris conscience de la révolution esthétique, qu'il apportait au théâtre. Cela explique aussi que j'aie pu être ambigu auparavant. Dans l'esprit de Jarry, l'idée fondamentale était de produire des textes pour hommes jouant en marionnettes, mais la réalisation a pu être différente.

LA DEREALISATION PAR LA MISE EN SCENE

par

Simone Benmussa

Je voudrais commencer par une citation de Freud :

« Je me trouve dans l'intéressante position de ne pas savoir si ce que j'ai à dire doit être regardé comme quelque chose de familier depuis longtemps et évident, ou comme quelque chose d'entièrement *nouveau et* **ahurissant.** »

Cette phrase pourrait s'appliquer au regard que nous portons sur le théâtre, et, déjà, une sensation insolite s'installe.

Les définitions du théâtre, les éclatements de ces définitions, les désobéissances, les insurrections contre ces définitions, les perversions de ces définitions, les : qu'est-ce que le théâtre ? — pas de réponse — un blanc — ou plus : question (rien) et (un point d'interrogation) réponse : (deux points) et un silence (points de suspension). Les blancs, lieux de questions et de réponses. Lieu de l'onirisme non délimité où l'insolite entre par effraction pour dénaturer le « familier ».

Peut-être le théâtre est-il à la fois l'« évident » et l'« ahurissant », ce premier et ce dernier regard. Position parfaitement insolite du regardant. D'autre part, une scène vide, ici, une lumière, un lieu inquiet en attente de qui va l'assiéger, un espace suspendu et c'est déjà l'insolite du regardé. C'est sur l'attirance qu'exerce cet espace regardé sur le regardant que l'onirisme opère.

Quelqu'un surgit dans cet espace. Une lumière l'y fixe ou le manipule et l'insolite se déplace sur l'acteur. Que fait-il là ? Qui trompe-t-il ? Qui veut-il égarer ? Veut-il nous faire croire qu'il s'égare ? Alors que personne n'est dupe. Mais chacun va faire « comme si »... Cela est « évident » et « ahurissant ».

Puis s'il parle ou s'il agit, son discours peut être positif, sa position n'en demeure pas moins insolite et le fait qu'il « représente » ce discours, contradictoirement le déréalise.

Et si ce discours se présente comme apparemment non articulé, fantasmatique, sans précaution explicative, avec cette façon désin-

volte, cette évidence aristocratique avec lesquelles les rêves les plus
ahurissants s'imposent dans le sommeil, l'insolite se déplacera encore
et se révélera, cette fois, immédiatement. Il est donné pour tel.

C'est donc à tous les niveaux que se situe, au théâtre, la déréalisation, avec ses pièges, ses articulations souterraines, ses démarches
insidieuses, ses déplacements inattendus, ses surgissements déconcer-
tants ou angoissants, aussi avec son humour. Que ce soit dans le
théâtre réaliste, ou psychologique, ou épique, etc. ou dans le
théâtre qui se donne pour onirique, l'insolite obscurément présent
ou, au contraire, clairement énoncé, est le fait théâtral même.
J'opposerai au théâtre de l'imitation qui est en réalité théâtre de
l'illusion, du mensonge, du « comme si » où le discours est faussé
du fait de sa représentation, le théâtre du fantasme, à la recherche
d'une surréalité qui dénoncerait plus fortement le réel, théâtre où
la représentation, devenant transcription directe de l'imaginaire
dans l'espace, cherche, par là, non sans malaise, à se nier comme
représentation.

*
*

Voici donc en un lieu divers lieux de contractions superposés,
juxtaposés, interférants. Rencontre d'un lieu réel : le plateau et de
lieux dramatiques fictifs. Acteurs vivants/personnages fictifs/texte
proféré dans un espace. Tout cela portant en soi-même sa construction et sa déconstruction, se réalisant et, précisément, parce que se
réalisant dans ce lieu, là, se déréalisant dans le même temps.

Lieu privilégié et corrompu, suspect d'équivocité, où s'opère une
synthèse. Naissance de l'acte représenté, fantôme puisque représenté,
fantôme, donc donnant comme *a priori* la mort de l'acte lui-même.
Creuset — présent — spirale. Il faudra s'acheminer au travers de
ce faire et de ce défaire non sans inquiétude.

Il ne s'agit pas d'un paradoxe mais d'un dé-placement : Dé-réaliser
le réel, c'est là le dé-placement qu'opère le théâtre. Et c'est là que
se pose le problème.

Qu'est-ce que cette déréalisation par la mise en scène ?

La mise en scène amène à l'existence un texte et croit le constituer
en texte théâtral. Je dis « croit » car elle réinvente par le geste et
par la parole et donne la représentation transposée d'une représentation préexistante de fantasmes. Les fantasmes envahissent, investissent la place de l'imaginaire. Ils sont faits de mots, de gestes,
combinaisons d'images, et se déversent dans la représentation. On
peut dire que le rêve est la réalisation déguisée d'un désir interdit.
Dans ce déguisement il y a acte de mise en scène, compromis entre
le désir et la censure. Nous sommes à la fois sujets et spectateurs

de nos rêves. On pourrait dire que la représentation préexiste au théâtre dès que fonctionne l'imaginaire. On pourrait dire que les désirs sont produits, « mis en scène ». En tout s'exerce une théâtralité latente. Cela est à la fois « évident » et « ahurissant ».

La démarche du travail théâtral est de trouver des équivalences spatiales. Je prendrai des exemples justement hors de ce qu'il est convenu d'appeler le théâtre, car tout texte, essai, roman, poésie, tout trait, peinture, musique, comporte sa dramaturgie et, plus loin, toute rêverie éveillée se met en scène, tout rêve du sommeil se présente avec une évidence théâtrale. A tout moment le vertige nous prend, si l'on essaye de déterminer la limite de ce qui est représentation et de ce qui ne l'est pas.

Dans toute peinture il y a théâtralité mais la peinture pop, par exemple, la dénonce clairement en nous faisant réfléchir sur le regard. Elle oriente le regard afin qu'il déréalise lui-même le réel. Une boîte de conserve présentée dans un cadre ou dans un espace qui ne lui est pas familier, est regardée autrement. Elle désoriente le regard par sa position insolite. Le regard la vide de sa signification pour la remplacer par une autre. La représentation opère ce dé-placement. Autre exemple : cette même boîte de conserve, peinte, reproduite exactement dans tous ses détails peut être considérée comme une illusion car on sait qu'elle est fausse mais il ne serait pas d'un grand intérêt de s'arrêter là. Transposée dans un autre espace, elle subit une transformation de ses mesures, elle trouve d'autres proportions par rapport à ce nouvel espace, espace de l'imaginaire. En allant plus loin, elle acquiert une surréalité, techniquement due aux moyens spécifiques de la peinture, elle devient peinture, détournée d'une simple imitation du réel, surréalité dans laquelle sa figuration nous entraîne où règne le danger qui fait vaciller la raison. Exemple équivalent dans l'écriture : l'image chez Robbe-Grillet, reproduite avec tant de précision, et, à force de précision, devient plate, se vide de toute charge psychologique ou émotionnelle, perd de son histoire, devient surexposée, frappe la rétine, entame le champ psychique avec l'acuité des images du rêve. On voit là que ce sont des techniques de la peinture et de l'écriture qui permettent de déréaliser le réel. Chez Magritte, la théâtralité naît de la rencontre de l'espace dramatique et de l'espace réel, même acuité du trait. Les espaces chez Chiriro sont des silences insolites.

Andy Warhol procède autrement mais attaque également la réalité en la décomposant dans la répétition, en ponctuant le temps. On connaît certains de ses tableaux qui se succèdent, procédé emprunté à la pellicule de cinéma, découpée photo par photo, où le même visage est reproduit, visage dans lequel s'altère seulement le sourire. Altération imperceptible de tableau en tableau.

Au travers de ces exemples on peut croire que je ne parle que d'une distance de la représentation par rapport au réel ; mais il s'agit de tout autre chose, distance radicalement différente de la « distanciation » brechtienne, distance qui est dé-placement, décalage, altération, déperdition et même répudiation du réel. Un réel envisagé comme opprimant qui est dénoncé, rejeté. Comment agit techniquement le théâtre ? Par dé-mesure, par dés-orientation, justement comme le rêve, par dis-proportions. Ce qui fait le théâtre étrange, ce sont ces planches ajustées, cernées, éclairées, gestes, mots, voix, regards, tout cela déplacé par rapport à tout modèle réel. Dé-mesure et dis-proportion.

En effet, le théâtre nie les proportions du réel : la parole y est proférée et non dite, elle se dresse, verticale, et s'oppose à la parole circulant horizontalement, la parole monnayable, dans la société. Le mot prolonge l'image, le geste s'agrandit, l'objet se démesure. C'est cette déformation dans des excès contraires ou dans des nuances infimes qui produit la déréalisation, renforce l'acte théâtral et a une puissance d'appel sur le spectateur.

Je prendrai pour exemple les jambes du cadavre dans *Amédée* de Ionesco qui donnent la mesure de l'obsessionnel et non du modèle réel. Même exemple dans une pièce d'Arnaldo Calveyra où l'un des personnages se coiffe assez souvent, le metteur en scène a imaginé un peigne immense. Là encore l'obsessionnel a son statut et ses mesures.

Avec une pratique savante des « effets », le metteur en scène machiniste va représenter le rêve. Voici que le rêve est produit par une machinerie. Nous sommes du côté de l'horlogerie. L'inconscient est une savante horlogerie. Et le regard que nous portons sur ce rêve doit aussi être savant car l'insolite exige un effort hors du réel vers le déconcertant, et, dans le même temps, naïf, tout comme le regard d'Alice qui ne peut s'étonner de rien car l'insolite a un statut dominant dans son monde où l'étonnement n'a plus lieu d'être. Si l'effet de machinerie rate, voilà que tout s'écroule et le réel fait irruption avec le rire, l'espace scénique suspendu retombe à plat dans une des salles de Paris ou d'ailleurs, à 10 heures d'un soir, salle qui donne l'impression de s'éclairer brusquement et tout le monde se regarde rire. C'est le réveil.

Qu'est-ce que le théâtre, sinon un échafaudage miraculeux sur sa propre absurdité ?

Oui le metteur en scène doit être savant pour transcrire les fantasmes et cela demande une science théorique que beaucoup n'ont pas ou se refusent à avoir au nom d'une prétendue sensibilité qu'ils séparent de la pensée et qui suffit, pensent-ils, à leur métier. Il y aurait également long à dire sur la marionnette, le masque, l'objet porteurs de fantasmes.

Dans *Nyjinski, fou de Dieu*, que Béjart a présenté au Palais des sports, il y avait une immense marionnette en habit et chapeau haut de forme, soutenue en son intérieur par un comédien. Celui-ci portait sur ses épaules l'armature, ce qui, évidemment, donnait à la marionnette un gros ventre creux, visiblement creux et armé. Et ce comédien n'était ni tout à fait caché, ni tout à fait visible. Il était simplement mal caché et de plus forcément maladroit. Cette immense marionnette était conduite par un danseur habillé strictement de la même manière. Et l'on nous faisait comprendre combien était insolite cette image en habit et, de plus, dédoublée en un petit bonhomme que devenait le danseur-guide de la marionnette. Le danseur, au moyen d'une baguette attachée au bras de la marionnette manipulait ce bras disproportionné par rapport aux jambes (qui n'étaient que les jambes normales, si je puis dire, du danseur support du mannequin). Ce bras se développait dans la manche ou se rétractait et se terminait par une main et un énorme doigt pointé, mains et doigts également en disharmonie. On ne retenait de ce doigt et de ce bras rétractable qu'un symbole phallique qui prenait le pas sur les autres significations possibles. La marionnette aurait-elle échappé à ce qu'elle était censée représenter ?

Mais comment cette marionnette se réduisait-elle en scène ? Au Palais des sports, il n'y a pas de coulisses, les sorties sont dispersées, pas de cintres. C'est un espace non traditionnel que voulait Béjart pour faire évoluer ses danseurs. La place est immense. Pour les spectateurs, de loin, l'effet de petitesse des danseurs était renforcé par la taille de la marionnette. Ce n'était pas celle-ci qui semblait immense mais plutôt les danseurs qui devenaient minuscules. L'espace à parcourir est grand, quand la marionnette sortait de scène elle donnait l'impression de trottiner car le danseur qui la supportait était encombré par la pesante armature. Ses pas semblaient courts et malhabiles, les jambes petites et raides par rapport à cet énorme buste alors qu'autour d'elle les danseurs sautaient, défiaient l'espace, évoluaient dans des gestes souples, prisonniers de la grâce. Qu'était-ce que cette chose plus encombrante et maladroite que l'homme qui allait se mettre sagement dans son coin quand on n'avait pas besoin d'elle et revenait quand on la sifflait, sur ses petites jambes toujours menée, aveugle, par son petit guide ? La marionnette, loin de représenter tous les sens possibles des fantasmes de Nyjinski, loin de réveiller en nous des échos assourdis, devenait une poupée très laide qui roulait sa bosse sur ce plateau. Plus elle était malhabile, plus les gestes des danseurs autour d'elle nous semblaient par contraste trop gracieux, esthétisants. Le discrédit était porté sur les danseurs. Les effets s'entretuaient.

Dans *Le Regard du sourd* de Bob Wilson, au contraire, non seulement chaque spectateur pouvait trouver son angle de regard mais aussi, pouvait déposer plusieurs sens dans chaque image qui lui était proposée. Même chose dans le Nô où toutes les connotations d'un seul geste se déploient, où plusieurs signifiés se transmettent par un signifiant. C'est, d'une part, sur les rythmes différents que Bob Wilson a joué et sur les décalages qu'il a établis entre eux, et, d'autre part, sur la notion d'« ailleurs » au contraire des autres troupes de recherche qui se situent dans l'« ici », le présent, la réalité de l'acte en présence du public. Non seulement les comédiens se déplaçaient et agissaient avec une très grande lenteur mais, comme ils gardaient d'un bout à l'autre, le même rythme, ils acquéraient une sorte d'automatisme souple qui les déréalisait. Ils instauraient un automatisme qui se niait lui-même par la souplesse, établissaient entre eux des rythmes différents. Par exemple, certains montaient ou démontaient quelque chose, un autre courait sur un autre rythme mais gardait toujours la même vitesse. Comment étaient-ils « ailleurs » : enfermés dans leurs gestes et leurs rythmes invariables, ils créaient ainsi une barrière transparente entre eux et les spectateurs si bien que naissait en ceux-ci un malaise. Sans aucune expression sur leurs visages, ne signifiant à aucun moment une émotion, ils devenaient d'une matière étrange et étrangère. Les images scéniques choisies par Bob Wilson étaient comme faites de verre et l'on passait aisément de l'autre côté du miroir dans le lieu des fantasmes, dans l' « ailleurs », vers des choses énigmatiques et secrètes. C'était donc l'opposé de l'habituelle opacité théâtrale. C'est le seul exemple de mise en scène extrêmement limpide et traversable que nous ayons eue.

Il y a, bien sûr, d'autres éléments à analyser dans les spectacles de Bob Wilson, notamment le son. Ce n'était pas un spectacle purement gestuel comme on l'a dit, mais au contraire une sorte d'opéra silencieux. La parole, la musique, étaient justement reconstituées dans « l'ailleurs » par le spectateur.

Avons-nous l'impression que les rêves sont silencieux ? Non. La parole et l'image nous sont données dans le même temps et nous ne savons jamais exactement si l'on a vu ou entendu. Le texte au théâtre doit être de la même trame que l'image. On ne doit pas se demander si oui ou non le théâtre a quelque rapport avec la réalité en termes « d'imitation » de la réalité, de différence ou de ressemblance. Il faut regarder du côté du théâtre. Le théâtre avec le langage qui lui est propre. Plus le théâtre se prétend vrai (par rapport à quoi ?), se prétend imitation fidèle d'une réalité, plus il nie cette réalité car, du fait de sa représentation qui est une rencontre du temps réel et du temps théâtral, la réalité est faussée. Ce qui retient notre intérêt au théâtre c'est justement cet acte spécifique qui détruit l'illusion mais déréalise le réel au profit d'une autre réalité énigmatique, composée du « là » et de « l'ailleurs », d'un présent réel qui se superpose à un passé-présent, présent-futur fictifs, conjugaison du fictif et du réel, conjugaison des temps qui vont bien au-delà de l'illusion.

Je voudrais rappeler la définition du fantasme, représentation d'un désir que donne Freud :

« Un fantasme flotte, pour ainsi dire, entre trois temps, les trois moments temporels de notre faculté représentative. Le travail psychique part d'une impression actuelle, d'une occasion offerte par le présent, capable d'éveiller un des grands désirs du sujet ; de là, il s'étend au souvenir d'un événement d'autrefois, le plus souvent infantile, dans lequel ce désir était réalisé ; il édifie alors une situation en rapport avec l'avenir et qui se présente sous forme de réalisation de ce désir, c'est là le rêve éveillé ou le fantasme, qui porte les traces de son origine : occasion présente et souvenir. Ainsi passé, présent et futur s'échelonnent au long du fil continu du désir. » (1).

La structure temporelle du théâtre se calque sur la structure temporelle du fantasme. Peut-on dire alors que le théâtre est une représentation d'une représentation du désir ?

Le théâtre qui nous intéresse ici s'efforcerait de figurer les fantasmes qui, parce qu'ils sont des désirs interdits, prennent des expressions déformées en scène que nous qualifions (pourquoi ?) d' « insolites ». Afin qu'ils soient rendus théâtralement, il faudrait, pour être tant soit peu fidèles à leur représentation imaginaire, qu'ils s'imposent en démolissant les structures du théâtre traditionnel. Le théâtre traditionnel est aussi une représentation de fantasmes, mais de fantasmes avoués exaltant le héros, projection du moi idéal, et permettant une identification facile pour le spectateur. Par contre le spectateur devrait rejeter comme dérangeante toute représentation de désirs refoulés qui fait éclater les barrières. En effet, autant le théâtre traditionnel, parce qu'il met en scène la projection d'un moi idéal permet une catharsis chez le spectateur, autant les structures éclatées du théâtre onirique, seul cadre possible, parce que brisé et mouvant de la représentation « bigarrée » du fantasme, s'en éloignent et mettent le spectateur en lutte contre le spectacle et l'obligent à renouveler ses défenses.

Quand on fait lire à un metteur en scène un manuscrit dans lequel il n'y a pas de discours explicite, dont la structure n'apparaît pas comme une structure logique, obéissant à certaines conventions, à une pensée discursive mais est une représentation d'images fantas-

---

(1) Article de 1908, *La création littéraire et le rêve éveillé*.

matiques reliées entre elles par des chemins souterrains mais non dépourvus de sens, la réaction immédiate est : « Qu'est-ce que cela veut dire, c'est confus, je ne comprends pas » et, se faisant une réflexion qui le rassure, il ajoute : « Ce n'est pas un langage théâtral. »

Mais qu'est-ce que le théâtre ? devrait-on lui répondre. Spectateur et acteur de ses propres rêves se dit-il : je ne comprends pas ? Peut-être que oui mais le plus souvent il admet ses rêves comme une réalité évidente et les oublie. Le théâtre traditionnel garde toujours sa fonction de catharsis mais le spectateur l'a, si je puis dire, apprivoisée, s'y est accoutumé. Il s'identifie toujours au héros tragique ou romantique et, de là, à l'acteur qui l'interprète mais cette accoutumance le rassure, la forme trop connue l'éloigne de ses modèles et devient caisse de résonance creuse. Le spectateur n'est plus surpris, n'est plus piégé.

L'onirisme au théâtre représente donc un bouleversement plus profond pour le spectateur. J'ai dit que le spectateur « devrait » le rejeter comme dérangeant. J'ai employé le conditionnel car le théâtre ne peut se permettre d'être rejeté. Et ceci au double titre de produit artistique, création, et de produit économique. Il est impossible qu'au départ il soit conçu comme devant être rejeté.

Le spectacle de Bob Wilson a déconcerté mais ce fut un succès public: Pourquoi ? Parce que pour les spectateurs ce fut une victoire. En effet, j'ai dit plus haut que « tout d'abord » le théâtre déconcertait car il attaquait les défenses des spectateurs mais, très vite, ceux-ci trouvent des parades, reconstituent leurs défenses et ils peuvent le faire pour deux raisons : La première c'est que tout théâtre déconcertant doit, pour se faire admettre, passer par un certain esthétisme (je ne parle pas de la recherche du « beau » mais d'une certaine recherche formelle) sous peine d'être rejeté totalement, la seconde c'est que les spectateurs, justement, se savent au spectacle.

A cause de la déréalisation qu'apporte le jeu théâtral, tout peut être dit (on sait qu'il n'y a pas de censure au théâtre et qu'il y en a une au cinéma, ce qui est significatif de la différence de ces deux moyens d'expression), le théâtre n'a pas besoin de censure car toute représentation désamorce le réel. A partir du moment où certaines images, certaines paroles sont mises en place à l'intérieur d'un code théâtral, le spectateur peut les affronter sans risque. La forme qui enveloppe le spectacle contribue à cette censure insidieuse. Les metteurs en scène ne peuvent y échapper sans quoi le spectacle culbuterait et serait rejeté hors du théâtre. Il est impossible d'approcher sans transition, sans médiation et déplacement la représentation des fantasmes. Nous nous trouvons devant une succession de médiations jusqu'à la figuration en scène. Les désirs sont parés, maquillés afin que le spectateur puisse trouver des parades, des défenses et sortir vainqueur. Car pour que le spectacle réussisse, il faut qu'il déconcerte, force le spectateur à lutter et le laisse sortir vainqueur. Le théâtre ne peut échapper non plus à ce qu'on peut appeler l'enfermement du représenté.

Le théâtre dont nous parlons n'est donc pas métier d'illusionniste, n'est ni magie, ni sorcellerie. Le théâtre d'une manière évidente et ahurissante est « représentation » et il faut donner à ce terme son sens de présentation autre, décalée, de la représentation déjà existante d'un désir. La mise en scène, je dirai plus précisément la mise en espace, en place, en objets, en voix, transcrit cette représentation des désirs et cette transcription porte en elle-même, du moins doit porter pour être efficace, son propre commentaire. Et ceci est radicalement opposé au théâtre de la supercherie et du « comme si ». Il ne peut y avoir de reproduction fidèle de la réalité extérieure. Réalité il y a, comme il y a réalité du rêve, inscrite dans une réalité présente limitée dans le geste représenté. Grotowski demande à ses comédiens de créer un acte réel, unique au présent, qui libère l'inconscient du spectateur. Cette démarche n'est possible que si l'on tient compte que cet acte est représenté et qu'il ne faut pas chercher à échapper au geste représenté mais, au contraire, l'assumer au lieu de le nier, s'en servir car c'est dans le représenté qu'il faut installer le commentaire critique de ce que l'on veut signifier. Si l'on veut chercher à libérer le spectateur en se libérant simplement devant lui sans commentaire critique, l'acteur reste prisonnier de son geste et le spectateur reste spectateur. Je cite une phrase d'Octave Mannoni éclairante sur ce point : « Le plaisir de jouer et le plaisir de voir jouer doivent certainement beaucoup à ces conventions qui permettent de libérer les fantasmes de chacun sans leur donner plus de portée que celle du pur spectacle. » (2). Mannoni parle d'un théâtre d'imitation et d'identification mais sa réflexion reste inébranlable malgré les tentatives du nouveau théâtre d'échapper au spectacle. Nous restons enfermés dans le représenté. Nous nous trouvons dans une position insoutenable car le théâtre d'aujourd'hui a pris conscience qu'il était un acte se réalisant, là, immédiatement, à vue, chargé de sa réalité présente et, dans le même temps, nous nous heurtons au mur du représenté. Le théâtre tend vers une libération mais retombe sur lui-même dans l'enfermement.

Si le théâtre du fantasme doit passer par des images relevant d'un certain esthétisme et s'il ne peut échapper à l'enfermement du représenté, comment trouver une issue ? Et aussi comment le problème d'un théâtre politique peut-il se poser ? C'est justement en se servant

_____

(2) Octave Mannoni : *L'imaginaire ou l'autre scène*, (Ed. du Seuil).

des structures mouvantes du théâtre du fantasme qu'il a le plus de chance de se renouveler, d'échapper à la sclérose. La seule forme qu'a ce théâtre est une forme éclatée, c'est grâce à cela qu'il dérange le spectateur en le surprenant toujours. Son efficacité se trouve renforcée car atteignant les structures idéologiques du spectateur, il se fait le véhicule d'idées qui atteindront plus sûrement leur cible. N'importe quel publiciste est en avance sur ce point et sait comment atteindre l'inconscient politique de qui lit une affiche.

On s'aperçoit quand on voit certains spectacles que même si la parole est à gauche, l'inconscient qui passe par le spectacle relève d'une idéologie de droite et chacun est dupe qu'il soit acteur, metteur en scène ou spectateur. Cela me paraît grave de la part de ceux qui font le spectacle car ils pensent sincèrement être révolutionnaires. C'est donc sur cet inconscient qu'il faut travailler, sur les structures internes du spectacle.

Les structures enfouies, non lisibles immédiatement d'un spectacle, sont les plus importantes et parfois les plus dangereuses. On rejette le fantasme dans le théâtre politique sous prétexte que cela reviendrait à rendre le réel politique fantasmatique. Mais c'est au contraire par le moyen de cette représentation d'images fantasmatiques que le théâtre politique doit se renouveler et ne pas se maintenir contradictoirement dans une structure théâtrale conservatrice ou, ce qui est pire, qui croit par le théâtre de rue ou autres formes semblables, se transformer. « Dès qu'on ouvre la porte aux images, c'en est fini de la paix », dit un personnage de « Latin American Trip » de A. Calveyra qui est un des premiers textes de théâtre contemporain à rechercher dans cette voie où la réalité politique, loin d'être désamorcée par la représentation du fantasme, acquiert une surréalité qui dénonce plus fortement le réel. Cela est un problème qu'il faut poser mais qui demande une analyse plus détaillée.

*
**

La scène est un espace réel où se donnent à voir des images. Lieu des métaphores, lieu des ambiguïtés, de la multiplicité des sens possibles, donc lieu privilégié de la libération des fantasmes.

Le théâtre ne peut se donner en place de la réalité extérieure, il ne peut se donner que comme théâtre, là où règne l'imaginaire. Il ne peut se donner que comme source d'images. Vouloir échapper au théâtre est un faux problème que nous nous posons. On croit y échapper en changeant de vocabulaire, le mot « scène » est remplacé par le mot « lieu » ou mieux « lieu ouvert » ; par là nous sont révélés une angoisse et un désir des acteurs de nous montrer qu'ils sont là en tant qu'êtres vivants et non seulement en tant que personnages.

Mais cela on le savait. Ils rejettent les personnages. C'est leur désir d'exister et d'être regardés pour eux-mêmes qu'ils tentent de nous dire. Ce besoin de représenter n'est-il pas une lutte contre la mort ? Ils sentent cette angoisse et s'y débattent, certains se cantonnent dans l'illusion traditionnelle, d'autres croient rejeter tout mensonge et veulent prouver qu'ils font un acte réel. Rebondissant entre illusion et réalité, ils se tiennent honteux au bord du théâtre. Ils veulent y échapper ; et nous retrouvons la scène, lieu vidé, fermé, planches clouées, encore plus cerné quand on a voulu l'ouvrir en brisant le cadre à l'italienne, cerné de bancs vides, espace inquiet en attente de qui va l'assiéger à nouveau, étrange, suspendu, lieu par excellence du rêve et de l'insolite et cela les acteurs n'y peuvent rien et n'ont plus qu'à y revenir, lentement, les uns après les autres pour comprendre qu'il est inutile de rejeter le mot « scène ». Gardons au contraire l'ambiguïté des mots de « scène » et de « lieu » que j'ai séparés tout à l'heure pour signifier « lieu », c'est-à-dire réel présent, salle, plateau, ici où se produit quelque acte et « scène » employée métaphoriquement, scène de l'imaginaire, du fictif. Transmutons à nouveau leur sens et la « scène » devient le plateau, planches, sur lesquelles se donne à voir le « lieu » des paroles et des fantasmes.

Ce qui est la réalité fondamentale du théâtre c'est justement la combinaison de « scène » et de « lieu », la combinaison du temps réel et du temps théâtral, de l'espace réel et de l'espace théâtral, du réel et du fictif. Oui, lieu privilégié et corrompu où s'opère une synthèse, où se fondent la vie et la mort. Creuset — spirale — où se dresse la parole. Construction et déconstruction. C'est vrai que c'est avec inquiétude qu'il faut s'acheminer au travers de ce faire et de ce défaire.

DISCUSSION

sur la communication de Mme Simone BENMUSSA

Interventions de R. Etiemble. — Mme S. Benmussa. — R. Weingarten. — P. Voltz. — H. Behar. — J. Petit. — J. Pierrot.

René Etiemble.

Nous remercions tous Mme Benmussa de son exposé. On se demandait, tout à l'heure, s'il y avait de la provocation dans le théâtre de Jarry. Tout le monde aura remarqué, je suppose, que la provocation ne manque pas dans cet exposé sur le théâtre du fantasme et de l'onirisme. Je pense donc que la discussion doit être menée comme le mérite un exposé serré, provocant. Si du moins je vous ai comprise (je ne vous ai peut-être pas comprise), il n'y a de théâtre possible que celui de l'onirisme. Tout autre serait « comme si », tricherie ou supercherie.

Mme S. Benmussa.

Ce théâtre que l'on peut appeler « onirique » est un théâtre d'images, un théâtre qui fait éclater le discours logique auquel nous sommes paresseusement habitués. Je crois que l'important actuellement au théâtre, c'est justement de briser les habitudes du public. Il faut que les spectateurs prennent conscience des images qui les manipulent. La compréhension entre spectateurs doit se faire au niveau de cette manipulation d'images.

René Etiemble.

Vous posez là une grave question ; un théâtre révolutionnaire peut-il, en effet, garder la mise en scène, les conventions, le jeu de l'acteur traditionnels ? Je vais donc à mon tour poser la question qui me tourmente et que vous n'avez pas pu ne pas vous poser : les règles de l'opéra chinois ont été bouleversées durant la « grande révolution culturelle » fomentée par le Président Mao et son épouse, actrice manquée, à la suite de quoi on essaya de constituer un théâtre où les techniques du jeu de l'acteur, au moins aussi poussées en Chine qu'où que ce soit, seraient mises au service du contenu révolutionnaire le plus naïf, le plus stalino-jdanovien. Considérez-vous que c'est là un de ces « *comme si* », une de ces *supercheries* qui empêcheront ce théâtre, révolutionnaire par son contenu, d'être vraiment révolutionnaire, puisqu'il ne l'est pas par sa forme, chargée de survivances « féodales » ou « bourgeoises » ?

Mme S. Benmussa.

Je pense que c'est un théâtre de propagande, par opposition à un théâtre révolutionnaire. Vous demandez si tout théâtre doit être onirique ? Je crois que ce qui est intéressant dans le théâtre onirique, c'est justement qu'il ne peut se fixer dans aucune structure, et que forcément les formes qu'il adoptera seront toujours mouvantes, ce qui en fera un « art » vivant. Aucun spectacle ne devrait avoir la même forme, et je ne fais pas allusion à la technique d'acteur. Je crois que la technique d'acteur est une chose et que les structures du spectacle en sont une autre.

M. Etiemble.

Vous pensez, à juste titre, qu'une certaine « déréalisation » est indispensable au jeu dramatique. Or j'ai moi-même commis une pièce ou deux dans ma jeunesse ; je me suis un peu occupé de cette question et je fus conduit à conclure qu'il existe une excellente forme de déréalisation : celle où la technique est poussée à un point si extraordinaire de convention que l'absolu de la convention devient pour l'imagination liberté absolue. Pensez aux *moudras* du théâtre de l'Inde, par exemple. Blâmez-vous comme réactionnaire fatalement cette forme de déréalisation et refusez-vous qu'on emploie ces *moudras* dans un théâtre révolutionnaire ? Vous paraît-il absolument inadmissible que cette autre forme de déréalisation, qui pour moi aussi est absolue, soit mise au service d'un théâtre de contenu absolument neuf ? Grave question, ce me semble, pour l'avenir du théâtre, car certaines formes de théâtre sont périmées, en tout cas provisoirement. Mais n'avons-nous pas tort de refuser l'héritage culturel ? J'ai assisté au Japon à différents spectacles : Nô, Kyogen, Kabuki, Bunraku, en Chine à toutes sortes d'opéras, en Inde à différentes formes de théâtre respectant diverses conventions. Chaque fois j'eus la satisfaction que me donne une mise en scène déréalisante. Quant à moi, je ne renoncerai pas volontiers à cette forme de déréalisation qui ne me paraît nullement incompatible avec un contenu révolutionnaire. J'aimerais savoir ce que vous en pensez ?

Mme Simone Benmussa.

Je ne cherche pas à imposer une déréalisation. Je dis que tout théâtre, même réaliste, est déréalisant, à partir du moment où il y a

représentation donc déplacement. On ne peut échapper à cette déréalisation. On doit donc s'en servir. Ceux qui cherchent une échap-
patoire sont dans l'erreur. De toute façon, vous réunissez des gens
sur un plateau vide ; quelqu'un vient : la déréalisation est déjà là :
c'est le postulat de départ qu'il faut prendre en compte. Quant aux
formes de théâtre comme le katakali, le nô, l'opéra de Pékin, elles
vous ont donné une impression déréalisante parce qu'elles étaient
étrangères et que vous sentiez entre elles et vous une distance
encore plus grande. Ce n'est donc pas le même problème. Pour
répondre au deuxième point de votre question je dirai qu'il y a au
Japon aujourd'hui trois groupes dont les animateurs sont Kara,
Sato et Suzuki qui ont dirigé leurs recherches vers un *nouveau
contenu* des œuvres en se servant de la technique des acteurs de
Kabuki.

René Etiemble.

Ce serait vrai si je n'avais pas été familier des littératures de
l'Asie. Il y a une « déréalisation, c'est clair, qui résulte de l'étrangeté, soit celle du rêve, soit celle des formes culturelles. Mais vous
me ferez la grâce de considérer que ce n'est pas en tant qu'il est
étrange que le théâtre chinois m'intéresse car voilà quarante ans
et même quarante-cinq ans que je m'intéresse à la Chine. Quand j'ai
vu du théâtre chinois en Chine j'avais étudié la théorie du théâtre
chinois et révisé moi-même la traduction de quatre pièces du théâtre
chinois : ce théâtre n'avait pour moi rien d'exotique. Celui qui le
voit de l'extérieur est « déréalisé » d'une façon, disons, dévalorisée
qui pour moi ne compte pas. Dans la mesure où je peux éprouver du
dedans un art qui n'est pas formulé dans ma langue maternelle, il
me semble que les gestes qui appuient chacune des inflexions et de
la musique et de la diction composent une cohésion parfaite et que
justement cette cohésion parfaite du geste, de la musique et de la
diction, de toutes les autres conventions scéniques aboutit à une
« déréalisation » absolue, alors que c'est là une cohésion qu'on
cherche pour des raisons, qui vous paraîtront sans doute inavoua-
bles, d'esthétique pure.

Mme S. Benmussa.

Il y a une très grande cohésion dans le Nô, et également une
très grande économie de moyens. Un seul geste veut dire beaucoup
de choses ; on a l'impression que l'acteur ne bouge pas, qu'il est
face à vous ; tout à coup, par une espèce de rotation invisible, vous
le voyez de profil et il a raconté, par ce geste, par juste une intonation de la voix, toute une histoire. Il déréalise par une parfaite
stylisation de son jeu. J'ai dit tout à l'heure que dans toute représentation il y avait déplacement du réel ; bien sûr tout ce que

vous avez énoncé concourt à faire du Nô une des formes de théâtre les plus abouties scéniquement, mais je ne pense pas que ce soit une recherche de pure esthétique. Le Nô est un théâtre épique, mythique. La parole mythique transcrite en scène est extrêmement dépouillée. Dans leurs recherches les jeunes metteurs en scène japonais utilisent actuellement les techniques du Nô et du Kabuki justement parce que ce sont des formes de théâtre (et en cela le Nô est exemplaire) qui, par peu de signifiants, transmettent plusieurs signifiés. Ils rejoignent en cela les recherches linguistiques européennes.

René Etiemble.

Selon vous, dans le *nô*, le signifiant aurait plusieurs signifiés. Or mon expérience du *nô* fut absolument différente. Aussi longtemps que j'assistais à des spectacles de *nô* avec un texte anglais ou français sous les yeux je n'arrivais pas à faire prendre « la mayonnaise » du *nô* ; d'une part il y avait la musique, d'autre part il y avait des gestes, et aussi des voix. Lorsque j'ai pu disposer d'un texte japonais et d'une traduction juxtapaginaire dans une langue que je puisse lire, parce qu'il y avait un sens et un seul sens, à mon avis, la fusion devenait parfaite de la percussion, d'une certaine inflexion de la flûte, du geste de l'acteur, de la syllabe japonaise modulée enfin du sens (et non *des* sens) porté par cette syllabe. Le *nô* pour moi se manifesta, se révéla comme forme à la fois et contenu. J'eus là dessus une conversation avec le grand spécialiste français que vous connaissez, M. Sieffert, persuadé que le *nô* c'était ce que vous disiez justement, des gestes, que la parole était superfétatoire. Comme je lui faisais part de cette expérience, pour moi cruciale, il m'a dit qu'il était revenu de cette idée et qu'il était désormais certain que le *nô* est avant tout une parole qui signifie quelque chose de précis et que le reste lui est subordonné.

Romain Weingarten.

Je voudrais faire une simple remarque. Il me semble que M. Etiemble a complètement renversé le problème. Je ne pense pas que l'on puisse parler de la même façon du théâtre traditionnel oriental et du théâtre traditionnel occidental dans la mesure où les formes et les techniques du théâtre oriental me paraissent *a priori* fondées pour exprimer ce dont parlait Mme Benmussa, c'est-à-dire d'un théâtre mythique, un théâtre de l'imaginaire ou un théâtre du rêve. Par conséquent, il me semble qu'on ne peut pas le mettre en cause de la même façon. C'est par rapport à notre théâtre occidental qui est fait en principe pour représenter la réalité que ce qu'elle a dit me semble valable, mais par rapport au théâtre oriental ça me paraît déplacer la question. Ce que je voulais dire c'est qu'il me semble que ce théâtre oriental me semble l'exemple type d'un théâtre dont les techniques sont faites pour exprimer un monde imaginaire... Par conséquent, on ne peut pas, apparemment, le contester sur ce plan-là de la même façon qu'on peut contester la tradition de jeu et de technique de jeux ou les techniques de mises en scènes occidentales par rapport à la volonté d'exprimer un certain fantasme. Il y a là une technique bien précise pour exprimer le fantasme. Nous n'avons rien, je crois, de tel en dehors de ce que vous avez cité, c'est-à-dire de quelques spectacles comme ceux de Bob Wilson qui a réellement inventé quelque chose dans ce sens là et qui, jusqu'à un certain point, retrouve la technique de quelques scènes du théâtre oriental que j'ai pu voir.

Mme *Bonnaud-Lamotte.*

Je vous remercie chaleureusement, Madame, d'avoir posé un problème essentiel, celui du théâtre qui se croit révolutionnaire et qui ne l'est pas du tout, du théâtre qui se croit politique et qui ne l'est pas non plus. Je me permets sur un point, d'avoir une opinion différente de celle de M. Etiemble. Je pense, en effet, que le théâtre chinois actuel a ses objectifs aussi bien par son contenu tendant à libérer des forces au service de la Révolution en Chine et même dans le monde que par les moyens employés. Le tour de force est que ce théâtre n'est pas un théâtre de propagande immédiate mais un théâtre onirique dans la mesure où il fait rêver au possible. L'originalité du théâtre chinois actuel est d'utiliser certaines techniques de l'Opéra de Pékin mêlées à d'autres formes d'expression telles que l'intervention du piano occidental parmi les instruments à percussion traditionnels.

Mme *S. Benmussa.*

Je voudrais aller dans le même sens que Mme Bonnaud-Lamotte. Les jeunes animateurs japonais, procédant identiquement, ont employé des techniques de Kabuki mais les structures du spectacle ont vu leur cadre traditionnel brisé avec une musique volontairement dégradée, où se mêlent des phrases musicales ou des thèmes qui traînent dans tous les bars japonais, mélange de comédie musicale américaine et de flamenco.

Pierre *Voltz.*

Ils aboutissent à une espèce d'opéra délirant, représentation (politique également) d'un certain Japon où s'intègrent les techniques du Kabuki employées par les acteurs. Dans le théâtre engagé, je pense que si l'on présente un contenu politique avec des formes passéistes on convainc des gens convaincus ou on ennuie des gens qui ne sont pas de votre opinion. Donc ce n'est pas efficace. Il faut briser les cadres conventionnels et se servir de l'imaginaire.

Je voudrais revenir sur un point à propos du phénomène de la déréalisation, et partir également de l'exemple du *Nô* japonais. Je ne sens pas très bien le *Nô* comme vous le présentez ; ce qui m'a frappé dans les textes théoriques de Zeami traduits par Sieffert, c'est moins cette construction d'un ensemble de signes que la relation de l'acteur avec le public, la théorie de *la fleur*, par laquelle l'acteur doit être sensible à l'événement présent de la représentation dans ses éléments les plus contingents et y adapter son jeu. Sans doute les formes sont-elles définies théoriquement avec rigueur mais la fleur, c'est d'être capable de rester en deçà (« mouvoir l'esprit aux dix dixièmes, mouvoir le corps aux sept dixièmes ») dans la recherche d'un échange unique fondé sur les circonstances actuelles. Et je pense que contrairement à ce que disait Weingarten, nous avons un exemple en occident de la même chose, c'est l'Opéra. Dans l'opéra nous pouvons trouver le même système, non pas au niveau total de la mise en place du spectacle, mais du moins pour l'exécution de la mélodie musicale : la cantatrice se plie à une forme rigoureuse, celle que note la partition, et cependant, à l'intérieur de ce mode d'expression très précis, elle trouve le moyen d'interpréter et d'établir avec son public un échange très direct. Tout cela pour dire que dans la déréalisation du théâtre tout est déréalisé pour ce qui touche effectivement à notre imaginaire, mais qu'il reste là derrière un réel, qui est le contact direct de l'acteur et du spectateur dans la construction d'une structure d'échange.

*M*ᵐᵉ *S. Benmussa.*

Je vous remercie de le rappeler car tout le fonctionnement de cette déréalisation dont je parle se situe là, dans cette conjugaison des temps, cette conjugaison des espaces et dans ce moment où se superposent ou quelquefois s'affrontent le présent vécu par les acteurs et le public et ce qui est représenté. Eliminer un des composants de cette dialectique serait faux. Pour reprendre votre comparaison avec l'opéra, vous savez que, dans la musique de *Nô*, l'interprète part d'une certaine octave ou d'une autre, d'une certaine hauteur de ton ou d'une autre et tout l'ensemble suit, garde la même forme mais la couleur de la représentation dépendra de ce départ parce que justement l'interprète le ressent ainsi le jour où il l'interprète. Bien que les formes du *Nô* restent inamovibles, chaque représentation de l'acteur subira cette subtile différence.

Pierre Voltz.

A ce moment-là, la relation entre l'acteur et le public à travers ces variations n'est pas au niveau inconscient, elle n'est pas au niveau des fantasmes, elle est au niveau d'un échange.

Mme S. Benmussa.

Mais aussi la représentation des fantasmes obligatoirement tient compte de tous ces échanges.

Henri Béhar.

Oui en vous écoutant, Madame, je me demandais si on ne pourrait pas avoir deux conceptions du théâtre : l'une du théâtre traditionnel, qu'il soit révolutionnaire ou pas, quel que soit son contenu qui serait finalement une clôture du message ; le message est sur la scène ; il intègre un certain nombre de composantes tels que le jeu de l'acteur, la musique éventuellement, les gestes, et puis alors de l'autre côté, une notion peut-être plus récente du jeu, du théâtre, du spectacle, où le signifiant est constitué à la fois du jeu et de la présence des spectateurs, le signifié lui-même étant second. Un spectateur qui assiste à une pièce de Beckett n'écoute pas un message ; au contraire le message, le signifié est constitué par l'ensemble re-présentation plus spectateur ; et alors peut-être, à la sortie, après, arrivera-t-on à dégager le signifié.

Mme Benmussa.

Je ne crois pas que le signifié vienne après. Que les spectateurs y réfléchissent, ça me paraît évident de tout théâtre. Je ne vois pas très bien comment vous décomposez là signifiant d'abord, signifié après. S'il y a signifiant, c'est qu'il y a signifié et cela, c'est donné en même temps.

H. Béhar.

Disons que dans le théâtre qu'on appellerait traditionnel, le message est sur la scène, il n'y a qu'un seul sens, et le spectateur le reçoit ou ne le reçoit pas. Celui-ci écoute, il comprend ou ne comprend pas ; peu importe, il n'est pas dans le coup. Dans le deuxième cas, le spectateur serait dans le coup. Il fait partie de la représentation. D'où ces fantasmes dont vous parlez, ou les idées conscientes qu'il essaie de projeter. Autrement j'ai l'impression que le théâtre contemporain ne joue pas, ne dit pas quelque chose. Ce qui est dit est finalement composé par l'ensemble acteur-spectateur. Ce qui fait par exemple le succès de pièces comme celles de Wilson, où finalement il y a plusieurs signifiés et non un seul (c'est-à-dire le geste, la parole, etc.), où chaque signifiant peut avoir plusieurs signifiés, c'est qu'elles ne sont pas un message clos, mais au contraire le message ne sera clos que lorsqu'on comptera le spectateur dans cette chaîne du langage.

Mme Benmussa.

C'est ce qu'il a voulu d'ailleurs.

M. Béhar.

Il me semble que ce serait cela, le nouveau théâtre.

Mme Benmussa.

Le nouveau théâtre s'en est servi justement, parce qu'il a compris que cela pouvait avoir un impact réel. Je crois que le rapprochement qu'on a fait entre les spectacles comme ceux de Wilson et la peinture est un rapprochement au premier degré, ce qui était intéressant pour l'ouverture du spectacle, sans vouloir nier le représenté. C'est là où le théâtre contemporain a été très fort ; il a pris la contradiction et l'a réalisée.

H. Béhar.

Si je peux ajouter un mot, il me semble que ces deux formes de théâtre ne sont pas exclusives l'une de l'autre ni contradictoires, la deuxième qu'il définit me paraît correspondre au fonctionnement réel de l'activité théâtrale, et la première en est une forme censurée et mutilée, et par conséquent condamnée.

Jacques Petit.

Ma question est beaucoup plus simple et très éloignée du *nô* et des problèmes de techniques théâtrales qu'on vient de poser. J'aurais voulu vous amener à développer un point qui m'a paru en effet très important. Vous avez dit : tout théâtre est déréalisant, tout théâtre est un théâtre de fantasmes, y compris le théâtre traditionnel, et en somme, si j'ai bien saisi votre pensée, le théâtre contemporain a pris conscience qu'il était un théâtre de fantasmes, que le théâtre était déréalisant, et les auteurs intègrent dans leur œuvre la déréalisation et le fantasme. Alors quels sont les problèmes qui se posent au niveau de la mise en scène ? Car si tout théâtre est déréalisant, ne peut-on déréaliser, puisque c'était le point de départ de votre communication, le théâtre traditionnel uniquement par la mise en scène ?

Mme S. Benmussa.

C'est vrai que tout théâtre est déréalisant, que le théâtre traditionnel transmettait des fantasmes ou ne se rendait pas compte de ceux qu'il renfermait. Rappelons que le fantasme est la représentation déjà d'un désir interdit. Mais je crois qu'effectivement, à l'heure actuelle, sur des pièces, des textes — voyez les mises en scène de Chérau — on peut ajouter un commentaire. On a beaucoup reproché à des metteurs en scène comme Chérau de prendre un texte et de le représenter à leur manière, de faire œuvre d'auteur. En fait il s'agit là de proposer une lecture. Pour répondre à l'autre partie de votre question, je ne donne pas de définition du théâtre. Je dis qu'il y en a mille, et qu'il y en aura toujours de nouvelles, j'espère. Même chose pour les textes. Quand on lit quelque chose, s'il y a dix mille lecteurs, il y aura dix mille lectures. Donc, dans tout texte théâtral, il y a potentiellement mille mises en scène possibles dont aucune n'est fidèle parce qu'une traduction fidèle ça n'existe pas. Une traduction est infidèle ou, du moins, elle n'est fidèle que dans la mesure où elle trouve des équivalences. C'est dans ce décalage des équivalences que s'installe le théâtre, mais il faut que le metteur en scène et le public soient conscients de ce décalage. Je crois que quand Chérau prend un texte de Shakespeare et le met en scène, il y installe son commentaire, ses contradictions. Mais je ne limite rien à rien. Bob Wilson et Chérau tout en prenant des chemins divergents sont également intéressants parce que tous deux ont pris conscience du commentaire du représenté.

Jacques Petit.

Peut-être est-ce parce que vous avez parlé surtout du théâtre politique qui vous paraissait ne pas incorporer ces éléments, mais il me semblait, de l'extérieur et sans précisément connaître les problèmes techniques, que le théâtre contemporain les avait déjà intégrés au moins en partie.

Mme S. Benmussa.

Pas toujours. L'œuvre de Jarry, par exemple, contient beaucoup de fantasmes. Or, jusqu'ici, les metteurs en scène de Jarry ont utilisé des formes scéniques traditionnelles. C'est là l'erreur.

René Etiemble.

Si je peux me permettre encore d'intervenir, toutes réflexions faites et toutes choses ayant été dites, je pense tout à coup à la naissance du théâtre grec, autant qu'on puisse le concevoir maintenant, et notamment à travers les travaux de J.-P. Vernant sur la naissance de la tragédie grecque. Il y montre que la naissance de la tragédie correspond à un certain moment de la *polis* grecque, à une infrastructure à la fois politique et économique. Il montre aussi que ces questions que pose le théâtre de Sophocle ne s'y posent que parce qu'à un certain moment les mythes cèdent le pas devant une civilisation plus rationalisée et que la tragédie grecque ne peut surgir, s'élaborer que par l'intrusion volontaire du réfléchir qui tend à se substituer aux mythes. Jusqu'à présent je n'ai lu aucune critique pertinente de cette interprétation de la tragédie grecque. Voilà qui doit nous inquiéter si nous admettons maintenant qu'il ne peut y avoir de théâtre qu'en instaurant et introduisant à l'état brut les fantasmes individuels ou collectifs alors qu'historiquement le grand théâtre de notre civilisation, du moins en Grèce (et même en Égypte dans le théâtre des Pharaons) naquit précisément d'un effort pour opposer des raisons aux fantasmes. Considérez-vous que la tragédie grecque est dévalorisée du fait que précisément, c'est une lutte contre les fantasmes ?

*M*ᵐᵉ *S. Benmussa.*

Je ne crois pas que ce soit une lutte contre les fantasmes. Je pense que le théâtre grec est un théâtre politique. La connaissance de ces fantasmes et leur utilisation comme arme critique est exactement ce que je demande dans le théâtre politique actuel.

René Etiemble.

Ceci me paraît encore capital dans la théorie de J.-P. Vernant. On nous rebat les oreilles avec le complexe d'Œdipe et tout le théâtre, toute la critique se croient obligés d'y aller de leurs Œdipes. Vernant, lui, nous a montré, admirablement qu'il existe une pièce, au moins, où Œdipe soit sans complexe, celle d'où l'on a tiré le complexe d'Œdipe : *l'Œdipe-Roi.* Cela devrait nous aider à nous méfier de nos fantasmes et de nos idées en vogue.

Jean Pierrot.

A propos des rapports entre le théâtre *Nô* et, par exemple, *Le Regard du sourd* de Robert Wilson, n'y a-t-il pas entre ces deux formes de théâtre une différence capitale ? C'est que le théâtre japonais, que d'ailleurs je connais très peu, doit être fondé sur un code symbolique extrêmement précis, alors que *Le Regard du sourd* nous est apparu comme quelque chose qui était fondamentalement ambigu. Dès lors, que vaut-il mieux à votre avis du point de vue de l'avenir du théâtre : un théâtre qui nous présente des spectacles ambigus, ou un théâtre qui soit fondé dès le départ sur un accord entre auteur, acteur et spectateur, selon un code symbolique précis ?

M^(me) S. Benmussa.

Je peux difficilement vous répondre sur l'avenir du théâtre, sur ce qui serait mieux pour lui. Qu'est-ce qui est mieux ? Je ne pourrais pas me permettre de le dire de quoi que ce soit. Mais je ne pense pas non plus que le spectacle de Wilson nous soit présenté comme ambigu. Il montre l'ambiguïté des choses, ce qui est différent.

Jean Pierrot.

N'est-il pas dans la nature du rêve d'être toujours ambigu ?

M^(me) S. Benmussa.

Si, mais on peut l'analyser et en trouver les structures, les correspondances. Si cela paraît insolite, peut-être est-ce parce que c'est à la fois étrange et familier. Je ne vois pas où se situe votre objection.

Jean Pierrot.

Ce n'était pas une objection. Je demandais ce qui était préférable, d'un théâtre réduit à un message idéologique assez précis, ou d'un théâtre qui demeurerait ambigu. En tout cas, j'ai eu personnellement cette impression d'ambiguïté en face du spectacle du *Regard du sourd*, peut-être parce que l'on ignorait presque tout de la personnalité et des idées de Robert Wilson au moment où ce spectacle a été donné à Paris au printemps 1971. Mais on avait l'impression qu'on pouvait, en face de ce spectacle, aller dans des directions très différentes.

M^(me) S. Benmussa.

Oui, on pouvait aller dans des directions différentes, mais on pouvait aussi rechercher exactement les images qu'il avait voulu présenter ; par exemple les images du meurtre des enfants, etc. correspondent à des choses très précises qui étaient le rêve du jeune garçon noir présent sur le plateau. Maintenant la porte peut être laissée ouverte à toutes les interprétations du spectateur, qui se référera à un signifié précis ou prendra lui-même ce qu'il veut dans le spectacle. C'est justement cela qui est intéressant au théâtre, c'est cette porte ouverte ; c'est ne pas imposer quelque chose. Il y a là une façon de respecter la liberté du spectateur qui me semble essentielle.

L'INSOLITE EST-IL UNE CATEGORIE DRAMATURGIQUE ?

par

Pierre VOLTZ

Si le mot *insolite* renvoie (comme l'indique son étymologie) à la notion d'inhabituel, une question se pose dès l'abord à nous : quand on relit ou quand on revoit une pièce de théâtre pour la dixième fois, on peut y trouver encore des choses étonnantes ou fortes, peut-on dire qu'on y trouve quelque chose d'insolite ? Et si inversement l'insolite est à ce point ponctuel et limité à la perception de la première fois, est-il légitime de parler comme il semble que l'expression tende à se répandre, de *théâtre insolite*, voire d'un *théâtre de l'insolite* ? Bref, à quelles conditions est-il légitime d'utiliser cette notion comme catégorie d'étude du fait théâtral ou comme il est dit ici approximativement dans mon titre : catégorie dramaturgique (à vrai dire je ne sais pas s'il faut dire dramaturgique ou dramatique ou théâtrale).

La notion d'insolite est extrêmement floue. L'usage qui en est fait dans la langue orale et écrite est divers d'un auteur à l'autre (de plus le mot n'est pas employé très souvent) et par conséquent il est difficile d'y voir clair. Je ne prétends pas que j'apporterai une réponse tranchée à la question posée, mais, en m'interrogeant sur ce terme, j'essaierai d'aborder l'ensemble du phénomène théâtral que justement le point de vue de la littérature dramatique a tendance à restreindre. Ma démarche consistera donc principalement en un catalogue des niveaux différents où l'on peut poser la question (plutôt en une amorce de catalogue car je n'ai pas la prétention d'être exhaustif). Or en travaillant à cet exposé j'ai constaté une sorte de renversement des problèmes : je voulais d'abord parler de l'insolite et finalement je me suis aperçu que la notion d'insolite était peut-être pour moi ici une *occasion* de poser le problème du théâtre. Mais, même ainsi conçue, l'analyse ne sera pas inutile si elle permet d'élargir le débat et nous incite à poser le problème, central pour les études sur le théâtre, de la relation entre la démarche littéraire d'étude des textes et l'étude du théâtre comme activité concrète basée sur le jeu et les phénomènes d'échange entre acteurs et spectateurs. Or il est certain qu'à l'heure actuelle cette relation n'est pas établie.

*
**

La notion d'insolite appartient au domaine de la *perception*. Un événement, qu'il soit un fait, qu'il soit une parole, ne peut apparaître comme inhabituel (insolite), comme rompant une habitude, que s'il est mis en rapport avec l'habitude antérieure qu'il rompt. Pour être plus précis, il faut dégager deux éléments :

1° d'abord constater qu'un objet isolé, en soi, n'est pas insolite, c'est sa relation avec d'autres objets qui peut être perçue comme telle. L'insolite est d'abord *la perception d'une relation*. Bien entendu on peut citer des objets qui nous paraissent insolites, mais c'est alors que ces objets se décomposent eux-mêmes en sous-ensembles entretenant entre eux des relations insolites ;

2° cette relation d'autre part apparaît comme insolite si elle rompt *une relation antérieurement établie* dans le sujet percevant, et suffisamment établie dans ce sujet pour être devenue une représentation.

Cette définition, sur laquelle tout le monde peut se mettre d'accord, est lourde de conséquences. Premièrement, l'insolite n'est pas une catégorie de l'objet, c'est une catégorie du jugement, elle relève de l'activité mentale du sujet percevant. Pour quelqu'un qui n'aurait aucune expérience ni aucune attente en face des choses qu'il va percevoir, rien ne saurait être insolite. Deuxièmement l'insolite relève de l'événement et non de la durée. En effet la perception d'une rupture, comme toute expérience réelle, est intégrée par le sujet à ses schémas mentaux, elle modifie sa représentation et ses possibilités de réponse à l'événement ; donc le même fait, lorsqu'il est répété, ne peut pas avoir deux fois de suite la même *qualité* d'insolite. Je ne veux pas dire non plus que la qualité d'insolite de la chose perçue disparaisse instantanément, mais au moins elle est modifiée à chaque fois, et si, progressivement, la nouvelle relation perçue est intégrée aux représentations mentales de l'individu, la chose cesse d'être insolite pour appartenir désormais aux systèmes de pensée constitués de l'individu.

Ainsi par définition l'insolite surgit comme *rupture :* rupture dans l'existence de l'individu qui perçoit d'une manière première et totalement imprévisible. L'insolite ne peut donc être ni conventionnel ni codé, il relève de l'activité individuelle du sujet. Ce par rapport à quoi le fait nouveau surgit comme insolite est bien sûr un ensemble de représentations dans lesquelles interviennent la culture, l'expérience individuelle et sociale. Mais la perception de la rupture au moment où on la perçoit comme insolite est totalement personnelle, elle échappe à l'emprise de toute systématisation.

Bien entendu toute rupture n'est pas insolite. Le mot est réservé à un certain registre qu'on peut définir ainsi : celui des ruptures qui laissent l'esprit démuni, qui l'empêchent d'intégrer immédiatement l'élément nouveau à son expérience, et la laissent en quelque sorte dans une *attente*. L'insolite par conséquent relève de ce qui *déconcerte*, au même titre que d'autres termes tels que l'étrange, le bizarre, l'alogique ou peut-être ce qu'évoquait Béhar ce matin lorsqu'il parlait de merveilleux ou de fantastique (encore que le rapprochement avec ces derniers me paraisse moins significatif).

Toutefois il apparaît nécessaire d'apporter ici une précision : dans la perception du fait de rupture on peut distinguer deux niveaux :

1° d'une part *la perception* des relations inhabituelles comme fait de rupture (la rupture *en elle-même* comme événement de mon tissu mental, de ma vie intérieure) pose le problème au niveau du *vécu* de chacun de nous, c'est cela que progressivement j'appellerai rupture dans mon exposé ;

2° d'autre part *le jugement* qui intervient aussitôt sur la nature de ces relations établies entre les objets et perçues comme insolite (en procédant à une mesure par rapport à une grille logique antérieure), relations saisies comme difficiles à intégrer et donc *mises en attente*.

Je proposerais volontiers pour ma part de réserver le terme d'insolite pour désigner le premier de ces niveaux, celui du phénomène de rupture vécu, en l'opposant, pour correspondre au second niveau, aux autres termes comme précisément l'étrange, le bizarre, l'alogique, etc. Ce choix me paraît intéressant parce qu'il permet de déplacer l'attention dans l'étude du phénomène de l'insolite au théâtre, du domaine des *signes* au domaine de *l'activité* propre des individus, du domaine de la représentation vers le domaine de l'action.

En effet l'insolite au premier niveau apparaît comme une catégorie des *moyens d'action*, permettant, si on joue sur lui, de renforcer d'une certaine manière l'efficacité des ruptures présentées. Par exemple on dispose d'une manière nouvelle et originale de voir. On peut me la présenter d'une manière logique, on peut prendre la peine de la développer pour me demander de l'intégrer à mon système antérieur de représentations : je reste libre de porter mon jugement dessus. Si au contraire on la présente comme une rupture (de celles qui, comme je l'ai défini, déconcertent, obligent le jugement à être, à un certain niveau, d'attente) : je ne comprends pas, je ne sais pas ce que c'est, je vais voir, peut-être que je saurai plus tard. A ce moment-là intervient dans mon activité de perception un élément formel qui renforce l'efficacité de ce qui m'est présenté. L'insolite donc se détache des moyens signifiants proprement dits (sur le plan du langage, du geste ou de quelque registre d'expression que ce soit) pour devenir un *facteur d'activation possible*.

Si on se place au contraire au second niveau défini précédemment, on constate que le terme d'insolite est souvent employé comme équivalent approximatif de ces autres mots dont je parlais tout à l'heure, avec lesquels il partage non sans confusion un champ sémantique commun. On peut alors essayer de préciser l'approximative synonymie de ces mots. L'insolite pourrait être placé entre *l'étrange* d'un côté (l'étrange qui déconcerte, lui aussi, c'est leur point commun, mais qui est assorti d'une sorte de valeur *positive :* l'étrange attire, l'étrange fascine) et de l'autre le *bizarre* (le bizarre qui déconcerte mais avec un mouvement de refus voilé. Quand il ne veut pas dire qu'il n'aime pas un spectacle dont il reconnaît pourtant la qualité, le spectateur, pris entre la perception confuse de cette qualité et la réalité de son attitude de refus, se contente de dire : « c'est bizarre »). Entre les deux, l'insolite serait *ce qui déconcerte en suspendant le jugement.* Mais par rapport au refus, cette suspension par l'emploi du terme d'insolite est déjà un mouvement d'*intérêt.* L'insolite occuperait donc dans cette gamme de tous les éléments qui déconcertent une position centrale, neutre, atténuée, *mineure* en quelque sorte. L'insolite n'est pas, parmi les moyens d'atteinte du public, ni le plus fréquent, ni le plus violent, il est opposé à la fois à l'agressif et au dérisoire.

Dans cette position centrale, la perception d'un fait comme insolite a pour effet qu'elle éloigne la compréhension (puisque la relation n'est pas immédiatement intégrée), mais provisoirement, en la rendant en quelque sorte prometteuse. Son champ sémantique peut alors (fait significatif dans l'usage contemporain du terme au théâtre) se développer dans le sens d'une esthétique de consommation, d'une « gourmandise » si l'on préfère. L'insolite, c'est la chose qui est devant moi, que je ne peux pas encore consommer mais que je vais bientôt manger avec délices. Il existe de ce point de vue une surenchère dans l'emploi de l'insolite comme apportant à celui qui va le consommer une satisfaction qu'il anticipe : il peut donc y avoir également une mode, un goût de l'insolite. C'est ce qui s'est produit pour le théâtre d'avant-garde des années cinquante, notamment autour de Ionesco.

On arrive alors à une contradiction avec les prémisses, puisque l'insolite était la rupture première et immédiate, et que maintenant c'est l'attente d'une jouissance, attente d'autant plus aiguë que la jouissance est plus imprévue... Au reste, il faut le rappeler, il s'agit ici d'un terme relativement peu employé, et qui appartient volontiers au registre des esthètes. Il faut rappeler aussi que les oppositions de sens auxquelles je viens de m'essayer n'ont de valeur que pour quelqu'un qui entre dans ce jeu de subtilités, mais ne se retrouvent pas dans la langue courante où, très largement, les mots sont employés l'un pour l'autre. Le fait significatif à retenir est l'incertitude de la répartition des emplois, et la *confusion réelle* qui existe entre eux.

Je pense qu'il n'y a pas lieu de discuter ici cette extension des termes. Il serait intéressant d'analyser la raison du double sens du mot insolite, et pourquoi l'extension du terme au niveau des contenus de jugement *masque* toute la zone où le mot au contraire désigne une activité immédiate. Mais il s'agit là d'un fait de culture extrêmement vaste. On pourrait pour résumer retenir une double opposition : d'un côté l'insolite est situé au niveau perceptif, comme rupture vécue, et d'autre part il est situé au niveau du jugement, comme prise d'attente sur le réel nouveau ; et il y a d'autre part une opposition entre l'insolite comme prise immédiate, rupture saisie dans l'instant comme non réfléchie, et d'autre part l'insolite comme activité médiatisée par la recherche du plaisir d'être déconcerté. Or ces deux oppositions ne se superposent pas. Les premiers termes de chacune de ces deux oppositions (que l'insolite doit au niveau perceptif d'une part et qu'il soit une saisie immédiate) sont importants à mes yeux pour définir l'activité théâtrale. Les seconds s'attachent davantage au contenu significatif des œuvres comme rattaché à un responsable créateur (auteur ou metteur en scène) et passant par le relais de l'œuvre elle-même : ils concernent finalement moins l'insolite directement que *la représentation de l'insolite*. Toutefois ces deux oppositions se situent à des niveaux différents : la première est pour ainsi dire de définition, elle aide à comprendre la structure de l'activité théâtrale à partir du spectateur et à dépasser les pièges du livre ; la deuxième au contraire n'est pas de définition mais de l'ordre des *choix*, car elle oppose un art de l'efficacité à un art de la consommation esthétique.

L'opposition que je propose d'établir en réservant le terme d'insolite à la qualité formelle de perception, et en ne l'employant pas pour le niveau des jugements (où les termes sont par ailleurs assez nombreux pour le remplacer) aurait le mérite d'introduire un peu de clarté dans le vocabulaire, et surtout celui d'attirer l'attention sur un niveau du fait théâtral auquel on s'attache rarement, celui de l'activité réelle du spectateur. Or je pense particulièrement important pour le théâtre de pouvoir distinguer une étude, *interne aux textes*, des modes de représentation du déconcertant, et une étude de la *perception du spectateur*, où la réaction à l'insolite revêt le caractère d'un événement de sa vie immédiate.

Mais dans la mesure où je n'ai pas la possibilité de décider de l'emploi d'un terme de la langue, et pour tenter d'en donner une définition plus générale, voici quelques éléments de classification :

1° d'abord je crois qu'il faut opposer l'insolite né des rencontres de hasard avec l'insolite provoqué. Puisque la perception de l'insolite naît d'une référence au système de représentations mentales de l'individu, lesquelles sont bâties en gros à partir de l'expérience réelle, tout effet d'insolite sera différent selon qu'il naît en face d'événements « naturels », perçus comme sortis du hasard ou de la nécessité du monde réel, ou en face d'événements *provoqués*, comme c'est le fait de tous les modes d'expression humains, notamment de la littérature, des arts et du théâtre. Car dans ce cas on constate d'abord que le référent (les représentations mentales antérieures auxquelles la rupture se réfère) se dédouble : il y a possibilité de rupture par rapport à notre représentation du monde réel, et possibilité de rupture par rapport à la pratique d'expression envisagée dans sa tradition. Un jeu de scène peut donc être insolite soit par raport à notre vision du monde, soit par rapport à notre pratique théâtrale de spectateur.

On constate d'autre part que celui qui perçoit l'insolite et qui le sait provoqué, aura tendance à en rechercher les raisons chez les responsables de l'objet qui lui est proposé : quand on lit un livre on sait qu'il a été écrit pour cela, quand on va au théâtre on sait que la représentation a été conçue pour cela. Le caractère premier de l'insolite (rupture immédiate) s'en trouve compromis. Et l'on peut dire que *tout élément d'une pratique culturelle tend à introduire une contradiction dans la perception de l'insolite* puisqu'il tend à le faire entrer dans un système de signes, entrant lui-même dans un procès de communication ;

2° l'ensemble des remarques précédentes m'amène à proposer quatre types d'*insolite* :

— le premier c'est celui que j'appellerais l'insolite accidentel sans significations. Je ne veux pas dire qu'il n'ait pas de sens, mais personne n'a voulu lui donner une signification particulière. C'est en gros l'insolite naturel, tel qu'on peut le rencontrer dans des expériences de la vie réelle. Je ne le cite ici que pour mémoire, mais en insistant sur un point : cet insolite naturel peut survenir à tout moment, y compris dans des activités d'expression, notamment au théâtre, et je crois très important de ne pas enfermer le théâtre dans une forme élaborée par avance, mais de le laisser ouvert à toutes les possibilités d'intervention du monde réel qui le cernent de partout ;

— le second type d'insolite, c'est l'insolite chargé d'une intention de signification, mais clos en quelque sorte sur lui-même, l'insolite qui veut signifier l'insolite. C'est l'inhabituel qui déconcerte mais qui ne renvoie pas à autre chose, comme par exemple une certaine forme d'absurdité ;

— le troisième serait l'insolite chargé d'une intention de signification comme le précédent mais ouvert, celui-ci, sur une démarche symbolique, à titre d'image. C'est en ce sens que le mot est le plus souvent employé en critique littéraire. C'est par exemple l'insolite des symbolistes : le texte de *Pélleas* dont on parlait ce matin, est chargé d'indications qui renvoient à des éléments de fiction mystérieux, présentés avec des ruptures insolites. Mais ces indications ont une signification ouverte sur un autre plan : elles cherchent à renvoyer à un au-delà des apparences, par un jeu complexe d'images pleines et de vides. Dans ce cas l'insolite tend à provoquer en nous par le fonctionnement symbolique de notre propre pensée la naissance d'un ensemble de jugements et un état particulier, celui de « l'ineffable ».

C'est la même chose pour les surréalistes ou pour quelqu'un comme Ribemont-Dessaignes dont le théâtre utilise ce genre d'insolite. Dans la petite pièce très caractéristique qui s'appelle *Larmes de couteau*, on trouve un pendu au milieu de la scène, une fille qui fait des déclarations d'amour à ce pendu, un cycliste qui tourne autour d'elle, et un troisième homme surgit des coulisses pour lui faire une cour plus classique. Et l'on découvre progressivement que le pendu, le cycliste et le troisième homme sont la même personne. La donnée de la pièce a donc toutes les apparences d'une histoire étrange traduite par des éléments insolites (par rapport au monde comme par rapport à la pratique théâtrale du temps). Or quand on la lit à tête reposée, on voit que toutes ces images à l'allure insolite renvoient à un système du monde, système cohérent qui *pourrait s'exprimer par un discours*, et qui est celui de l'auteur : conception de l'amour, de la souffrance, de l'âme... Pour descendre un peu plus dans l'histoire du théâtre, le fameux cadavre grandissant de Ionesco est (dans la perspective des intentions de l'auteur, je ne parle pas ici du fonctionnement théâtral réel) un élément insolite, car il choque en nous une certaine idée du cadavre. Mais ce cadavre grandissant illustre l'idée d'une présence inquiétante du monde des objets autour de nous. Par conséquent ce type d'insolite joue le rôle d'une forme symbolique ;

— ces deux types d'insolite (l'insolite clos sur sa propre signification ou ouvert sur une démarche symbolique) sont les limites de toutes les formes de l'insolite littéraire ou de la part *représentée* de l'insolite au théâtre. Je n'en parlerai plus car je crois que d'autres ici, abordant le théâtre par le biais de la littérature dramatique, en parleront mieux que moi. Je voudrais maintenant insister sur un quatrième type d'insolite. Il existe en effet un insolite qui porte uniquement sur les formes de l'activité théâtrale, sans engager de contenu. Ce sont les ruptures qui, opposant une logique à une autre, un système dramatique à un autre à l'intérieur d'un même spectacle, cherchent à briser une habitude pour introduire, non plus ce facteur d'attente dont je parlais tout à l'heure, mais au contraire une prise de conscience, et donc un élément de clarté. Cet insolite, que faute de mieux je baptise *formel*, sans contenu de signification au plan de la perception, joue uniquement son rôle de stimulus d'activation permettant le déclenchement d'une compréhension nouvelle. Je pense à certaines formes de provocation, dans la musique, dans la poésie, dans le théâtre contemporain, et surtout aux ruptures du théâtre didactique, qui jouent sur l'insolite des éléments du jeu théâtral pour casser les habitudes du public : elles amènent ainsi le spectateur à percevoir d'une manière plus aiguë les contradictions du monde et les siennes propres, et le tiennent en un constant éveil. Lorsqu'un acteur de Brecht, qui est censé représenter un personnage, se met à chanter sur une musique grinçante, pour commenter de l'extérieur son propre personnage, c'est en 1930 une rupture insolite. Or cet insolite n'a rien à voir avec l'insolite des symbolistes. Il n'est pas interne au monde de la fiction représentée, il n'a pas de contenu étrange ou poétique, ni non plus ne renvoie à la fonction fantastique de l'insolite dont on parlait ce matin. Il est extérieur à la fiction, il se situe au plan de la pratique théâtrale. Et par conséquent il permet d'éviter le discours philosophique en rappelant l'existence du jeu, et déplace l'effet didactique du contenu du spectacle à l'intérieur du spectateur. Mais il ne peut obtenir ce déplacement que par son aspect *formel*.

Je crois important d'insister sur l'existence de cet insolite, qui apparaît plus clairement dans le théâtre didactique peut-être, mais qu'on peut détecter dans tout théâtre, même s'il est masqué, parce que c'est au plan de l'échange entre acteur et spectateur que se joue la *réalité* concrète de l'événement théâtral. Et j'aurais tendance à voir le véritable insolite, ou en tout cas l'insolite le plus efficace au théâtre, bien plus dans cet insolite formel de provocation que dans les contenus signifiants d'un texte *dit*.

***

Je me suis attardé à ces définitions générales avant d'aborder le fait théâtral proprement dit, car, si on considère le théâtre comme une activité réelle et si on définit l'insolite comme une catégorie de la perception, l'étude de l'insolite au théâtre part de cette question : qui est capable de *percevoir* au théâtre ?

Or il n'y a que deux catégories de sujets percevants au théâtre : l'acteur et le spectateur. L'acteur ne nous retiendra pas beaucoup, je le regrette, nous n'en avons pas le temps, et les problèmes qu'il pose sont très particuliers. Dans la conscience qu'il a de ses rapports avec le public, dans la perception des réactions de celui-ci, l'acteur peut avoir une perception de l'insolite. Mais l'insolite y joue un rôle limité : il relève du premier niveau défini tout à l'heure, celui de l'accidentel, il n'est pas spécifiquement théâtral. Par rapport au texte qu'il dit (quand c'est le cas) ou de la scène qu'il improvise, d'un côté tout lui est connu d'avance, de l'autre tout vient de lui comme naturel. Je ne crois donc pas que par rapport à l'expression de son jeu l'acteur puisse avoir une expérience particulièrement notable de l'insolite. Au contraire un certain insolite peut se glisser dans la manière dont intérieurement il perçoit son jeu, et en cela il rejoint le problème du spectateur. Un jeune acteur à qui je demandais récemment quels souvenirs il avait de l'insolite au théâtre, m'a dit : « J'ai le souvenir très net d'un spectacle dans lequel je jouais un rôle central. Ce fut pour moi une expérience très insolite de constater que la seconde fois je n'ai pas joué comme la première. Pourtant le texte était le même, la mise en scène identique. Mais le lieu, le public, moi-même avions changé, et je n'avais pas prévu cela. »

Cette remarque me paraît caractéristique, car elle rappelle que l'insolite est au niveau de l'événement, et ce n'est pas prévisible, il ne peut être enfermé dans une forme, et que d'autre part il faut chercher du côté de ce genre d'événement, au moins autant que du côté des formes établies, si on veut véritablement étudier l'insolite *au théâtre*.

Mais tout cela reste limité par rapport à l'activité du spectateur. Quand je parle de spectateur, je parle du spectateur qui vit une activité réelle au moment du spectacle, *hic et nunc*, selon l'expression qu'on commence à beaucoup employer, ce spectateur réel qui est, à mon sens, le centre et le fondement du jeu théâtral puisque c'est pour lui que l'acteur construit son jeu, et que c'est de la réponse qu'il peut apporter au jeu de l'acteur que dépend l'élaboration de l'échange théâtral.

Or ce spectateur *réel* sur lequel je vais m'attarder, est curieusement absent de la méthode d'étude littéraire des textes dramatiques. Non qu'on ignore son existence ; on sait au contraire que le texte est fait pour être joué, on le sait et on le dit : mais le spectateur est posé comme le destinataire nécessaire et *anonyme* de l'œuvre : sa présence impose des règles aux auteurs parce que les auteurs savent à l'avance qu'il y aura un spectateur, mais son activité propre est tenue en dehors du champ d'étude, il reste *abstrait*. Je n'en veux qu'un exemple, c'est ce qu'a dit Béhar ce matin à propos d'*Ubu Roi :* « Le scandale n'est pas dans l'œuvre de Jarry, il est chez le spectateur. » Point de vue légitime pour parler de l'œuvre de Jarry. Mais pour moi, du moment que le spectateur vit la représentation d'*Ubu Roi* comme un scandale, le scandale est dans l'œuvre, parce que l'œuvre théâtrale n'est pas le livre, elle n'est pas non plus la représentation conçue comme un objet clos sur lui-même : elle s'achève dans les réactions du public *et les inclut*.

On voit en tout cas à quel point l'étude littéraire des textes accepte d'oublier le spectateur ou de le réduire à l'anonyme destinataire dont les réactions sont tenues pour extérieures au système théâtral.

Or l'étude de l'insolite, même à partir d'un texte, se fonde sur une perception, mais cette perception, c'est *la perception du lecteur*. Implicitement la méthode traditionnelle d'étude des textes dramatiques pose en principe qu'il s'agit de la même expérience, que le lecteur et le spectateur ont le même type de réactions, et que le spectateur *prolonge* simplement l'activité du spectateur virtuel qu'il déclare être en lisant. C'est là à mes yeux une pétition de principe, et peut-être le fondement de toutes les difficultés que l'on rencontre dans l'étude des textes de la littérature dramatique. Je vais donc essayer d'opposer rapidement la perception du lecteur à celle du spectateur.

Le propre de l'activité du lecteur, c'est d'être une activité entièrement imaginaire, à partir du livre. Il y a absence de toute perception du monde extérieur réel. Bien entendu le lecteur peut avoir une certaine conscience des différents niveaux de perception du monde extérieur, comme Proust l'a fort bien décrit, mais ces différents niveaux de conscience ne sont pas *intégrés* à l'activité de lecture. Par conséquent celle-ci échappe à l'insolite que j'ai appelé tout à l'heure naturel, elle ne connaît pas d'accidents, sauf ceux qui l'interrompent complètement. En revanche on y trouve la construction libre, parce qu'entièrement projetée dans l'imaginaire, d'un monde pseudo-réel qui, justement parce qu'il n'est pas confronté à autre chose qui soit vraiment réel, peut se donner les formes et l'illusion d'être un monde réel. Toutes les ruptures déconcertantes que l'auteur peut avoir placées dans son livre (aussi bien au plan du langage que des contenus ou des formes dramatiques) peuvent y être vécues imaginairement par le lecteur comme insolites. L'insolite des contenus, fonctionnera infiniment plus facilement à la lecture, parce qu'il ne s'y heurte pas à l'obstacle d'un monde réel auquel on serait en même temps confronté.

Inversement, il est très difficile, à la lecture d'une pièce de théâtre, de saisir l'insolite théâtral *réel*, car il faudrait alors être en mesure d'imaginer les conditions concrètes d'une représentation : on peut penser que telle est la lecture des gens de métier, mais si on peut supposer en eux la maîtrise imaginaire des formes générales du spectacle, la place d'événements réellement insolites pour le spectateur dans leur déroulement risque de leur échapper autant qu'au lecteur non-spécialiste.

La perception du spectateur est différente : le jeu théâtral comporte en effet la superposition de deux éléments qui sont, d'une part la réalité du théâtre, le lieu concret, le temps, les acteurs dans leur présence physique et dans leur corps, les décors dans leur matière, bref ce que nous appelons *la matérialité scénique ;* et d'autre part l'imaginaire qui fonctionne à partir de toutes les stimulations proposées par la scène et qui permet la construction progressive de ce que nous appelons *la fiction.* Par conséquent, l'activité imaginaire du spectateur n'est pas une rêverie libre, mais se trouve sans cesse confrontée à la matérialité qui la provoque, la limite et parfois la détruit.

Bien sûr la fiction se construit à partir de formes qui structurent *le récit* dramatique (ce sont les catégories dramaturgiques connues de temps, espace, personnage, action) et ces structures existent aussi à la lecture : mais transmises par le seul langage, elles y sont en quelque sorte des formes pures, alors qu'à la représentation et pour le spectateur elles sont par nature des *formes mixtes*, à la fois formes du récit et éléments de la matérialité scénique. Et ainsi, à cause de cette relation étroite entre les deux registres de la perception du réel et de la construction imaginaire, le théâtre ne peut jamais être considéré comme un ensemble de signes renvoyant directement à leur signification, mais comme un système non-cohérent dans lequel la présence de l'acteur introduit la possibilité d'une *rupture* dans la fiction du spectateur. On voit, par la réapparition de ce terme, l'extrême importance de ce fait pour la notion d'insolite : il y a au théâtre la possibilité de deux insolites distincts, un *insolite représenté* (dont nous aurons à nous demander s'il est encore insolite) et un *insolite direct*, lequel, dans sa spécificité théâtrale, n'est pas perceptible à la lecture.

Cela ne fait qu'ajouter à la complexité du problème. En effet dans le surgissement de l'insolite, fiction, structures dramatiques, matérialité scénique peuvent se gêner l'une l'autre, ou se superposer, ou rester indépendantes, et je pense qu'à ce point-là il n'y a de loi que d'application. Peut-être cela nous aidera-t-il de prendre des exemples. Mais auparavant je rappelle brièvement, pour être clair, que nous avons défini l'insolite comme élément de rupture déconcertante, et que dans un cas comme celui du théâtre, le système de référence est nécessairement double, et peut-être même triple, et comporte :

1º la représentation du monde réel, tout notre système de pensées, de jugements ;

2º l'image que nous avons de la pratique théâtrale habituelle et des attentes qu'elle détermine en nous ;

3º tous les déterminants *a priori* de notre pratique concrète du moment, du jour où nous suivons ce spectacle-ci.

L'exemple que je me propose de développer d'abord portera sur le problème que posent les *objets*, dans la mesure où l'objet peut être la source d'un certain nombre d'effets insolites. Or je pense que par référence aux systèmes de représentations de la vie réelle, un objet sur la scène ne peut pas être insolite ou a beaucoup de difficulté à l'être. En effet, imaginons un salon bourgeois bien propre, dont le ménage est fait, et au milieu de ce salon, un objet qu'on ne s'attend pas à y trouver, un revolver par exemple pour les amateurs de sensations dramatiques, ou, pour rompre avec les traditions bourgeoises, une paire de gros godillots, bien sales, bien déchirés, ou encore un motoculteur (cela vous paraît-il bien insolite ?). Vous êtes dans la vie réelle et vous entrez dans ce salon. L'objet inattendu vous frappe, vous cherchez une explication, vous vous interrogez, vous vous inquiétez. Dans un jeu au contraire, comme est le théâtre, vous allez réagir différemment : vous ne cherchez pas, vous attendez l'explication, parce que vous savez que la chose a été préparée.

Cet insolite *délibéré* n'est donc pas vraiment insolite puisqu'il est le *signe* d'une réalité que les gens du théâtre veulent nous manifester, et comme tout signe, il est en partie au moins conventionnel. Et ainsi, si au théâtre le revolver est dans le salon, le revolver est déjà conventionnalisé à l'image du drame, les godillots le seraient à l'image de la profanation, le motoculteur renvoyé *a priori* à une notion diffuse de l'absurde (à moins que nous ne soyons dans une pièce de la révolte paysanne !). Donc dans ce cas les objets sont des représentations de l'insolite et non pas des objets insolites en eux-mêmes. Ils renvoient à une signification délibérée, à cause de la nature du jeu théâtral.

Cette qualité de représentation de l'insolite et non pas d'insolite au sens premier du terme, des objets théâtraux est si vraie que pendant longtemps, dans une certaine tradition théâtrale, les objets de théâtre ont été faux sans que cela entrave leur fonctionnement. A partir de l'époque naturaliste on a tenté d'introduire sur la scène des objets *vrais*, mais cette initiative fut fragile, car à partir du moment où on a commencé à utiliser des objets vrais sur la scène, ils ont été dépouillés de leur réalité d'objets réels pour devenir, malgré tout, des *objets de théâtre*, et l'on rejoint ce que disait Mme Benmussa, ce matin, de la déréalisation par la mise en scène.

Si on se réfère alors non plus à la réalité mais à la pratique théâtrale, il est sûr que l'objet vrai remplaçant l'objet faux a pu jouer historiquement un rôle de rupture, et introduire un effet d'insolite par rapport à la pratique théâtrale du temps. Mais on pourrait dire aussi à l'inverse que l'objet faux introduit un insolite par rapport à un usage routinier de l'objet vrai. Et ceci met en relief le fait que l'insolite n'est pas une qualité de l'objet, mais une qualité de la *relation* entre deux usages. Et il en est ainsi de la succession des systèmes théâtraux : le décor réaliste après le décor stylisé, ou l'objet vrai après l'objet conventionnel, ou le décor expressionniste rompant avec la tradition pseudo-réaliste. L'objet devient le *moyen* d'un effet d'insolite, et de plus *un moyen vite usé.* Nous rejoignons ici ce que j'avais dit de l'insolite en commençant, qu'il est une catégorie de l'événement et non de la durée, et qu'il entre facilement dans les catégories de l'expression codifiée en cessant d'être insolite. Par conséquent *le théâtre est mal armé pour faire naître un insolite au niveau matériel.*

Un élément qui, dans la fiction, présente un caractère étrange, et à la lecture laisse développer une impression d'insolite, comme l'exemple déjà évoqué du cadavre grandissant de Ionesco, pose à la représentation des problèmes insolubles ou presque. En effet, nous ne percevons pas directement cette étrangeté du cadavre grandissant, elle passe par l'intermédiaire des choix du metteur en scène, elle est donc signifiée par des « trucs », que nous percevons bien comme tels (et dans un cas comme celui du cadavre, les truquages ne sont jamais satisfaisants dans leur réalité matérielle). L'objet que l'on perçoit au moment où se joue la scène renvoie donc tant bien que mal à un insolite du monde de Ionesco ; ce n'est pas un insolite de l'objet mis directement sous nos yeux sur la scène. Ainsi au théâtre, l'insolite n'étant pas premier, mais toujours signifié, a de grandes difficultés à se maintenir comme insolite.

Je pourrais faire la même démonstration à propos des structures de l'action : étant donné qu'il s'agit d'une représentation et non d'une action réelle, l'insolite des événements passe par l'intermédiaire de la représentation, et toute rupture à ce niveau joue historiquement, elle est par conséquent vite usée. L'utilisation du langage est plus intéressante car elle fait apparaître un autre aspect du problème. Le langage, en effet, jouit d'une indépendance relative plus grande par rapport à la matérialité scénique et occupe une place à part dans le jeu théâtral. Il est vraisemblable de supposer qu'il joue librement dans la conscience perceptive du spectateur : il est toujours possible qu'au théâtre nous associions les sons, les rythmes, les mots, dans une activité en quelque sorte *poétique,* indépendamment de celui qui parle. Je dirai même que ce fait intervient à coup sûr et très réellement dans le théâtre, mais on le mesure mal parce que jusqu'à présent personne n'a pris la peine de le mesurer. De plus il joue quasi-clandestinement, car le spectateur n'est pas formé à cette écoute non dirigée, il a tendance au contraire à censurer en lui ce qui ne correspond pas à l'image qu'il s'est faite du théâtre comme centré sur celui qui parle. Des propos absurdes auront tendance à être considérés comme exprimant l'incohérence d'un être et non pas un discours absurde en lui-même et donc libre. Ce fut le problème du théâtre surréaliste, c'est celui de la récitation poétique, de n'avoir pas su dominer cette contradiction, ni affranchi totalement l'expression verbale de la personne qui la dit. L'insolite est rattaché en général au « personnage » (ou dans certains cas à l'acteur), en tout cas à celui qui parle : c'est son monde *à lui*, non le monde réel (celui du spectateur) auquel il semble renvoyer. Bien sûr existent pour le langage comme pour les autres éléments dramaturgiques, les effets de rupture dont j'ai parlé plus haut, et qui peuvent être créés tant par rapport aux formes habituelles de l'expression parlée (référent : le monde réel), qu'aux fonctions du langage dans la pratique théâtrale du temps (référent : le système théâtral *a priori*). Je les rappelle pour mémoire. C'est en tout cas une limite importante aux possibilités de l'insolite verbal au théâtre que cette subordination, dans la pratique courante du spectateur, de tout le texte à la construction du personnage.

Cela nous amène à ce que je considère comme le plus important, le problème du personnage et de l'acteur. Si on analyse le personnage au niveau de la fiction, tel qu'il se développe dans notre imaginaire à partir du jeu théâtral, on remarque que le personnage est supposé capable de *percevoir* l'insolite. Ce fait permet un dédoublement (un de plus) dans l'insolite théâtral, entre la perception directe du spectateur et celle qu'il prête au personnage en le construisant : la même représentation du monde pourra donc être réfractée à travers deux réactions successives dont il serait intéressant d'établir la combinatoire : elle aiderait à classer les différents types de théâtre.

D'autre part, le personnage est une structure mixte dont la matérialité est assurée en général par le corps de l'acteur, mais peut aussi s'appuyer sur d'autres moyens d'animation : la marionnette, le pantin, la poupée, sans compter les dissociations entre voix et geste, entre récitant et danseur, etc. De plus l'acteur ou le manipulateur disposent, par rapport au personnage qu'ils animent, d'une gamme de relations variées que traduisent leur langage, leur ton de voix, leur rythme. La mécanisation ou la subtilité, l'identification ou la distanciation, l'ironie, le comique, le pathétique, autant de ressources pour faire varier dans l'esprit du spectateur ce que nous appelons le « degré d'existence » du personnage : autant de points d'appui pour l'apparition d'un insolite formel extrêmement diversifié, et qui peut aller d'un procédé d'ensemble appliqué à toute une représentation (rupture insolite par rapport à la pratique théâtrale constituée : la première fois qu'on a joué *le Misanthrope* en costumes modernes, déréalisant et actualisant à la fois des personnages qu'on croyait appartenir par la fiction au XVIIe siècle) à un jeu subtil à l'intérieur d'une même représentation (lorsque l'acteur joue *avec* son personnage et détruit constamment notre jugement par des ruptures inattendues et déconcertantes, notamment l'acteur brechtien, mais pas seulement lui).

On peut alors se demander pourquoi l'insolite, si difficile à créer avec des objets, apparaît soudain facilement avec la catégorie du personnage. *C'est du fait de l'acteur*, dont le cas est très particulier : l'acteur est réel, et il est vivant, il ne peut jamais être réduit à ce qu'il représente, ni être enfermé dans une fonction de signe (à la différence de l'objet), car il est celui qui porte les signes. Ou encore : le théâtre n'est pas un langage, ni même une parole, il est la présence de celui qui parle. L'acte est là, en face de nous comme une personne, avec son corps propre. Et la *confusion* que crée le corps propre de l'acteur entre le jeu théâtral et la réalité de sa vie, est sans doute un des faits fondateurs de l'acte théâtral.

A la différence de l'objet donc, l'acteur échappe d'une manière ou d'une autre (et même si au niveau conscient le spectateur le censure) à la théâtralisation. J'avais souvenir d'avoir assisté à un spectacle qui à l'époque de sa création, m'avait paru insolite : *Le Mal court*, d'Audiberti. Je me suis dit que c'était là un bon exemple, j'ai donc relu le texte, et j'ai trouvé à vingt ans de distance la pièce parfaitement claire. Les ruptures au niveau des formes dramatiques, en particulier l'exposition, les rebondissements de l'intrigue, l'usage délibérément affecté d'un langage pseudo-classique mêlé à des situations contemporaines, tout cela m'a paru renvoyer à des intentions très limpides : les procédés de la pièce sont donc intégrés à la pratique théâtrale contemporaine. Pourtant j'avais le souvenir d'un insolite autrement présent. Et j'ai découvert que dans ma perception (confuse à l'époque) cet insolite était dans Suzanne Flon. Il était dans une voix, ou plutôt dans le désaccord apparent, par rapport à un acquis antérieur de ma pratique théâtrale, entre un corps et une voix, entre une présence très immédiate et une mélodie vocale très élaborée. Je ne dis pas qu'il n'y ait pas d'insolite au niveau des conceptions d'Audiberti, mais je ne les vois plus, donc il faut croire qu'elles se sont vite usées ; en revanche l'événement que représentait le jeu insolite de Suzanne Flon peut toujours être renouvelé, car il n'est pas noté.

Il y a donc dans l'acteur des éléments de rupture constants. Mais à la différence des éléments de rupture qu'on retrouve par exemple dans les structures dramatiques, ou dans les objets, ces ruptures ne sont pas *mesurables* ni *codifiables*. Prenons l'exemple d'un jongleur : il a deux manières de jongler. Ou bien il est absorbé dans la réalisation *technique* de sa prouesse : le nez en l'air, il colle à son expression. A ce moment-là nous ne percevons sûrement pas l'insolite chez lui. Mais, s'il se met à regarder ce qu'il fait, à épouser intérieurement la forme des mouvements qu'il construit, brusquement, ce jongleur va avoir une présence *en arrière de* ce qu'il fait, et entre lui et nous va s'établir une communication directe. Or la distance ainsi établie n'est jamais mesurable à l'avance, et par conséquent, s'il y a un insolite qui peut durer au théâtre, en se renouvelant dans le présent de la représentation, ce n'est pas celui qui est dans les textes (soumis à l'usure, et intégrable par les spectateurs à leur système de représentation mentale), c'est celui qui est dans le seul élément *étranger* au spectateur et pourtant *réel*, c'est-à-dire la présence personnelle de l'acteur dans son corps.

**
*

On peut tirer de ces remarques deux séries de déductions :

1° L'opposition de la matérialité scénique et de la fiction permet de dégager une opposition parallèle entre un insolite « interne » appartenant au monde de la « pièce », de la littérature dramatique écrite, et l'insolite de la représentation qu'on peut appeler insolite « externe » Il y a des formes de théâtre qui jouent sur les deux insolites en les confondant : le théâtre d'illusion, le théâtre policier, le théâtre du suspens. Il y a des formes de théâtre qui jouent sur l'insolite interne, vu par le spectateur dans une forme non-insolite (la perception de l'insolite est attribuée par le spectateur au personnage) : je crois que c'est le phénomène de tout théâtre classique, Giraudoux pourrait nous en donner un bon exemple, Sartre aussi. Il y a d'autres formes de théâtre, au contraire, où l'insolite est externe, dans la *présentation* de personnages qui ont l'air d'être parfaitement à l'aise dans un monde dont eux-mêmes ne voient pas le caractère insolite : le vaudeville de Labiche reposait sur ce principe, et le théâtre de Ionesco parfois reprend ce genre de pratique.

Le problème le plus intéressant c'est celui des relations entre les deux, lorsque l'insolite est perçu comme *double* par les spectateurs, jouant à la fois au niveau des personnages et au leur, mais d'une façon différente. Là interviennent tous les effets de distance au théâtre, notamment par la dépersonnalisation des personnages, et j'aurais voulu avoir le temps ici de parler plus en détail des procédés employés par Brecht, lequel *superpose* un insolite de la fiction (l'histoire qu'il raconte n'est jamais celle qu'on attend, que ce soit parce que l'*invention* en est bizarre, comme dans *Têtes Rondes et Têtes Pointues*, ou empruntée à des civilisations étrangères comme la Chine, ou *déplacée* comme dans *Mère Courage*) et un insolite formel (autant dans les structures dramaturgiques du récit que dans le jeu de l'acteur) et joue de l'un par rapport à l'autre pour mieux tenir le spectateur en éveil ;

2° Si maintenant on envisage non plus le couple matérialité scénique-fiction, mais la relation des deux systèmes de référence, à savoir la réalité et le théâtre, on constate que la séparation entre les deux est en règle générale bien établie dans le système théâtral du spectateur, et posée comme entrant dans la définition du théâtre : le théâtre *n'est pas* la réalité. Et dans tout ce que je viens de dire je l'avais à peu près maintenu. Or, il existe des tentatives théâtrales qui jouent sur la *mise en cause de cette séparation*. Rompre cette séparation, c'est sûrement introduire un insolite et ce n'est plus un insolite de rupture temporelle (soumis à l'usure), mais un insolite qui se reproduit *chaque fois avec l'événement*, puisque chaque fois qu'on jouera une telle pièce, se reposera le même problème. N'aurait-on pas là le moyen d'un théâtre insolite par définition ? Quelques exemples permettront d'éclairer ce point.

Dans *Le Prix de la Révolte au Marché Noir* de Dimitri Dimitriadis, l'auteur essaie de nous faire participer à un processus de révolution récupérée par le pouvoir. Il imagine pour cela de faire éclater le cadre du théâtre par un procédé très curieux. La salle doit être préparée comme pour l'arrivée réelle d'un roi et d'une reine, de façon à tromper le public : aménagement des accès extérieurs, présence d'une garde d'honneur, tapis d'apparat, loge spéciale dans la salle. Cependant sur la scène des acteurs amateurs répètent en attendant la visite des souverains. Ceux-ci arrivent effectivement, et le public les identifie sans hésitation avec les souverains grecs. La représentation commence. Mais bientôt parviennent les rumeurs d'une manifestation (qu'on doit croire venir *réellement* de la rue) et on apporte sur la scène le cadavre d'un homme tué par les forces de police, etc.

Il y a là une chose très insolite : on demande au public de croire réelle une situation que par ailleurs il ne peut pas ne pas reconnaître comme *fictive* (une fois qu'il sait qu'il n'est pas en Grèce), et de plus on met en œuvre tous les moyens de l'illusion (de la « mystification » pourrait-on dire) pour la lui faire ressentir, ne serait-ce qu'un temps, comme *réelle*. L'auteur donc cherche à nous placer dans une situation parfaitement inconfortable où étant à la fois dans le théâtre et dans la vie, nous aurions les moyens de remettre en cause la séparation du théâtre et de la réalité, non en confondant le théâtre et la réalité, mais en vivant les éléments d'une *réalité contradictoire* qui n'aurait été ni l'un ni l'autre.

De plus les éléments de réalité (de pseudo-réalité instable) sont aussitôt mués en un jeu : car le roi se révèle un roi d'opérette, dont les rapports avec sa mère et son ministre sont caricaturés et visiblement *joués*. C'est là un autre procédé intéressant pour donner un prolongement aux thèmes politiques de la pièce par une action sur le public au niveau de sa perception, et pour créer un insolite qui serait celui d'*une réalité non réelle partant d'une illusion des sens pour aboutir à un jeu délibérément théâtral*.

En tant que lecteur, j'acceptais fort bien ce fait, et je subissais en imagination les effets de cette irruption d'un vrai roi et d'une vraie mort dans un jeu théâtral dont vite ils devenaient un élément dépouillé de réalité. Comme lecteur orienté par le théâtre, j'avais plus de mal à saisir la possibilité de réalisation de cet effet.

J'ai constaté comme spectateur que l'effet cherché ne se produisait pas. Le spectateur n'oublie pas qu'il est au théâtre, et *la fiction ne peut être saisie comme réelle*. L'insolite apparaissait *ailleurs*, dans la mise en scène de Chéreau, et notamment dans le *jeu* des acteurs jamais confondus avec les êtres fictifs qu'ils s'amusaient à parodier.

L'impasse d'une entreprise comme celle de Dimitriadis me paraît être qu'il a voulu créer une *confusion* entre théâtre et réalité dans l'esprit des spectateurs, en faisant intervenir ces éléments *à l'intérieur de la fiction*. Il existe, à l'inverse, des formes de théâtre qui jouent sur un éclatement entre les deux, sur l'accumulation de procédés qui réduisent la fiction à n'être jamais qu'une fiction, c'est-à-dire l'évocation d'une chose *absente* (la réalité dont on parle est donc toujours évoquée allusivement et jamais montrée), tandis que la matérialité du théâtre va devenir le support d'un *jeu* dont on sait qu'il n'est pas non plus la réalité du monde, mais un jeu inventé, *hic et nunc*, entre acteurs et spectateurs. On trouve de bons exemples de cet emploi du jeu dans le théâtre d'André Benedetto. Ainsi *Zone Rouge* développe ce qu'il peut y avoir dans la tête d'un jeune blouson noir, en partant d'une *image* (la scène serait comme le lieu de la cervelle éclatée de ce jeune homme au moment où il est tué), mais en traduisant cette image uniquement par un *jeu* de groupe aux structures dramatiques très libres. De même *Le petit Train de Monsieur Kamodé* est « un grand jeu politique sur le Kapitalisme Monopoliste d'Etat » (tel est le titre).

On retrouve dans ces pièces, au niveau des structures dramatiques et de la présence des acteurs tous les procédés d'insolite dont j'ai parlé, et ils entrent dans le bilan général que j'ai essayé d'en tirer. Mais il y a plus : Benedetto s'attache à marquer toujours la relation entre le théâtre et la réalité, en rappelant constamment au milieu du théâtre que le théâtre est un jeu. Dans *Kamodé* par exemple, un « spectateur » (un faux, le public le comprend vite) entre d'abord dans le jeu de Kamodé, puis, gagné par les arguments de Peuple, il change de parti et veut passer à l'action immédiate. La fin de la pièce prend soin alors de lui rappeler qu'il s'agit d'un jeu et qu'il n'a rien gagné de réel : « Nous avons dit que nous allions jouer, et tu prends le jeu au sérieux. » Qui parle alors ? Le personnage ou l'acteur ? La rupture en tout cas est nette. Dans *Emballage*, on trouve un effet d'insolite formel encore plus net, car il n'est plus situé à la fin de la pièce. Au moment où Zacharie, l'ouvrier, va entrer dans le processus de l'exploitation du travailleur, les acteurs arrêtent le jeu, et celui qui joue Zacharie dit : « Tandis que M. Zacharie s'en va au travail, je me demande quel est ce personnage. »

Interrompre le jeu nous apparaît comme un procédé d'insolite très sûr, car le public, pris par le mouvement du jeu, ne l'accepte jamais immédiatement : il a ainsi de fortes chances d'être toujours *déconcerté*.

On voit alors ce qui rapproche et oppose les deux exemples de Dimitriadis et de Benedetto. L'un et l'autre sont marqués par l'influence du didactisme brechtien. L'un et l'autre jouent sur un certain phénomène d'illusion mystifiante, mais dans un cas pour en exploiter l'impact affectif, dans l'autre pour le dénoncer. A la lecture, l'insolite du *Prix de la Révolte* fonctionne dans l'imaginaire pur, alors que le texte de *Kamodé* apparaît comme une démonstration. A la représentation au contraire, l'insolite formel de Kamodé retrouve son efficacité. C'est toute la différence d'un insolite qui *mêle* fiction et réalité, et d'un insolite qui *superpose* la continuité logique de la fiction et les ruptures au niveau du jeu (ruptures notées par le texte mais non définies dans leur contenu d'échange entre l'acteur et le spectateur). *Rappeler que le théâtre est jeu, en face des forces de l'illusion sans cesse renaissantes, à tout moment, est peut-être l'élément fondamental de l'insolite.*

⁂

En conclusion je voudrais simplement rappeler trois points :

— Le premier c'est la difficulté de passage entre l'insolite perçu par le lecteur d'une pièce de théâtre et l'insolite perçu par le spectateur. Sans doute l'activité de lecture d'une pièce de théâtre est importante dans l'activité dramatique (elle est celle entre autres du metteur en scène, de l'acteur, des critiques). Mais autant il est facile d'aborder par la lecture l'étude des structures du théâtre, de sa composition, des significations que l'auteur a voulu y mettre, autant il est difficile de faire le passage entre la perception de l'insolite au niveau de la lecture et la perception de l'insolite au niveau de la représentation. C'est la raison pour laquelle, finalement, j'aurais envie de conclure que l'insolite n'est pas une catégorie dramaturgique, puisque l'insolite est différent selon les différents niveaux de l'activité théâtrale ;

— La deuxième conclusion c'est que l'utilisation confuse du terme insolite appliqué au texte ne relève pas simplement d'un problème de définition, ce n'est pas une querelle de mots qui oppose mon choix de l'insolite comme rupture, à l'usage de l'insolite comme voisin de l'étrange. Je crois que cela relève d'un véritable déplacement. L'insolite assimilé à un jugement de qualité (comme l'étrange) masque l'activité théâtrale réelle, permet de s'enfermer dans une image du théâtre comme représentation d'une œuvre existant *a priori*, en rapport avec une idéologie du théâtre qu'on pourrait appeler essentialiste. En effet, la littérature dramatique continue à penser le théâtre sous la forme d'une essence : il y a une vérité, une signification, un sens de l'activité théâtrale, quelque part derrière les livres. Et le livre nous les donne à la lecture, comme la représentation nous les donne à la représentation : ce sont *les mêmes*, que la représentation ne fait qu'actualiser. La cassure que j'établis pour ma part (et l'insolite, justement parce qu'il est une notion floue, me permet de le faire) entre l'activité du lecteur et celle du spectateur me paraît un bon moyen de rompre cette conception essentialiste du théâtre.

— Enfin cette distinction permet de remettre en lumière que l'activité *réelle* du théâtre se situe dans l'échange entre le spectateur et l'acteur. Elle permet d'établir que la distinction entre le texte et la représentation ne signifie pas dépendance de la seconde par rapport à la première, mais relation réciproque dans laquelle le texte apparaît comme une série de « propositions » qui n'épuisent pas la variété des significations du spectacle. Elle permet enfin de redonner au théâtre son sens plein d'activité de *jeu*, à la fois distinct de la réalité et de la fiction, remettant en cause par son déroulement même toute pratique antérieure fixée dans des règles. La notion d'*insolite*, qui m'a permis de déceler toutes les ruptures possibles, n'a peut-être été pour moi que l'occasion de cet inventaire. Si elle permet de le justifier, cet exposé n'aura pas été inutile.

DISCUSSION

sur la communication de Pierre VOLTZ

Interventions de Mme M.-J. Durry. — P. Voltz. — Mme H. Laurenti. — J. Petit. — P. Vernois. — P. Robin. — A. Kern. — H. Béhar.

Mme Marie-Jeanne Durry.

Je ne saurai assez vous remercier, vous voyez que la salle l'a fait aussi, d'un exposé qui était à la fois profond, subtil, à la fois dur et fin, si je peux m'exprimer ainsi. Certainement, je ne vais pas le recommencer après vous ! Mais je prends un exemple : quand vous parlez de la rupture, du fait que l'insolite se situe entre l'étrange et le bizarre et que vous donnez des définitions de l'étrange et du bizarre, nous touchons à chaque instant un esprit qui ne veut pas rester à la surface des choses, qui essaie de pénétrer au-delà. Mais naturellement, vous êtes obligé de faire comme Todorov a fait quand il a essayé de définir ce qu'est le fantastique. Aussitôt il a été obligé de le distinguer du merveilleux, de l'étrange, du surnaturel, etc. D'où quantité de sous-divisions. C'est, je crois, inévitable et il faut bien dire que rien au monde n'est aussi difficile que de définir un terme abstrait. Vous avez tenu une vraie gageure.

Maintenant, permettez-moi, non pas du tout une critique, mais une remarque qui tient à une différence de nature d'esprit : je veux dire, vous ne serez pas du tout d'accord avec moi, qu'on aurait pu procéder de manière exactement inverse : vous nous avez donné des définitions, c'est-à-dire, en un sens, le terme de votre pensée ; de temps à autre, vous y avez ajouté des exemples. Si vous l'aviez voulu, vous auriez pu en additionner 10, 20, 100, 1 000 autres dont vous êtes certainement parti pour aboutir aux définitions. Alors vous auriez pu parler d'un insolite onirique, avec *le Piéton de l'Air*, par exemple — où règne en même temps un insolite presque tragique —, d'un insolite entièrement tragique comme dans *les Chaises*, d'un insolite amusant comme dans *Naïves hirondelles*, d'un insolite tout à fait dramatique comme dans *la Soif et la Faim*, d'un insolite burlesque comme dans *la Leçon* ou *la Cantatrice chauve*. Ainsi de suite...

Pierre Voltz.

Mais j'ai laissé délibérément ce travail à mes collègues...

Mme Marie-Jeanne Durry.

Oui, vous avez eu cette extrême discrétion. Mais en ajoutant quelques exemples, vous n'auriez pas empiété sur les autres communications.

Pierre Voltz.

J'ai déjà trop parlé...

Mme Marie-Jeanne Durry.

Il s'agit surtout, me semble-t-il, d'une façon de prendre les choses. L'exemple à fournir entre tous est celui de Claudel qui arrive à insérer du burlesque dans le lyrisme le plus dramatique et le plus lyrique à la fois. Ainsi, quand au milieu de l'océan, Don Léopold Auguste — le pédant ridicule du *Soulier de Satin* — s'aperçoit qu'il vogue au milieu d'une migration de baleines : « Baleines, m'a dit le commandant, est le terme vulgaire dont on désigne ces animaux. Leur tête qui est comme une montagne creuse toute remplie de sperme liquide montre dans le coin de la mâchoire un petit œil pas plus gros qu'un bouton de gilet, et le pertuis de l'oreille est si étroit qu'on n'y fourrerait pas un crayon. Vous trouvez ça convenable ? J'appelle ça révoltant. C'est simplement de la bouffonnerie et penser que la nature est toute remplie de ces choses absurdes, révoltantes et exagérées... » Un peu plus loin, ce Léopold-Auguste réduit par la mort et la dessiccation à son seul pourpoint est battu, rossé par sa logeuse, si bien que s'échappera enfin dudit pourpoint la fameuse « lettre à Rodrigue », l'élément le plus tragique, le plus dramatique de la scène.

Je le répète, je ne critique aucunement. Je ne fais que réfléchir sur l'extraordinaire difficulté d'analyser des termes abstraits. Valéry a exprimé son horreur pour les termes vagues ; nous pouvons bien dire que tous les termes abstraits sont des termes vagues. Nous les comprenons en gros, mais dès que nous voulons les définir, nous sommes bien malheureux. En tout cas pour l'essayer nous disposons de deux méthodes : vous en avez employé une à bon escient. Avec une autre nature d'esprit on se servirait de la méthode inverse.

Mme Huguette Laurenti.

Je voulais dire à M. Voltz tout le plaisir que j'ai eu à l'entendre ; je crois que ce plaisir est partagé par la plupart d'entre nous. Il a mis beaucoup d'idées au clair ; il n'a pas, évidemment, résolu les problèmes, mais il les a nettement cernés ; et il a, d'autre part, ramené le théâtre au théâtre.

Je voudrais lui poser quelques questions de détail. Je me demande si, au bout de la première partie de votre définition, vous n'êtes pas parvenu à une certaine poétisation de l'insolite, ramené à quelque chose d'un peu romantique, qui voisine avec le dandysme baudelairien...

Vous avez dit aussi à un moment donné que l'insolite n'était pas agressif. Ceci m'a donné à réfléchir, car il y a une forme d'insolite, ou un facteur d'insolite — je ne sais trop comment il faudrait l'analyser — dont on n'a pour ainsi dire pas prononcé le nom depuis le début de ces entretiens, c'est l'humour. L'humour, c'est l'insolite du point de vue : serait-ce une cinquième catégorie d'insolite ? Parce que, en somme, c'est le point de vue surréel qui fait l'humour, et l'humour est agressif, précisément : ainsi, peut-être est-ce par l'humour que Jarry aboutit à ce renversement dont on parlait ce matin.

C'est donc là une question. Mais je me demande si l'humour ne nous amènerait pas à une valeur poétique de l'insolite — je prends alors le mot « poétique » au sens propre : l'insolite devient créateur —. Il y a au théâtre des formes d'humour qui sont directement perceptibles par la sensation, des formes matérielles, et dans tous les domaines, aussi bien dans le domaine de l'objet — il est évident que tout tourne alors autour de l'objet surréaliste, de toutes les notions qui s'y rattachent et qui impliquent l'humour — que dans celui de la lumière qu'on projette sur l'objet ou les personnages, de l'éclairage, qui peut provoquer l'insolite. Vous avez évoqué des spectacles, — moi aussi, j'ai suivi un peu les spectacles de Marseille, j'ai vu *Auguste, Auguste, Auguste*, et le *Puntilla* de Maréchal ; et à ce propos, je pense qu'il serait intéressant que vous approfondissiez un peu ce que vous disiez sur l'insolite chez Brecht, parce que c'est quelque chose d'absolument différent de l'insolite dont on a parlé ce matin. L'onirisme en est totalement absent ; c'est un insolite qui a ses assises dans le réel ; il tend à mettre en vue le mécanisme du monde et non pas son absurdité ; il a des intentions pratiques. Et pourtant il est évident, en effet, qu'il y a de l'insolite, — en tout cas dans certaines mises en scène. Ainsi, la mise en scène de *Puntilla* par Maréchal marquait nettement l'insolite des rapports des deux personnages, en même temps qu'elle nous invitait à réfléchir sur cet insolite. De même qu'il y avait une utilisation de l'objet qui était proprement insolite à la fin de la pièce, quand Matti démolit tous les meubles et en fait cette montagne qu'ils gravissent ensemble.

Pierre Voltz.

Quand je dis que l'insolite n'est pas agressif, c'est qu'il me
semble en effet que l'insolite est une forme de catégorie de l'attente.
L'agression est une lutte : on marche ou on ne marche pas, on est
pris dans le jeu ou on refuse. C'est dans ce sens là que je pensais
qu'il valait mieux distinguer les termes que les rapprocher. Pour
l'humour, je ne sais pas, je vous avouerai que je n'ai pas réfléchi à
la question. J'ai donné un certain nombre de définitions possibles
de l'insolite ; c'est peut-être samedi soir qu'il faudra totaliser toutes
celles qui seront données. Je ne veux donc ni l'exclure *a priori*, ni
l'intégrer à ce que je n'ai pas dit.

Quant à ce que vous avez dit à la fin sur Brecht, je me suis
peut-être mal fait comprendre ; lorsque j'ai dit que l'objet avait du
mal à véhiculer l'insolite au théâtre, je voulais parler de l'objet en
lui-même, en tant qu'il est réel, et non des images d'objets renvoyant
à la fiction. L'histoire a besoin d'un certain nombre d'objets qui sont
figurés, d'une manière ou d'une autre, sur la scène. Mais qu'elles
soient réalistes ou non, ces figurations de l'objet sont toujours
déréalisées, et, par conséquent, renvoyant à une représentation de
l'insolite, elles ont du mal à maintenir au niveau de la perception du
public la qualité insolite vraie.

Jacques Petit.

Je voudrais intervenir sur deux points : à propos de votre définition
de l'insolite : personnellement je sentirais l'insolite d'une manière
beaucoup plus vague et il m'a paru un peu précis de dire : il y a
le bizarre, l'étrange, et entre les deux l'insolite. D'autant que vous
n'avez, je crois, pas utilisé le mot fantastique. Or vous avez cité un
élément fantastique ; le cadavre chez Ionesco est un élément fantastique ; il sera perçu comme tel indéfiniment.

Mme Marie-Jeanne Durry.

Qui sait ?

Jacques Petit.

Je crois que le fantastique devrait intervenir, c'est une des catégories qui pourraient être notées. Pour ma part, j'ai le sentiment
que l'insolite est beaucoup plus général et qu'il recouvre un certain
nombre de catégories.

Pierre Voltz.

Je voudrais répondre à votre premier point. Pour reprendre
l'exemple du cadavre grandissant, en effet, cela pourra rester insolite,

parce que les cadavres n'ont pas l'habitude de grandir, si vous faites uniquement référence aux représentations du monde réel, c'est-à-dire si vous restez dans le système de la lecture. Si vous êtes dans le système de la représentation, vous êtes obligé de faire en même temps référence au système de la pratique théâtrale, dans laquelle vous rencontrerez deux obstacles : d'une part si on sait qu'au théâtre depuis un certain temps on fabrique des cadavres qui grandissent, l'effet n'aura plus le même impact et d'autre part il faut toujours truquer l'objet, et ainsi il n'a jamais la qualité insolite de la réalité. Je n'ai rien dit d'autre, laissant ce qui est interne à l'écriture littéraire à d'autres qu'à moi, car je ne pouvais pas plus dire.

Jacques Petit.

Ma deuxième intervention va dans le même sens et vous venez d'y répondre : elle portait sur la fragilité de l'insolite. Il est certain que l'insolite est fragile par référence à un code. Or, tout ce qui est du domaine théâtral est un insolite qui s'effrite très rapidement, simplement parce qu'on s'habitue à un certain nombre de choses, et très vite, tandis qu'il reste dans l'insolite interne, dans le texte, des éléments qui demeureront insolites très longtemps. Madame Durry citait tout à l'heure un passage qui demeurera insolite, quelle que soit la manière dont on le représente, quelle que soit la traduction théâtrale qu'on en donne ; le texte est insolite en soi.

Je crois que la fragilité de l'insolite est beaucoup moins grande qu'on ne l'a dit : nous sommes habitués à l'insolite et il nous choque beaucoup moins dans le théâtre qu'il y a quinze ou vingt ans. Mais il n'en reste pas moins que, même si nous sommes habitués, il y a un insolite qui demeure. Et là, il faudrait peut-être faire une distinction entre ce qui s'use dans l'insolite, c'est-à-dire ce qui rentre très vite dans un système de conventions et disparaît, perd sa qualité d'insolite, et ce qui reste insolite en dépit de tout, même dans le jeu théâtral.

Paul Vernois.

Le titre de ce colloque a été influencé par la préférence donnée par certains auteurs contemporains au terme *d'insolite* sur le terme *d'absurde* pour désigner le mouvement théâtral de leur choix. Il faut préciser néanmoins que par le qualificatif *d'insolite* Ionesco désigne non ce à quoi on n'est pas habitué mais ce à quoi, à son jugement, tout homme ne peut s'habituer, la vie et la mort en particulier, la vie à cause de la mort surtout. Le fait que tout nous semble bizarre comme l'a dit très pertinemment Madame Durry en ouvrant ces débats est donc fondamental. Il reste que sur le plan dramaturgique le créateur est confronté avec un redoutable problème : imaginer une forme théâtrale apte à rendre cette surprise quasi ineffable et, chose plus difficile encore, à la renouveler en l'accentuant pendant une à deux heures.

Pierre Robin.

Je voudrais revenir un instant sur ce qu'on disait tout à l'heure. Il y a, je crois, une sorte de résistance de l'insolite à toute répétition. J'ai beau regarder, pour la vingtième fois, un tableau de Magritte — celui, par exemple, qui représente un certain nombre d'instruments de musique en flammes dans le ciel —, j'éprouve toujours le même sentiment d'insolite.

Par ailleurs, je ne suis pas d'accord lorsque vous dites qu'il n'y a pas d'insolite agressif. Je pense notamment à l'image qui semble nous proposer l'archétype même de l'insolite surréaliste, à la grande image maldororienne « Beau comme la rencontre... ». A elle seule, elle suffirait à manifester l'existence d'un insolite agressif.

Enfin je crois que, pour éclairer cette notion d'insolite, il faudrait d'abord la confronter à celle de fantastique. Par opposition au fantastique, qui construit un contre-univers cohérent, l'insolite apparaît comme quelque chose de discontinu, quelque chose qui ne peut se perpétuer sans se détruire. C'est ainsi qu'un des maîtres romantiques de l'insolite, Xavier Forneret, a écrit cette phrase : « J'ai vu une boîte aux lettres sur un cimetière ». Forneret ne nous en dit pas plus, et c'est en cela que sa phrase est insolite. S'il s'était mis, à partir de cette phrase, à esquisser tout un système de relations entre les vivants et les morts, nous serions passés de la catégorie de l'insolite à celle du fantastique.

Pierre Voltz.

Puis-je vous poser une question à mon tour car, en tant que spectateur, vous m'intéressez beaucoup ? Vous dites qu'à la 10ᵉ, 20ᵉ représentation, vous avez la même perception de l'insolite. Mais alors vous ne percevez pas directement l'insolite, vous avez l'image d'un insolite qui se passe ailleurs. Autrement, il n'est pas possible que vous ayez la même perception de l'insolite 10 fois de suite, quand vous connaissez à l'avance ce qui va se dire.

Mᵐᵉ Marie-Jeanne Durry.

J'ai été frappée de ce que vous avez dit à ce sujet-là : Combien de fois un livre, à la première lecture, n'a-t-il pas produit sur nous un choc extraordinaire, souvent par ce qu'il a d'insolite ? Nous n'osons même pas le relire tant nous savons d'avance que ce choc ne se reproduira pas. Ce phénomène n'est pas propre au théâtre. Il est beaucoup plus général : notre sensation s'émousse devant le déjà connu.

Alfred Kern.

J'ai bien apprécié ce que vous avez dit. La conclusion n'était pas tout à fait inattendue. Vous avez pris soin au départ de bien préciser s'il y a rupture, et ce que vous dites de l'insolite, du bizarre et de l'étrange, vous le situez au niveau des relations, ce qui évidemment vous évite de prendre position sur la position d'une littérature essentielle et la notion d'archétype doit vous être étrangère.

Pierre Voltz.

A coup sûr.

Alfred Kern.

Mais j'observe, au départ, que ce que vous dites sur l'insolite, le bizarre et l'étrange, c'est-à-dire des schémas conventionnels de l'attendu, au niveau des schémas mentaux ou à l'intérieur de l'objet, occulte deux mots qu'on pourrait vous opposer également : l'originalité et la nouveauté.

Dans la nouveauté il n'y a pas nécessairement de l'insolite, et dans la notion d'originalité non plus. Si tel propos d'un clochard, que vous qualifiez d'original, était demain le discours du chef d'Etat d'un pays, ce serait soudain de l'insolite et cela ne pourrait nous laisser indifférents. Dans l'originalité il y a, pour ainsi dire, des associations nouvelles d'éléments ; mais vous restez libre de considérer cette originalité comme le message d'un esthète. Je crois que l'insolite, je pense surtout à celui de Beckett et de Ionesco sans me prononcer moi-même sur la notion d'archétype, nous oblige à une réponse. Nous ne sommes pas obligés *a priori* d'accepter le clochard, mais si j'entends un certain discours qui me concerne d'une façon ou d'une autre, surtout s'il s'agit de lieux communs — et c'est toute la question, je crois, dans le cas de Beckett et de Ionesco — je perçois un insolite au service du bien commun. Et l'insolite, même quand on l'analyse, a quand même une dimension que vous n'avez pas, à mon avis, assez mise en lumière.

Pierre Voltz.

Je ne vois pas exactement... J'ai pris la précaution de dire que toute rupture n'était pas insolite. Et j'ai précisé, en utilisant l'expression « qui déconcerte » ; par conséquent je crois que la nouveauté n'est pas forcément insolite.

Pour l'originalité, c'est en effet plus embarrassant. Je veux bien intégrer ce que vous dites là à ce que j'ai dit, car je n'ai pas pu tout dire. Simplement, je voudrais, pour que les choses soient bien claires, revenir sur un point. Si j'ai fait cette distinction entre l'étrange, l'insolite, le bizarre, etc. auxquels on pourrait ajouter beaucoup d'autres termes, c'est pour tenir compte d'une extension du mot insolite contre laquelle je me défends, parce qu'elle m'empêche de comprendre le phénomène théâtral. Je ne l'ai pas dit peut-être assez clairement, mais c'est ça le sens de mon exposé. J'ai tendu constamment à revenir à la notion d'insolite comme rupture première, au sens du vécu des spectateurs, parce que, si j'y intègre déjà des contenus, je m'enferme dans des significations et je perds le sens de l'événement théâtral.

Donc tout ce que j'ai dit, ce que vous rajoutez, que d'autres ont rajouté, à ce niveau où l'insolite est considéré comme ayant déjà un contenu de jugement, je veux bien que ce chapitre là s'étoffe et s'élargisse tant qu'on veut ; je l'ai surtout défini pour m'en débarrasser.

Mᵐᵉ Marie-Jeanne Durry.

« Comment s'en débarrasser » ?

Henri Béhar.

Si j'ai bien compris, j'ai l'impression qu'il faut intégrer le spectateur, c'est évident — je ne le nie pas le moins du monde —, mais, à la limite, il faut arriver à établir une science du fait individuel et unique, c'est-à-dire la pataphysique.

Pierre Voltz.

Je veux dire que tout comportement est individuel et la psychologie est une science.

Henri Béhar.

Je voulais rappeler que la pataphysique est justement la science des exceptions et que la représentation dramatique est une exception qui se reproduit chaque soir.

Pierre Voltz.

Ça je ne le crois absolument pas. Je me refuse à entrer dans la démarche pataphysique, et je m'en tiendrai aux sciences des relations de groupe. Et à ce niveau-là, les relations de groupe sont toutes individuelles et on arrive quand même à dégager certaines lois de fonctionnement, certaines règles qui permettent de mieux comprendre le fonctionnement de chaque chose. La représentation théâtrale n'est absolument pas une exception, c'est un fonctionnement comme d'autres. Il est différent chaque soir et il obéit peut-être à des lois.

Henri Béhar.

Je voudrais en venir à un élément plus important. Vous évoquiez le problème de la communication théâtrale. Alors, il faut être très clair et introduire des notions, des différences. Il y a communication lorsqu'il y a émetteur et destinataire, et lorsqu'il y a retour. Autrement dit, la communication théâtrale n'a lieu que sur la scène. Je reprends ici les arguments de Georges Mounin dans un article qui paraît très mince mais qui est très dense, très important. Il ne peut y avoir communication donc, que lorsqu'il y a retour. Le seul phénomène de communication théâtrale directe, c'est *l'a parte*, communication avec le public. Partout ailleurs, le spectateur n'est qu'un voyeur, — c'est ce qu'on a dit ce matin — qui subit peut-être un certain nombre de *stimuli*. Il y a peut-être une réponse, mais elle est toujours retardée ; elle n'est pas dans le spectacle lui-même. Il n'y a pas de communication au sens linguistique du mot. Nous établissons une telle communication quand il y a retour, quand effectivement le spectateur réagit, répond, pas seulement au niveau du *stimulus,* mais lorsqu'il y a une réponse élaborée, un langage articulé, selon la double articulation, c'est-à-dire le langage humain. Or cela n'existe pas ou presque pas au théâtre. Et les exemples que vous avez donnés de happening ou de «théâtre de maintenant», sont des échecs, vous le savez. Finalement, c'est pourquoi, il me semble qu'il faut poser le problème radical, fondamental, des études sur le théâtre et de la dramaturgie.

Pierre Voltz.

Nous sommes bien d'accord, il faudrait étudier le théâtre en tant que représentation comme élément quotidien. Mais nous n'y arriverons que lorsqu'on considèrera réellement le théâtre comme un phénomène d'échange. Pour l'instant, nous avons des pièces, des acteurs qui jouent et qui parlent entre eux, et le spectateur, finalement, est un individu qu'on a beaucoup de mal à saisir et à situer.

Mme Marie-Jeanne Durry.

Il y aurait beaucoup à dire.

Pierre Voltz.

C'est pourquoi, je pense que quand nous parlons du phénomène théâtral, nous préférons employer le mot échange plutôt que le mot communication, qui a au moins le mérite de ne pas nous enfermer dans les schémas linguistiques et qui permet de constater quand même qu'il se passe un certain nombre de choses, entre les spectateurs et les acteurs.

Mme Marie-Jeanne Durry.

Quand la pièce est belle, il vient un moment où l'on vit, où l'on vibre avec l'acteur. On arriverait presque à parler avant lui.

Pierre Voltz.

Et d'autre part, il est évident que cette théorie de l'activité théâtrale fait éclater le concept de représentation : l'activité théâtrale se situe, bien sûr, pour une part au niveau de la représentation du spectacle, mais d'autre part elle commence avant, se continue pendant et se prolonge après, quand on lit des articles, quand on parle du spectacle, quand on voit les acteurs, etc. C'est un circuit d'échanges qui touche l'ensemble de notre vie.

TEXTE DRAMATIQUE ET ECRITURE SCENIQUE

par

Pierre-Etienne HEYMANN

Depuis quelques années, j'ai été amené, par le hasard de la vie professionnelle, et aussi parfois à la suite de choix personnels, à porter à la scène des textes dramatiques qui peuvent être rangés dans les catégories de l'insolite et de l'onirisme : des œuvres de Louis Foucher, de Michel de Ghelderode, de Pierre Bourgeade, et dans le domaine étranger de Rafaël Alberti et de Peter Weiss. Or je dois avouer que je suis incapable de dire comment il faut « mettre en scène » l'insolite ou l'onirisme.

Bien sûr il existe des techniques de mise en scène : tel éclairage par en dessous qui projette sur un fond clair des ombres gigantesques ; tel éclairage coloré — vert, par exemple — qui plonge le plateau dans une ambiance insolite. Dans l'ordre de la musique de scène, en choisissant *Ionisation*, d'Edgar Varèse, ou tel extrait des *Petites Liturgies de la Présence Divine*, d'Olivier Messiaen, ou de la *Sequenza* pour voix de Luciano Berio, on obtient, *aujourd'hui*, des « effets » d'insolite ou d'onirisme. Dans l'ordre du maquillage, tel numéro de telle marque de fards permet au comédien de se fabriquer, sous un éclairage précis, un teint cireux, ou glauque. Mais il ne s'agit là que de recettes, de « trucs ». De manière plus élaborée, on peut réaliser des effets semblables grâce à un décalage entre le décor et les costumes : par exemple, si vous placez un homme habillé d'un complet sombre très strict et coiffé d'un chapeau melon au milieu de femmes nues, dans un décor de monuments antiques — comme dans les tableaux de Delvaux —, vous donnez à voir, aujourd'hui encore, une image scénique insolite. Il en est de même des techniques de jeu du comédien : la démarche ralentie, ou la démarche accélérée, ou certaines techniques vocales — par exemple la voix dite « de tête », qui n'est nullement insolite dans le théâtre d'Extrême-Orient, mais l'est dans le théâtre occidental. Et l'on pourrait ainsi détailler une panoplie de techniques de mise en scène de l'insolite et de l'onirisme.

Il me semble pourtant que poser le problème de l'insolite et de l'onirisme à la scène en termes de techniques est parfaitement erroné. Car c'est admettre l'homologie de catégories scéniques. De manière plus générale, c'est réduire la représentation théâtrale à une illustration passive d'un texte ; c'est nier l'existence d'une écriture scénique autonome. Je pense au contraire que la représentation théâtrale, lorsque l'objet dont elle se saisit est un texte écrit au préalable, par un ou plusieurs auteurs — ce qui n'est pas toujours le cas —, a pour fonction de produire sur scène un certain nombre de significations, extraites du texte, avec les moyens spécifiques du théâtre. Le travail des gens de théâtre est d'extraire ces significations ; puis de trouver ces moyens spécifiques de production de signes. Dans ces conditions, les notions d'insolite et d'onirisme ne peuvent plus être issues d'une classification d'ordre littéraire. L'insolite et l'onirisme fournissent à l'homme de théâtre certains de ces moyens scéniques, dont il peut avoir l'usage dans l'élaboration du spectacle, et qui entrent alors dans la composition de la partition de signes proposée de la manière la plus lisible possible au spectateur.

Il n'y a donc pas nécessairement coïncidence entre l'insolite du texte, tel qu'il apparaît à une analyse littéraire, et l'insolite du spectacle, tel qu'il est vu par le public. L'exemple que je prendrai sera emprunté au théâtre classique, au *Barbier de Séville*, de Beaumarchais, que j'ai monté au Théâtre National de Strasbourg. Le spectacle reposait sur une identité Figaro = Beaumarchais, c'est-à-dire qu'il montrait Beaumarchais démiurge, sous le costume de Figaro, produisant la pièce sur scène, à vue du public. La scène 2 de l'acte I, et particulièrement la tirade de Figaro (« Voyant à Madrid que la république des lettres était celle des loups... »), nous a semblé être l'un des moments privilégiés permettant de rendre évident au public le parti pris. Au cours du travail de répétitions, le comédien chargé du rôle de Figaro a été amené à renoncer à jouer l'insolite du vocabulaire, et même à l'effacer, au profit d'un jeu réaliste, rendant compte d'une expérience vécue, et de l'origine autobiographique. Au contraire la tirade de la calomnie de Basile nous est apparue comme un morceau rapporté, une fantaisie totalement inutile au bon déroulement de l'action créée par Figaro, et insérée par l'auteur pour sa délectation personnelle. Nous avons donc choisi de montrer ce morceau d'anthologie en tant que tel, comme un fantasme de l'auteur, et de l'interpréter de manière onirique, avec l'appui d'un éclairage fantastique, du type de ceux dont je parlais tout à l'heure.

Je prendrai comme autre exemple la mise en scène de *La Tour*, la première pièce de Peter Weiss, que j'ai faite l'année dernière au Théâtre des Drapiers de Strasbourg. *La Tour* est une œuvre autobiographique, dans laquelle Weiss règle ses comptes, pour ainsi dire, avec sa famille, et tente d'évacuer par l'écriture ses problèmes d'adolescent. Le symbolisme psychanalytique y est élémentaire, et souvent primaire. La pièce est intéressante dans la mesure où, confrontée aux œuvres postérieures de Weiss, elle rend compte de son évolution d'une position strictement individualiste à un engagement marxiste. Nous avons cherché, dans la réalisation du spectacle, à faire apparaître le regard que Peter Weiss, marxiste d'aujourd'hui jette sur ses premières productions littéraires. C'est pourquoi nous nous sommes contentés d'illustrer de manière primaire, et presque parodique, le propos psychanalytique, en transformant le plateau en un lit gigantesque (le lit des parents, bien entendu...). Mais dans ce lit les comédiens produisaient un jeu réaliste, contrariant l'onirisme du thème (*la Tour*, comme le *Malpertuis* de Jean Ray, ou la *Maison aux mille étages* de Jan Weiss, est le point de convergence de tous les fantasmes surgis de l'enfance et de l'adolescence). En particulier l'interprète du personnage principal, Pablo — image théâtrale de l'auteur — indiquait de manière presque naturaliste chacun des âges du personnage, chaque moment de sa formation psychologique : Pablo à 3 ans, à 7 ans, au moment de la puberté, etc. En choisissant ce style de jeu, nous voulions faire apparaître l'impuissance de la thérapeutique à résoudre seule tous les problèmes personnels de Peter Weiss, et l'échec de celui-ci tant qu'il ne réussit pas à sortir de sa sphère individualiste.

Le texte des *Immortelles*, de Pierre Bourgeade, évoque, dans des tons divers, un certain nombre de fantasmes érotiques. Le spectacle montrait comment les formes d'expression de ces fantasmes ne peuvent guère échapper aux images stéréotypées de l'érotisme, telles qu'elles sont utilisées par notre société au niveau de la vie quotidienne. Afin d'*éloigner* — au sens brechtien du terme — la représentation, nous avions choisi de jouer les scènes oniriques de manière humoristique, et les scènes ironiques dans un style fantastique. Il se créait ainsi un décalage constant entre la langue de Bourgeade, les situations insolites qu'il propose, et les images érotiques présentées.

Pour l'homme de théâtre qui se consacre à la production d'un théâtre réaliste, au sens où Brecht l'entend, c'est-à-dire un théâtre qui reproduise la vie des hommes en société, l'insolite et l'onirisme sont d'un grand intérêt. Ils fournissent des signes scéniques extrêmement riches et clairs, qui permettent de « remettre la réalité sur ses pieds », comme Brecht a pu le dire de la provocation (*Remarques sur l'Opéra Mahagonny*). Car c'est la réalité seule qu'il nous importe de montrer, et de montrer transformable par les hommes. La représentation théâtrale doit aider le spectateur à découvrir « sous le familier l'insolite » (*L'Exception et la Règle*), en permettant « de reconnaître l'objet représenté, mais aussi de le rendre insolite » (*Petit Organon*).

Le travail le plus important que j'ai fait jusqu'à présent dans cette direction me semble être la *Carmagnole des Khongres*, de Louis

Foucher, dont Michel Décaudin nous parle par ailleurs, et que j'ai créée en 1968 au Centre Dramatique du Nord. Louis avait écrit, à notre demande, un texte mouvant, pouvant être modifié chaque jour selon les fluctuations de l'actualité politique. Le texte comportait des parenthèses, des cases vides, qui étaient remplies quotidiennement avec des éléments d'information : des dépêches d'agences de presse, des projections de photographies des événements du jour. Le spectacle n'existait qu'en fonction des moyens de communication de masse, et surtout en fonction de l'information télévisée. Le langage insolite de Foucher permettait de rendre insolites — au sens de Brecht — des images qui parvenaient quotidiennement aux spectateurs par la télévision, ou la presse, qui leur étaient donc familières, mais vides de sens. Les photographies, par exemple, que nous projetions leur étaient pour la plupart connues. Au cours des discussions qui suivaient chaque représentation, nous avions la confirmation que ces photographies, déjà vues, mais qui étaient passées inaperçues dans le journal ou à la télévision, étaient communiquées de manière nouvelle par le spectacle. Cela grâce à la distance créée par l'extravagance et la bouffonnerie de la langue de Foucher. La mise en raport d'un texte insolite avec une réalité quotidienne rendait cette réalité insolite, tandis que le texte lui-même apparaissait comme une expression de la réalité.

S'il y a une leçon à tirer de ce travail, c'est que le théâtre aujourd'hui souffre dangereusement du manque de collaboration réelle entre les auteurs et les gens de théâtre. Le problème de l'insolite et de l'onirisme à la scène n'est que le cas particulier d'un problème plus général : celui de l'utilisation des moyens spécifiques du poète, c'est-à-dire du langage, dans le cadre du système actuel de production théâtrale. La contradiction apparente entre texte dramatique et écriture scénique disparaîtra si l'écrivain de théâtre cesse de se considérer comme un « homme de lettres », pour redevenir un artisan de théâtre dont la compétence est l'écriture du texte. Cela suppose l'existence d'équipes théâtrales comportant, comme des comédiens, des metteurs en scène, des machinistes et des électriciens, des écrivains rémunérés pour leur travail. Les conditions du travail théâtral que nous connaissons ne le permettent pas. Il faudrait, bien sûr, modifier ces conditions : le problème est politique.

LE THEATRE MECONNU DE LOUIS FOUCHER

par

Michel Décaudin

Plus qu'une communication, c'est une « avant-première », au sens précis — théâtral et journalistique — du terme, que je vous proposerai, en prélude au spectacle Adamov-Foucher auquel nous sommes conviés. Ou plutôt à la moitié de ce spectacle. Car, si on connaît bien Adamov, du moins son théâtre (il en va autrement, je pense, de l'Adamov poète d'avant 1939), tel n'est pas le cas de Foucher. Je me suis même laissé dire que certains ici doutaient un peu de son existence et me soupçonneraient d'avoir inventé un nouveau Julien Torma. Aussi je m'empresse de les rassurer et de protester, en reprenant une formule d'Apollinaire, que « je n'ai jamais fait de farce et ne me suis livré à aucune mystification ».

⁂

L'œuvre de Louis Foucher existe donc bien, et elle lui appartient bien. Il y a même quelque raison pour que nous l'évoquions dans cette Université. En effet, Louis Foucher est né dans l'Ain, à Saint-Maurice-de-Gourdan, en 1909, mais c'est à Strasbourg qu'il acheva ses études, à la Faculté des Lettres et surtout au Conservatoire, dont il sortit en 1927 avec un premier prix de comédie. Après divers engagements (notamment au théâtre Albert Ier et à l'Apollo), il abandonna provisoirement la carrière dramatique pour entrer dans l'administration des Douanes. A la fin de 1941, en Algérie, il renoua avec le théâtre, devint instructeur d'art dramatique, puis fonda en 1942 le Centre d'études et de représentations dramatiques d'El-Riath, qui fut le noyau du Centre régional d'art dramatique d'Alger. On le trouve ensuite avec la troupe dramatique de Radio-Algérie, qu'il fait sortir des studios pour jouer dans tout le pays, ainsi qu'aux débuts de la compagnie des « Comédiens d'Alger » en novembre 1947. Il met en scène, et à l'occasion, interprète Molière (celui des farces), Shakespeare, Marlowe, Claudel. Il crée *Toulon*, de Jean-Richard Bloch et, avec les « Comédiens d'Alger », *Montserrat* d'Emmanuel Roblès le 23 avril 1948, le soir même de la première parisienne au théâtre Montparnasse-Gaston Baty ; et je rappelle que c'est avec ce *Montserrat* que les « Comédiens d'Alger » remportèrent en 1948 le premier prix au concours des Jeunes Compagnies.

J'insiste sur cet aspect de son activité, qui est première et essentielle. Louis Foucher est un homme de théâtre, non un écrivain, un poète, un jour tenté par le théâtre. Il est, puisque la distinction a déjà été faite à plusieurs reprises entre le texte écrit et la représentation, celui qui n'envisage l'écriture dramatique que pour sa réalisation et dans sa réalisation.

Une réalisation qui est celle de la scène, scène close de la salle, scène ouverte du plein air, mais qui est aussi pour lui celle de la radio, puis de la télévision. Entré à Radio-France, à Alger, le jour même de la création de cette station, le 3 février 1943, il mit en ondes et produisit de nombreuses émissions jusqu'en octobre 1950, date à laquelle il fut nommé à Radio-Lille comme réalisateur et bientôt comme secrétaire des émissions. En 1956, il ajouta à ces fonctions celles de secrétaire des émissions et de réalisateur à Télé-Lille. Appelé à Paris, il y occupa divers postes jusqu'à sa mort brutale en 1970. Il assura notamment la direction littéraire de l'*Heure de culture française*. Mais là même, l'administrateur qu'il était devenu n'aimait rien tant que laisser son bureau pour le studio, où il sut toujours donner d'admirables leçons de vie et de présence.

Son œuvre radiophonique est considérable. Pour m'en tenir aux seules « dramatiques », comme on dit dans le jargon du métier, je signalerai de nombreuses œuvres de commémoration historique, *Charlotte Corday*, *Quatorze Juillet*, etc., mais surtout des productions originales comme le *Largo solennel* pour deux voix alternées et deux chœurs d'hommes et l'action poétique *Morts au soleil*, ou encore *Voix entre ciel et terre*, chœur dramatique.

Quant à la télévision, il faut l'avoir vu, aux beaux temps des débuts de Télé-Lille, improviser en direct à son clavier de réalisateur, pour comprendre ce que peut être cet instrument récepteur et créateur d'images entre les mains d'un véritable poète.

Car tout se ramène à la poésie. Donner à voir et à entendre, qu'il le fasse avec ou sans le moyen des mots et de la langue, c'est tout un pour lui. Je ne parlerai pas de son œuvre purement poétique, particulièrement les recueils *Anna de Hore* et *Eponine et le puma*, publiés chez Seghers : ce n'est pas mon sujet. Je remarquerai seulement qu'elle est en constante interférence avec le théâtre, la radio, la télévision. Elle est jaillissement verbal, création d'images, élaboration d'un univers imaginaire qui est le même que l'univers sonore ou l'univers visuel. Aussi les modes d'expression sont-ils souvent associés dans la forme qui permet la synthèse des arts, le théâtre. Le *Largo*, *Morts au soleil* utilisent à la fois le parlé, le chant, l'orchestre et ont accepté aussi bien la diffusion radiophonique que la représentation directe.

*

L'élaboration d'une même œuvre fait apparaître un développement du poétique au dramatique. Avant d'être une « action pour quatre comédiens et un chœur, un chanteur et un orchestre », qu'on peut lire dans *Europe* de mars 1963, qui fut interprétée à la radio par Maria Casarès, Pierre Vaneck, Balpêtré et André Brunot et mise en scène à Lille par Pierre-Etienne Heymann, *Morts au soleil* a été un poème paru en 1950 dans la revue *Soleil* que Louis Foucher avait fondée à Alger. Plus caractéristique, et répondant à des questions soulevées dans ce colloque, en particulier par Mme Benmussa, est une autre pièce, également mise en scène par Pierre-Etienne Heymann, *La Carmagnole des Khongres*. La brochure, qu'édita Seghers, se présente comme un recueil de poèmes : des vers (ou des proses), avec des titres, sans continuité nécessaire de la première à la dernière page ; rien qui ressemble à une sollicitation théâtrale. Mais voici comment ces textes sont présentés :

Ceci est œuvre de théâtre avant que de poésie. Commandée pour la scène par le Centre dramatique du Nord désirant dans son atelier-théâtre expérimenter des formules esthétiques et sociologiques nouvelles, *La Carmagnole des Khongres* se présente comme une sorte de portique largement ouvert entre les colonnes duquel peuvent se placer des poèmes d'auteurs étrangers, des musiques traditionnelles, des projections cinématographiques et des flashes de nouvelles du jour. L'ouvrage a pour vocation de se transformer et modifier sans cesse par ajouts ou suppressions au fur et à mesure du déroulement des événements dans le monde, sinon jusqu'à ce que celui-ci quitte les voies de la véhémence pour entrer en adoration (l'auteur serait depuis longtemps voué à d'autres avatars) et que l'homme connaisse la paix du cœur, l'amour de son prochain, l'harmonie avec la nature et le bonheur de vivre, du moins aussi longtemps que le public ne se lassera pas de cette expérience de présentation d'un miroir qui lui rappelle les risques de son apocalypse, la déraison et la folie qui mettent en cause sa survie.

Ainsi *La Carmagnole des Khongres* associe-t-elle étroitement pour le meilleur et pour le pire théâtre, information et poésie. Théâtre, par la musculature particulière, les mouvements et le souffle, le caractère oral et choral du poème, information, par l'exposé bref et nu, objectif et sans commentaire des faits d'actualité, poésie par l'explosion interne, et comment pourrait-il en être autrement, l'image barbare et cruelle portée par cette rhapsodie de notre temps.

Nous avons donc le texte, non comme fin en soi, fermeture sur soi, mais comme prétexte, ouverture. Nous rejoignons ici ce que Mme Benmussa nous suggérait à propos des formes du théâtre politique et des structures molles qui pouvaient être celles de l'onirique : je me contente de porter cet exemple au débat, en confirmant le témoignage de Pierre-Etienne Heymann sur l'écriture scénique, ou les écritures scéniques, qu'il put donner de la *Carmagnole.*

***

J'aborderai plus précisément les problèmes de l'insolite avec *Adorable Peau d'Ange,* un « divertissement-ballet » de 1955 qui a été représenté à diverses reprises dans le Nord et dans la région parisienne, toujours par les soins de Pierre-Etienne Heymann (il vous en donnera ce soir une lecture), mais n'a pas encore été publié.

Adorable Peau d'Ange est une pièce entièrement soutenue par un jeu de structures linguistiques. Déjà dans la version dramatique de *Morts au soleil,* Louis Foucher avait utilisé épisodiquement, pour typer un personnage, certains procédés de langage : le Général glisse sur des fins de mots, ainsi : « d'avoir touché tant de vérités manifestes, tés manifestes, tés manifestes, tés manifestes » ; ou :

Et moi, j'ai quelque chose à te faire : te flanquer ma botte quelque part ! botte quelque part ! C'est insensé ! Le fils du généralissime ! néralissime ! néralissime ! néralissime ! néral...

Il parle par longues tirades qui tournent au délire verbal :

Ce n'était pas la peine d'avoir en ligne jeté tant de canons, pêle-mêle chars et tracteurs, et dans le ciel avions et cuirassés et cavalerie de nuages, et que l'ennemi nous submerge de super-chars, de super-armes,

ce n'était pas la peine vraiment d'avoir perdu une bataille, décevante à n'en point douter, dont le dénouement toutefois, bien masqué par nos samovars, permettait cette mise en place du plus heureux dispositif de sulfatage stratégique qu'Etat-major jamais conçut parmi l'Avril,

ce n'était vraiment pas la peine d'avoir lancé ces banderoles à musique, ces patins anti-route, ces râpes à ailes et ces aiguilles volantes, ces aiguilles volantes, ces aiguilles volantes, ces aig...

et ici l'auteur note : « Le mécanisme du général se détraque parfois dans la colère. Sa voix creuse un sillon fermé. »

ces fleurs-torpilles, ces obus à rames,

et ces fumées arborigènes qui transformaient en un carrousel de couleurs, en un manège polychrome le théâtre des opérations,

conjointement multiplié proclamations, ordres, contrordres, tenté une contre-offensive de nos meilleures bouteilles tactiques, bouteilles tactiques, bouteilles tactiques, tactiques, tactiques, des battements toujours bien iso-

chrones du Grand Balancier Supérieur, marqué nos replis successifs jusqu'au tassement pondéreux, jusqu'au névralgique ressort, jusqu'à toucher
avec délicatesse, délicatesse, délicatesse, la tendre amorce déflagratrice qui
réduisît l'homme à néant,
et comme cela plus d'ennemis et plus de guerres,
item, ce n'était pas la peine d'avoir,
la peine d'avoir
la peine d'avoir

J'arrête ici ma lecture, mais j'en suis à peine au milieu du mouvement. D'autre part, au début de l'action, le chanteur présente et
définit les personnages dans une complainte ponctuée par l'orchestre :

Tanakrim il est comme un arbre
   A l'écorce pleine de trous.
     (*Thème de Tanakrim.*)
   Le Général il a des glands d'or sur la tête
   Et des moustaches comme un chat.
     (*Thème du Général.*)
   Mona, une blanche jacinthe
   Aux menus pieds rongés d'aube.
     (*Thème de Mona.*)
   Marco, lui, étend les bras
   Devant qui la planète s'ouvre.
     (*Thème de Marco, puis ritournelle.*)

De tels procédés sont employés de façon systématique dans
Adorable Peau d'Ange. Chaque personnage a un langage propre
dont il ne s'écarte pas. Le policier Pervenche s'exprime en
distiques :

Je note : En son habit tué
L'Assassiné n'était pas un habitué

Mme Emme, « patine » comme le Général de *Morts au soleil*, mais
presque sur chaque mot, ce qui fait de ses phrases une suite de
contrepèteries parfois simplement approximatives :

Il y a une patrouille dans le saloir, je veux dire une citrouille dans le
parloir, non, une pattemouille dans le ciboire, une ciboule dans le pot de
moire, un ciboire dans le pot de moules, un pis de moule dans l'eau à
boire, enfin un pis de moule dans l'armoire.

Et comme la petite Mirobola s'étonne : « Un pis de moule ? », elle
enchaîne :

Non, je veux dire : un pou d'Emile ! Il y a un pou de mille, un pis de
moule, un pou d'Emile dans l'armoire.

Jenny Peau d'Ange, elle, chante une complainte du début à la fin de la pièce ; le premier couplet nous en donne le schéma :

Un coup tors
Deux coutures
Tous les couteaux du monde
Le surin de Jimmy l'os de Jo
Qu'ils s'ouvrent je serai toujours
    Peau d'Ange
Herbe d'émail croix de velours
Que le sang laque la nuit
    Moi je suis
    Peau d'Ange.

Voici encore le Colonel, politesse mondaine émaillée d'éclats pleins de verdeur, comme il sied à un militaire. L'indifférent Aldo, qui ne termine pas ses phrases hésitantes :

C'est à cause de cette cravate que tout... Comme c'est difficile... A vrai dire, j'avais espéré... Mais il y a là dehors un attroupement... Ah ! le silence... et pour le reste !... Oui, bien difficile, tout !... Evidemment, on ne peut imaginer que... Mais tout de même...

Tobie Fleur de Nave parle un argot de fantaisie, qui est plutôt une langue inventée :

Ah ! Peau d'Ange mellifluale, si juseuse et amignottante ! Tu m'estarpis, tu me liquebolises. Tu me distilles la vênure. Tu me fouilles les globulettes. Si les pamirs, si les durons pouvaient s'éclater d'une, Peau d'Ange, comme ils t'en gisteraient, des cailles !

Le Grand Saxhorn n'use que de l'exclamation. Adonis Q, lyrique, est flanqué d'un Palefrenier-Ponctueur qui, comme son nom l'indique, met la ponctuation au discours de son maître :

Adonis Q : Elle est là
Le ponctueur : point d'exclamation,
Adonis Q : elle est là
Le ponctueur : point d'exclamation,
Adonis Q : je te dis qu'elle est là
Le ponctueur : double point d'exclamation.
Adonis Q : Je ne m'étais point trompé tout à l'heure
Le ponctueur : point.
Adonis Q : Le vent des pierres s'est levé
Le ponctueur : virgule,
Adonis Q : faisant trembler les lourds palétuviers
Le ponctueur : virgule, non, pas de virgule,
Adonis Q : et emmêlant les algues en détresse
Le ponctueur : point.

Et ainsi de suite, avec, parfois, une ponctuation non plus seulement des phrases, mais des actions :

> *Adonis Q :* Mais
> *Le ponctueur :* Points de suspension.
> *Adonis Q :* Ah mais
> *Le ponctueur :* Point d'exclamation suivant : ah, et points de suspension suivant : mais.
> *Adonis Q :* Mais mais mais
> *Le ponctueur :* Qu'arrive-t-il ?
> *Adonis Q :* Tiens tiens tiens
> *Le ponctueur :* Que se passe-t-il ?
> *Adonis Q :* Oh oh oh
> *Le ponctueur :* Virgules, points de suspension, d'exclamation et d'interrogation. Je renouvelle ma question : que se passe-t-il ?

La petite Mirobola, qui est une sorte de Lolita éblouie, a une fraîcheur poétique qui donne naissance à de délicates images comme celle-ci :

> Je n'aime que ce qui est doux. Moi, un jour, j'ai bu du fenouil dans le duvet de l'oreille d'un chat.

Enfin, la Vachère et le Tueur au triste sourire (frère du personnage incarné par Jean-Louis Barrault dans *Drôle de drame*), introduits en quelque sorte par collage dans la pièce — d'ailleurs la Vachère apparaît à une fenêtre et tous les autres sont immobilisés pendant qu'elle parle — chantent leur amour avec des accents lyriques.

Son langage est ainsi pour chacun une carte d'identité, un costume sonore. Mais il est aussi bien plus. Les personnages n'existent ni par une psychologie, ni par une action, ni par quelque trait qui leur donnerait une épaisseur humaine, mais par lui seulement. Ils n'ont d'existence que linguistique — et gestuelle : ils sont signes. Les modalités du langage sont des modalités de l'existence ; nous atteignons de cette façon à un insolite qui provient d'une déréalisation, le personnage, sans être exactement un pantin, ne répondant plus aux catégories traditionnelles de la vie et du théâtre.

Je ne veux pas dire qu'ils ne représentent rien. Jenny est la femme séduisante et séductrice, Mirobola la nymphette qui se découvre à elle-même et à l'amour : attirantes et dangereuses « tarentes » — le mot est prononcé plusieurs fois dans la pièce. Jenny aime le bel indifférent Aldo, mais le Colonel, Tobie Fleur de Nave, le Grand Saxhorn la désirent, la poursuivent et, tour à tour, croient vainement avoir triomphé. Mirobola entraîne derrière elle Adonis Q, a par lui la révélation de l'amour, mais elle ne l'aime pas et se livre à un jeu curieux de souris avec le chat. En contrepoint, la Vachère et le Tueur représentent l'amour partagé, immédiat, ignorant tout ce qui se passe à l'entour.

Mais ce n'est pas le destin de chacun, c'est l'éternelle comédie et l'éternelle tragédie de l'amour qui sont en jeu, c'est le chant de toutes les formes du désir qu'expriment ces voix diverses. Tel est le sens de la « Proposition » dans laquelle, à la fin de la pièce, le policier Pervenche abandonne le distique pour devenir le porte-parole de l'auteur démiurge :

Puisque l'amour a triomphé et que tout, ici-bas, n'est qu'illusion, hormis l'amour,

puisque la petite Mirobola a soufflé dans les narines d'Adonis Q et qu'Adonis Q sur son cheval a fait la petite Mirobola tressaillir d'aise et d'allégresse,

puisque l'Assassiné n'était peut-être que le Tueur, expression après tout d'un juste retour des choses, et que, Tueur comme Tué, chacun des deux, et peut-être le même ainsi que chacun d'entre nous, il portait son destin entre les deux épaules,

considérant que le Tueur était l'espoir de la Vachère, que la Vachère était l'appétit du Tueur, qu'il était bien ténu, le fil, et bien ruptible, du triste sourire d'icelui aux volets entr'ouverts d'icelle, et que ce n'était tout de même pas de leur faute s'ils ne s'étaient, bien que se connaissant, jamais rencontrés jusqu'alors,

que l'un était l'âme de l'autre, que l'un était la peau et la chaleur de l'autre, que l'autre était à l'un ce que l'un devait être à l'autre,

comme le Colonel au képi de mésanges, au cœur de sansonnet

[...]

comme Tobie langue bleue et Fleur de Nave

[...]

comme le Grand Saxhorn à la hanche de cuivre

[...]

ce porteur, dis-je, de rubans, cette frappe et ce musicien sont, par nature, des gracieuses tarentes les plus dévoués polisseurs,

qu'ils étaient d'ailleurs plus des amoureux que des amants et des branquignols que des Jules,

quant à Aldo, on aurait pu le deviner, Aldo l'indifférent n'était qu'un Jésus différé,

considérant que Mme Emme en sa volante armoire comme en ses propos survoltés est douée de secrets pouvoirs

d'organisation, de raison,

identiques à ceux du Palefrenier-Ponctueur de phrases d'Adonis Q entre ses rênes et ses sangles, et ses virgules et ses points, lesquels sont au poil des paroles ainsi qu'étrilles à celui des chevaux,

appréciant que Jenny Peau d'Ange soit la plus merveilleuse agréable Tarente qui pût tenter et contenter, et que d'ailleurs sa résorption d'Aldo et sa consomption en Aldo témoignent d'elle comme d'une valeur rédemptrice et qu'elle soit l'image de cet infini moral en qui tout cesse, en quoi sans fin tout recommence, et ici vient, après ces attendus réglés sur les mouvements du ballet, une conclusion qui annule les choses, comme le réveil dissipe le songe et l'analyse supprime l'insolite :

pour ces raisons et ces motifs,
Je, Pervenche, Policier, résumerai ainsi événements et paroles, la situa-
tion en quelques mots telle que céans m'apparaît :
On ne saurait se rendre compte assez
Qu'ici, ce soir, il ne s'est rien passé.

La déréalisation par le langage s'exerce non seulement sur les personnages, mais sur la structure de la pièce. C'est ainsi que les couplets de Peau d'Ange, loin de constituer un divertissement dans l'action, forment la texture dans laquelle s'organiseront les évolu-tions, comme autant de points d'ancrage pour les *mobiles* que consti-tue chacune des scènes successives. Et le final, où les personnages viennent, comme dans un final d'opérette ou de revue, chanter une dernière fois l'air et les paroles qui les caractérisent, est la réso-lution de cette structure, car c'est dans le moule de la romance de Peau d'Ange que s'inscrit maintenant leur langage propre. Voici par exemple le « couplet de Mme Emme frottant son armoire », sur le modèle et avec les vers refrains que nous connaissons :

Une armure
Deux armoises
Tous les plaqueurs immondes
Tous les placards du monde
Si traqués détraqués ou truqués
Qu'ils râlent du cerveau toujours
Qu'ils volent tu seras toujours
   Peau d'Ange
Barbe de miel creux de vouloirs
Herbe d'émail croix de velours
S'ils ne souffrent pas
S'ils ne s'ouvrent pas tu fris
   tu ris
   Toi tu es
   Peau d'Ange
   Moi je suis
Mme Eve qui ravaude anges
Mme Emme qui rêve d'anges
Aux beaux lascars du bal gratis
   du parc ratis
Aux beaux placards du paradis.

Pervenche peut conclure :

Tout est dans l'ordre. On s'est bien gendarmé.
Tout va bien. Bonnes gens, dormez.

Ces *exercices de style* ne visent pas à la dérision ou à la destruction du langage, ils sont tout le contraire de la terreur dans les lettres. Voyons-y plutôt une sorte de plein emploi de la valeur signifiante du langage, qui aboutit à l'édification d'un univers verbal pur.

Tout cela pourrait donner une œuvre d'algébriste lexicologue, stricte et schématique. S'il n'en est rien, c'est que l'invention et la fantaisie de Louis Foucher ne cessent d'animer à la fois le langage, les figures du ballet, le décor (dont il faudrait dire qu'il est plutôt une *persona dramatis*). Il arrive à une jambe du général de se détacher et de faire seule un petit tour de danse. L'armoire de Mme Emme danse elle aussi, des personnages en sortent comme ils passeraient une porte, elle se transforme en fenêtre pour les apparitions de la Vachère... L'Assassiné du début n'est peut-être que le Tueur, Aldo est peut-être autre chose qu'Aldo... Cet univers déjà déréalisé par un verbe qui risquait de le fixer dans un nominalisme méthodique l'est conjointement par le jeu des ambiguïtés et des métamorphoses qui en font un univers à transformations. A la différence de ce qui se passe dans ce qu'on appelle le théâtre de l'absurde, et qui est presque toujours tragique métaphysique, où le comique même est angoisse, l'imaginaire s'exprime ici par lui-même et pour lui-même, foncièrement insolite parce que les attaches sont rompues aussi bien avec les traitements habituels du langage qu'avec la logique de la perception et de la raison, et rassurant, dans la mesure précisément où la rupture est totale.

*
**

Avec *Argyne sur le mont Uhuru*, pièce qui fut représentée en 1969 à la Biennale de Paris, toujours par les soins de Pierre-Etienne Heymann, nous trouvons non une suite, mais plutôt un prolongement, un provignement d'*Adorable Peau d'Ange*. L'amour tendre et fou de la Vachère et du Tueur a son équivalent dans celui d'Argyne et de Florestan. Lizzie est la sœur de Mirobola :

C'est une jeune fille avec encore dans le regard et les gestes des traînées d'enfance. Impulsive, farouche, et déjà diablement femme.

Mme Emme est là, avec ses formules intempestives, une Allumeuse fait penser à Jenny. On décèlerait aisément du côté des hommes des analogies identiques, quoique plus atténuées.

Mais les composantes du climat insolite qui s'accordaient et se complétaient dans *Peau d'Ange* ont, en se renforçant, acquis une manière d'autonomie. Les monologues sont nombreux et accentuent la couleur lyrique. Les créations verbales se multiplient, et certains personnages ne parlent plus qu'en mots forgés. Monsieur Jef :

Ehur ! Ehur ! Que d'ombs ! Que d'ouves foculaires !
Que d'azours ! Que d'ispars ! Que d'ais criselisés !
Que d'astérons ! Que de flouets moléculaires !
Que d'èzes ! Que d'ipoufs ! Que d'ifs cristallisés !

Le sasquatch, il est vrai qu'il s'agit du Yéti d'Amérique :

Ah Ah Ah Ouche
You You You Ouche
Yo - Ah !

J'ajouterai d'ailleurs que les corrections faites par Foucher sur son propre texte vont dans le sens de l'invention linguistique. Quant aux métamorphoses, elles affectent presque tous les personnages. M. Jef et l'Amiral sont les deux images d'un seul individu, de même Mme Emme et l'Allumeuse : Mme Emme et M. Jef se querellent, l'Amiral et l'Allumeuse se font des déclarations d'amour. Argyne devient la Licorne, Florestan (après avoir été le Clergyman et le Sauteur à la perche), le Gypaète, la petite Lizzie, la Salamandre, Tobie Fleur de Nave, le Guépard. Une nouvelle dimension de l'insolite est acquise avec ces changements en animaux qui sont en même temps une ouverture vers la légende.

Surtout, un assombrissement général pèse sur l'ouvrage. Nous ne sommes plus dans ce monde équilibré, clos sur lui-même, satisfaisant, sinon sécurisant d'*Adorable Peau d'Ange*, mais au lendemain d'une catastrophe universelle et à la veille d'un cataclysme atomique. Un robot au manteau rouge, dérisoire imitation de l'homme, sans cœur ni émotions et cependant mortelle comme lui, apporte sa présence ambiguë et inquiétante. Au réveil après le charme, au « Tout va bien. Bonnes gens, dormez. » de Pervenche (à la fin de *Peau d'Ange*) succède le triomphe de l'amour, certes, mais dans la mort d'Argyne, la séparation, la fin du monde, le grand silence :

C'est alors que le cataclysme atomique se produit.
　　La scène tremble et vacille. Les spectateurs sont saisis de terreur.
Le Gypaète [métamorphose de Florestan, je le rappelle] n'a pas abandonné le corps d'Argyne. Il semble défier les cieux en mouvement.
Les Gypaètes prennent possession de la scène.
Le mont Uhuru disparaît sous la fiente des oiseaux.
Le Monde entier s'éteint peu à peu.
La Terre s'éloigne sous nos yeux.
La Constellation d'Orion et la Constellation d'Andromède passent devant nous, se donnant la main.

Elles se séparent, et disparaissent bientôt l'une et l'autre aux confins
   opposés du ciel.
On entend la voix de Tobie Fleur de Nave qui, quelque part, crie.
Tobie Fleur de Nave : Où êtes-vous, bandes de lanternes natatouères ?
Attendez-moi ! Attendez-moi !
   Puis la voix de Lizzie.
Lizzie : Attends-moi toi-même, voyou !
Oui, je te veux, et tu sais bien que je t'aurai !
   Puis la voix de Mme Emme.
Mme Emme : Chauve piqueux ! Sauve qui peut !
   Puis tout est silence.

Ainsi s'achève cette pièce, qui porte la trace d'une brisure dans
l'imaginaire du poète et, par voie de conséquence, dans son écriture.

*
**

Nous parlions ce matin avec Mme Benmussa des structures
mobiles du théâtre fantasmatique. Nous venons de nous demander,
à la suite de M. Pierre Voltz, si la notion d'insolite est une catégorie
dramaturgique. Le théâtre de Louis Foucher me semble, dans sa
diversité et son originalité, être au cœur de ces recherches, qu'il
s'agisse des structures d'accueil de *La Carmagnole des Khongres*,
de la réalité contemporaine exprimée sous une forme qui n'est ni
réaliste, ni symbolique, ni didactique dans *Argyne sur le mont Uhuru*,
ou surtout de la création d'un univers insolite par le pur fonctionnement de l'imaginaire avec *Adorable Peau d'Ange*.

DISCUSSION

sur les communications de M. Pierre-Etienne HEYMANN et M. Michel DÉCAUDIN

Interventions de Mme M.-J. Durry. — Mme H. Laurenti. — M. P.-E. Heymann. — M. P. Voltz. — M. Décaudin.

Mme Marie-Jeanne Durry.

Il est excellent qu'après avoir entendu un débat sur les définitions mêmes de ce qui nous occupe, après avoir entendu la révélation d'une pièce que nous ne connaissions pas, nous ayons maintenant les réflexions d'un homme de théâtre, de l'homme qui s'est colleté avec la réalité théâtrale et qui a tenté de la rendre. Ceci dit, je regrette de ne vous avoir ni entendu, ni vu jouer. Allez-vous jouer dans la pièce de Foucher ? Non ? c'est bien dommage, car la jouant vous nous auriez donné l'illustration de vos propos. Maintenant la discussion est ouverte sur les deux dernières communications. Je ne pense pas utile qu'on les dissocie.

Mme Huguette Laurenti.

C'est à M. Heymann que je m'adresse : ne pensez-vous pas (c'est une question que je me suis posée en vous écoutant) que l'insolite dans la création dramatique elle-même, je veux dire au moment de la représentation, apparaît à l'état pur, en quelque sorte, dans ce qu'on appelle maintenant la création collective ? — c'est-à-dire la représentation se faisant sous forme de création directe, sans pièce préalable ?

Pierre-Etienne Heymann.

D'abord, il faudrait s'entendre sur ce qu'on appelle création collective ! Je pensais à certaines formes de création collective, lorsque, tout à l'heure, je précisais que le texte n'était pas forcément écrit au préalable. Mais il y a quand même un moment où un texte doit être fabriqué, par un individu ou par plusieurs. Les textes écrits en collaboration ce n'est pas nouveau. Le théâtre élizabéthain, le vaudeville, la *commedia dell'arte*, nous en fournissent de nombreux exemples.

Mme *Huguette Laurenti.*

Je pense justement aux formes d'insolite proprement théâtrales qui ne sortent pas d'un texte, mais, par exemple, de l'éclairage, ou bien du jeu d'un personnage, d'un effet plastique ou lumineux. Je vous dis cela parce que j'ai un peu suivi le travail de certains groupes, en particulier des groupes d'Avignon. Par exemple, nous avons revu récemment Gérard Gelas, qui nous a expliqué comment était née sa dernière pièce, et il me semble que certaines trouvailles, une couleur ou une disposition scénique, qui nous ont paru proprement insolites, étaient nées du théâtre même et pas du tout d'un texte.

Pierre-Etienne Heymann.

Dans cette forme de travail, les membres du groupe de travail ne disent pas : nous allons « faire de l'insolite ». Ils ont, du moins ils devraient avoir, quelque chose à dire. Il s'agit de savoir comment le dire, avec quels moyens, ces moyens pouvant être des moyens de texte ou des moyens plus proprement scéniques. Dans le travail de certains groupes de création collective, il y a inversion d'une procédure habituelle : l'écriture préalable au texte. Il se peut que le choix de moyens scéniques — la lumière par exemple — précède l'écriture d'une partie du texte.

Pierre Voltz.

Est-ce que dans votre travail, vous employez entre vous, le terme d'insolite ? Ce n'est pas une catégorie de travail.

Mme *Marie-Jeanne Durry.*

On en fait, mais on ne le dit pas.

Pierre Voltz.

De l'insolite on n'en fait pas. On fait un certain nombre de choses qui sont ou non perçues comme insolites.

Pierre-Etienne Heymann.

Comme vous l'avez dit tout à l'heure, on crée des ruptures par des moyens à trouver au cours du travail.

Mme *Marie-Jeanne Durry.*

Oui, mais dites-vous : je vais faire du comique ? ou du dramatique ?

Pierre-Etienne Heymann.

Non. Personnellement, je ne dis jamais à un comédien : là, tu dois faire rire. Nous travaillons le texte et choisissons la plus satisfaisante des versions scéniques expérimentées en répétition.

Mme Marie-Jeanne Durry.

Je voudrais simplement lire, comme se rapportant plus précisément au thème de M. Décaudin une pièce de théâtre — pas une pièce de théâtre, son résumé en dix lignes et en rester là. Ce texte ne joue pas du tout sur le langage, mais sur un saugrenu dont je n'ai pas le temps de parler. Vous savez mieux que personne à quoi je fais allusion : au sujet de pièce qui n'alla jamais plus loin que le sujet et que Croniamantal, c'est-à-dire Apollinaire du *Poète assassiné* vient lire à l'oiseau du Bénin c'est-à-dire à Picasso. Je me bornerai à cette lecture et à trois mots de commentaire : Croniamantal rugit son invention aux oreilles du peintre. « Un homme achète un journal au bord de la mer. D'une maison située côté jardin sort un soldat dont les mains sont des ampoules électriques. D'un arbre descend un géant ayant trois mètres de haut. Il secoue la marchande de journaux qui est de plâtre et qui en tombant se brise. A ce moment survient un juge. A coups de rasoir il tue tout le monde, tandis qu'une jambe qui passe en sautillant, assomme le juge d'un coup de pied sous le nez et chante une jolie chansonnette ». Je l'ai écrit ailleurs : « l'insolite fait son entrée dès la première phrase, règne sur tout le morceau, et culmine à la fin avec ce magistrat tueur, et cette jambe erratique qui pousse la chansonnette après avoir asséné un coup de pied justifié autant que meurtrier ». J'ajouterai ceci qui me paraît une définition de l'insolite : « les objets sautent les uns dans les autres, l'humour joue sur un dépaysement, une dissociation des éléments, une rupture du continu. Toute logique psychologique — ou sentiment — est refusée. Le monde n'obéit plus qu'au défi de la vision. L'auteur tente d'installer un acte qui se rompt, qui explose comme les rêves. Les perceptions ne se lient plus. Se manifeste l'illogisme du rêve, c'est-à-dire la vraie réalité, la surréalité. Cette page m'est toujours apparue comme un prologue à *Poisson soluble* ». C'est ainsi que par l'insolite nous rejoignons le surréalisme lui-même.

Michel Décaudin.

Ce texte est très révélateur, un peu anticipateur, puisqu'il a probablement été écrit avant 1914, mais il correspond admirablement à certains scénarios de film de 1917-1918. Les jeunes poètes qui ne sont encore ni dadaïstes ni surréalistes en écrivent, et il y a, en particulier, un projet de ballets cinématographiques de Philippe Soupault qui semble être un pastiche de la pièce de Croniamantal.

Mme Marie-Jeanne Durry.

Absolument ;

Michel Décaudin.

Tout se passe comme si les futurs dadaïstes avaient éprouvé à l'égard du cinéma une admiration fondée sur le fait qu'il leur permettait toutes les ruptures qu'ils souhaitaient au théâtre et que toutes les contraintes au théâtre ne pouvaient leur donner.

Mme Marie-Jeanne Durry.

C'est cette valeur de rupture qui est frappante. Apollinaire se montre un précurseur une fois de plus.

SECTION II

LES LIBERTÉS INSOLITES DU RÊVE
ET LA DRAMATURGIE

L'INSOLITE ET LE REVE
DANS LE THEATRE DE GEORGES SCHEHADE

par

Pierre ROBIN

Si diverses que soient les œuvres d'un Beckett, d'un Ionesco, d'un Genêt, d'un Adamov, elles nous parlent toutes d'un monde — le nôtre — dont elles exhibent ou dénoncent l'horreur. Parmi ces habitants d'une même « capitale de la douleur », l'auteur de *Monsieur Bob'le* semble tombé d'une autre planète. Sans doute le doit-il, pour une part, au fait qu'il nous vient du Liban, d'un Liban où il a ses racines, et qu'il n'a jamais cessé d'habiter, en réalité comme en songe : un pays où existent, comme partout ailleurs, l'injustice, la pauvreté, la misère, mais où circule — où circulait du moins — une liqueur d'oubli qui, même pour les plus déshérités, en atténuait la brûlure, où une certaine douceur de vivre rendait un peu plus fraternels qu'ailleurs les rapports entre les hommes. Même dans cette grande ville moderne qu'était déjà devenue, il y a vingt ans, la capitale libanaise, un savoureux anachronisme maintenait vivantes les mentalités et les réalités villageoises. Or chacun sait, depuis que Schéhadé nous l'a dit, que « le ciel est un village ». Cet essai d'explication du Liban, c'est aussi, me semble-t-il, une explication de Schéhadé, de ce qu'a déjà d'un peu insolite sa présence parmi nous. « Issu de ces familles humaines », dit de lui Saint-John Perse, « où l'on ne sait des roses que l'essence et de la perle, que l'orient » (1). Et sans doute le Liban réel n'est-il pas en tous points semblable à cette région poétique où son théâtre nous entraîne. Mais il en est, malgré tout, l'une des plus approximatives figures, et, de l'une à l'autre, la distance n'est point telle que l'imagination d'un poète ne puisse la franchir sans peine.

Il faut dire aussi que l'insolite, avant de se glisser dans le théâtre de Schéhadé, se manifeste, tout d'abord, dans sa vie. On dirait qu'il l'attire et que, d'une certaine façon, il le suscite. Un serpent d'une espèce rare, qu'on ne trouve que dans certaines régions d'Amérique centrale, sommeille sur le rebord d'une fenêtre, dans une paisible

---

(1) « Poète, Schéhadé », *Cahiers Jean-Louis Barrault*, 4ᵉ Cahier.

rue du XIV⁰ arrondissement. C'est que, juste en face, s'ouvre la fenêtre du poète : le serpent se trouve ainsi dans le droit fil de son regard. C'est sur les médiocres événements de la plus quotidienne des journées que Schéhadé exerce sa magie, opérant sans effort la métamorphose du consternant en cocasse, du banal en insolite. Il s'avance dans la vie avec cent questions aux lèvres, enfant perpétuellement étonné : il demande aux chimistes pourquoi l'eau de la mer est bleue, interroge le pilote d'avion sur les mystères du tableau de bord, à moins que, renversant les rôles, il ne lui explique la psychologie déconcertante des moteurs. Pour ses compagnons d'une heure, d'une journée, d'une vie, l'existence soudain s'anime : une promenade, une visite, un dîner, deviennent une aventure.

Si l'on se reporte aux « Entretiens » avec André Parinaud, on constate qu'André Breton n'hésite pas à revendiquer la première pièce de Georges Schéhadé, *Monsieur Bob'le*, comme « intégralement surréaliste » (2). Et, dans le texte où il salue l'apparition de *la Soirée des Proverbes*, il semble que l'auteur de *Nadja* oublie tout à fait son hostilité première à la notion même de personnage fictif, qu'il soit dramatique ou romanesque. « La vie emblématique, écrit-il, à partir de là, se déploie en cercles qui vont s'élevant et s'élargissant pour se résoudre en autant de trouvailles qui font flèche vers le zénith. Le théâtre est le lieu rêvé pour en boucler la boucle sur tout l'éventail des types humains, qui se comptent presque sur les doigts, par plis d'ombre et de lumière. » (3).

On ne sera donc pas surpris de rencontrer, dans le théâtre de Schéhadé, l'insolite et le rêve, sur lesquels le surréalisme a si constamment et si fortement mis l'accent. Mais on pourrait s'imaginer, à lire la première déclaration de Breton, qu'« intégralement surréaliste », ce théâtre est une émanation directe du mouvement, et même que son auteur, fit, à un moment donné, partie du groupe. Or il n'en est rien. Il est vrai que Schéhadé fut, dans sa jeunesse, sensible — jusqu'à l'éblouissement — à la violente lumière qu'irradiait le surréalisme ; qu'il a rencontré, en 1950, André Breton, et qu'il a reconnu en lui l'une des plus hautes figures du Refus et de l'Espérance ; qu'il a collaboré, en 1950 — plutôt en invité qu'en adepte — à l'*Almanach Surréaliste du Demi-Siècle*. Mais, à travers une amitié qui fut, de part et d'autre, vive et profonde, il me semble que se perpétuait une sorte de malentendu. Schéhadé fut toujours incapable de concevoir ce que pouvait être un certain moralisme surréaliste, et Breton, lui, incapable de concevoir qu'il en fût

---

(2) P. 207.
(3) « Aux Quatre Diamants, cheval », *Cahiers J.-L. Barrault*, 4ᵉ Cahier, p. 71.

incapable. Si bien que Breton n'hésita pas, un jour, à l'entraîner — un peu affolé, ne sachant pas très bien ce qui lui advenait, et se sentant bien plus coupable, à coup sûr, que les accusés — dans un de ces tribunaux surréalistes où l'on jugeait deux membres du groupe, pris en flagrant délit d'hérésie.

Mais surtout, si l'on met à part les œuvres de jeunesse (4), qui font la part belle à l'automatisme (« J'étais alors », nous dit Schéhadé, « pigeonnier de mots, de tourterelles, j'étais plein de bourdonnements ») (5), l'insolite schéhadesque, j'essaierai de le montrer tout à l'heure, ne correspond que bien imparfaitement à l'image qu'on peut se faire d'un insolite surréaliste.

Et tout d'abord, si l'œuvre de Schéhadé nous parle de songe — qu'on doit considérer comme une catégorie particulière de l'insolite — on ne trouve pas chez lui (et pas plus dans son théâtre que dans sa poésie), d'effort pour transcrire le rêve dans sa littéralité. Il n'use jamais du matériau onirique à la façon d'un matériau brut, comme l'avait fait, par exemple, Vitrac, dans *Entrée Libre*. Mais son imagination n'a aucun mal à faire sienne la démarche onirique, dont le romantisme allemand a tant de fois souligné la parenté avec la démarche poétique. Si bien que le déroulement même de ses pièces nous donne souvent la sensation de rêve éveillé. C'est ainsi qu'amoureux de la mer, le jeune héros du *Voyage* se trouve soudain projeté, comme en rêve, dans une autre vie, — dans la vie d'un autre — par la violence du désir. Il endosse les vêtements et l'identité d'un meurtrier, courant volontairement le risque d'être condamné à mort pour un crime qu'il n'a pas commis : ce n'est pas payer trop cher, à ses yeux, la métamorphose qui lui vaut de comparaître — marin lui-même enfin — devant un tribunal de marins fantômes.

Le mot songe apparaissait déjà comme l'un des mots clefs de sa poésie. Il faisait partie — avec l'étoile, le jardin, la prairie, l'ombre, l'oiseau, la nuit, la mort — du nombre de plus en plus restreint de vocables qui lui suffisaient au terme d'une lente ascèse du langage, à animer le dialogue de l'âme et de l'univers. Une promesse d'immortalité était déjà faite, non sans quelque solennité, aux habitants du songe (6). Et, dans un poème inspiré par les arbres, le rêve était déjà désigné comme le haut lieu d'une révélation :

« Et ceux-là qui rêvent sous leur feuillage
Quand l'oiseau est mûr et laisse ses rayons

---

(4) *Rodogune Sinne*, G.L.M., *Poésies Zéro* ou *l'Ecolier Sultan*, G.L.M.
(5) *Rodogune Sinne*, p. 7.
(6) « Qui habite les songes ne meurt jamais », *Les Poésies*, p. 97.

Comprendront à cause des grands nuages
Plusieurs fois la mort et plusieurs fois la mer (7).

Il advient déjà, dans *Les Poésies*, que le rêve soit le lieu de la rencontre amoureuse :

« Pour une fois je suis avec vous quand je dors
Vous êtes dans les églises de mon rêve (8) ».

Il en ira de même dans *Monsieur Bob'le* ; Corée, que Michel dédaigne — car sa vie est tout entière dévorée par l'amour du Père — lui apprend qu'elle peut du moins le retrouver, chaque soir, dans ses rêves. Et le dialogue qui s'engage alors montre avec quelle naturelle gravité les personnages de Schéhadé considèrent les actes accomplis en rêve, à quel degré de profondeur ils se sentent, par eux, engagés (9).

Ce n'est là qu'un épisode. Mais, dans *Histoire de Vasco*, tout le fragile édifice de la construction dramatique a le rêve pour clef de voûte. Et c'est par lui que la vie est gouvernée. La pièce nous parle en effet d'un amour fantôme qui unit, d'un lien infrangible, deux êtres qui se sont bien rencontrés sur terre, mais sans se connaître, ni se reconnaître. C'est en rêve, dans le rêve de Marguerite, que se situe leur véritable et unique rencontre, éclairée par la lumière, si particulière, du songe : « L'ombre, ici, est une seconde lumière qui double tout ce que je vois : ainsi l'ombre de la rose est une rose plus légère. » (10). Après avoir un instant croisé Vasco, qu'elle ne recherchait, à travers un pays en guerre, que sur l'injonction du rêve, Marguerite ne le retrouvera plus qu'étendu dans l'immobilité de la mort, « endormi », nous dit-elle, « juste à l'endroit de mon rêve ». Le rêve manifeste donc ici sa nature prophétique. Et nous percevons, du même coup, le lien qui l'unit au Destin, dans la clef des songes, dans les mythes, et peut-être aussi, quelquefois, dans la vie.

Dans la douleur de son rêve détruit Marguerite est, malgré tout, consciente d'avoir eu — pour un temps — accès à cette vérité supérieure qu'est la vérité du songe : la Création elle-même n'est peut-être rien d'autre, en effet, que le rêve de Dieu : « Je ne Vous dirai rien, Seigneur, sinon que j'ai rêvé, comme Vous, lorsque Vous avez écrit le livre de la Mer. » (11).

---

(7) *Les Poésies*, p. 61.
(8) *Les Poésies*, p. 54.
(9) *Monsieur Bob'le*, p. 56 sq.
(10) *Histoire de Vasco*, p. 26.
(11) *Histoire de Vasco*, p. 240.

« Evocateur du songe vrai dans votre sommeil de vivants » (12), c'est en ces termes que Saint-John Perse saluait l'auteur de *Monsieur Bob'le*. Et l'on peut dire en effet que le rêve, est, en un sens, éveil, réveil, arrachement au sommeil de notre existence larvaire, échappée — peut-être — ou, du moins, espoir d'une échappée sur la « vraie vie ». Le songe et les états qui en sont proches — délire, transe prophétique — ont presque toujours, chez Schéhadé, valeur de révélation. Dans *Histoire de Vasco*, une vieille femme se penche sur un puits pour y lire le passé et le futur, dans l'eau profonde des images : « Je vais aller au fond, là où il y a la vie et la mort des images. Pour savoir. Prêtez-moi vos yeux pour m'enfoncer dans l'eau des images. » (13). Et, en présence de Marguerite et de son père, c'est l'amour de Vasco et de Marguerite, le destin de Vasco et de Marguerite, qu'elle découvre, tremblante, dans « les racines de l'eau ». Né du rêve, tenant jusqu'ici de lui seul sa fragile mais tenace réalité, cet amour se voit ainsi confirmé dans son être par cette autre forme du rêve qu'est la voyance.

Dans *La Soirée des Proverbes,* le patron de l'auberge, un homme simple, croit voir de sa fenêtre « le Jour et la Nuit ensemble » : « Tout à coup j'ai vu le Jour et la Nuit séparés, et... ensemble. Toutes les choses du jour : ici, l'artichaut et l'œillet, le cheval, le puits, les arbres verts comme la main. Là, la nuit avec ses cornes noires, le ciel noir, et les étoiles comme des puces blanches. Le Jour et la Nuit, quoi ! avec toutes leurs garanties » (14). Nous pressentons que c'est là un présage de malheur, et, de fait, cette vision insolite annonce bien le dénouement tragique de la *Soirée*. Une telle idée — ou un tel phantasme — il est curieux de le constater — avait un instant retenu Schelling, dont je me porte garant que Schéhadé n'a jamais lu la moindre ligne : « Si dans la nuit même », écrivait le philosophe allemand, « une lumière se levait, si un jour nocturne et une nuit claire pouvaient nous embrasser tous, ce serait enfin le but suprême de tous les désirs » (15). Chez Schelling, on le voit, une telle union de contraires n'est pas promesse de désastre, mais de chance de merveille.

C'est peut-être, cependant, dans *Monsieur Bob'le* que se révèle avec le plus d'éclat le pouvoir du songe. Au troisième acte, Monsieur Bob'le est surpris par la mort, sur le chemin du retour, dans l'hôpital d'un port inconnu. Il délire. Et jamais les choses et les êtres n'ont été plus présents, plus proches de leur essentielle vérité, que dans la vision issue du délire. Le rêve, ici somme le

(12) *Cahiers J.-L. Barrault*, p. 23.
(13) *Histoire de Vasco*, p. 83.
(14) *La Soirée des Proverbes*, p. 16.
(15) Cité par Albert Béguin, *L'Âme romantique et le Rêve*, p. 86.

printemps d'apparaître, et, dans cette chambre de mourant, au cœur de l'hiver, c'est « la jubilation » même du printemps qui nous parvient :

« Alors, le printemps pareil au vitrail d'un pommier... en plusieurs couleurs comme les yeux des biches... le vert !... le noueux !... le bien-aimé !... apporte son apparence au jour et à la nuit et jusqu'à la lune, plus belle que les maisons habitées !... Les yeux de la vie s'ouvrent au fond de la terre... Dans les feuilles, les oiseaux en mille morceaux se mordent, la rose est encore serrée dans ses épines... Tout est fol et nu, la fleur et l'eau !... Que celui qui passe dans la plaine s'en souvienne !...

Vert !... vert jusqu'aux délices... et la transpiration des lacs... » (16).

Le rêve convoque tous ceux que Monsieur Bob'le a aimés — les habitants du lointain Paolo-Scala — pour une ultime rencontre avec le mourant, et leurs âmes défilent tour à tour à son chevet, obéissant à la sommation du rêve. Enfin, lorsqu'à la demande du Métropolite Nicolas, Monsieur Bob'le « conduit la prière », celle-ci débouche sur une certaine vision de Dieu : vision naïve, sans doute, mais le surnaturel lui-même ne saurait se dérober à cette approche ingénue (17).

Si le songe éveille et révèle, s'il nous réveille de notre « sommeil de vivants », l'ambiguïté fondamentale de sa nature permet cependant à Schéhadé, par une démarche exactement inverse, de dénoncer aussi, à travers lui, le « peu de réalité », de faire apparaître l'irréalité de notre univers.

« Tout est songe, poussière de songes » (18), lisait-on, déjà, dans Les Poésies. Et, à l'acte II de Monsieur Bob'le : « En somme l'existence ici serait un songe, n'étaient, au fond de la terre, les métaux qui transpirent la force » (19). Par trois fois, dans La Soirée des Proverbes, une voix sans nom répète : « La vie est un songe. » Il y a là, sans doute, une intuition commune au romantisme allemand et à certaines philosophies de l'Orient. Un jeu d'ombres, avec l'absolu pour toile de fond, c'est bien ainsi que nous apparaît, le plus souvent, le théâtre de Schéhadé. Oui, ce sont bien des ombres que ces tendres marionnettes qui font un petit tour sur la scène, et puis s'en retournent vers leur pharmacie ou vers leur école, vers la mer ou vers la mort. Ou, plus exactement, le spectateur qui les regarde se demande — comme leur créateur sans

(16) Monsieur Bob'le, p. 189.
(17) Monsieur Bob'le, p. 242 sq.
(18) Les Poésies, p. 87.
(19) Monsieur Bob'le, p. 143.

doute — si ce sont des hommes ou des ombres, et son plaisir est inséparable de cette ambiguïté même.

Il faudrait cependant préciser que le sentiment du peu de réalité, le sentiment de la vie comme songe, ne se retrouve pas, au même degré, dans toutes les pièces de Schéhadé. Sans doute l'admirable formule de Novalis « Le monde devient rêve, le rêve devient monde » y trouve-t-elle partout son application. Mais c'est surtout le second aspect de la métamorphose que *Monsieur Bob'le* met en évidence ; c'est sur le premier que *La Soirée des Proverbes* met l'accent. Tout indique, dans *Monsieur Bob'le*, que nous sommes tout près de la « vraie vie », que le bonheur est là, à la portée de la main. Et ni l'absence, ni la mort ne peuvent rien contre cette évidence limpide. Dans *La Soirée des Proverbes*, au contraire, dès le deuxième acte, le sentiment de l'irréalité du monde nous prend à la gorge. Et l'apparition du thème onirique du double nous fait pressentir que le rêve, bientôt, va tourner au cauchemar. Tandis que la mort de Monsieur Bob'le ouvrait une fenêtre sur l'espoir, celle d'Argengeorge ne débouche que sur le néant. Nous ne sommes pas si loin, en dépit des apparences, de ce théâtre de l'absence, illustré par les œuvres de Ionesco et de Beckett. Nous assistons à l'anéantissement de toutes les promesses murmurantes qui, dans la nuit de veille de l'auberge, nous préparaient à je ne sais quelle mystérieuse assomption. A la magie du conte de fées, qui métamorphose le quotidien en merveilleux, en princesses les servantes, les noix en carrosses, il semble que s'oppose ici une magie inverse, cette magie de destruction qu'évoquait, dans *La Tempête*, Prospero :

« Ces acteurs, je vous l'ai prédit, étaient tous des esprits et se sont évaporés en air, en air léger. Et, pareils à l'édifice sans base de cette vision, les tours coiffées de nues, les palais splendides, les temples solennels, le vaste globe lui-même, oui, et tous ceux qui le possèdent, doivent se dissoudre, comme ce décor insubstantiel s'est évanoui. Nous sommes faits de la même étoffe que les rêves. » (20).

Ici aussi, le merveilleux nous est donné d'abord, tendrement, mêlé à la fraîcheur du jour, mais seulement pour se dissoudre « en air léger » : fantasmagorie vaine. « La vie est un songe. » C'est son sens le plus désenchanté, et presque le plus amer, que prend ici la phrase de Calderon.

Si le rêve, qui renvoie à une expérience humaine universelle et simple, n'a guère besoin d'être défini (21), il n'en va pas de même

---

(20) *La Soirée des Proverbes*, pp. 163, 165.
(21) Il y a lieu, cependant, de distinguer avec soin le rêve nocturne du rêve de l'homme éveillé, que la langue française nous invite presque à confondre. Il en va de même pour le mot songe.

de l'insolite, dont la notion est bien difficile à cerner. C'est peut-être en la confrontant à celle du fantastique que nous aurons quelque chance de saisir l'insolite, dans ce qu'il a de spécifique. Le fantastique tend à s'organiser comme un univers — ou un contre-univers — cohérent et complet qui se substitue à l'univers de la réalité quotidienne, et, par son brusque surgissement, le prive d'être. Tel est, par exemple, l'univers d'un Bosch, celui du Goya noir. L'insolite, lui, crée seulement une lézarde, une fissure, dans l'ordre rassurant du quotidien. S'il reste à l'état pur, il ne peut que poser une question, susciter une inquiétude et une attente, faire jaillir une lueur, ébranler un instant de trop paisibles certitudes. Mais il peut aussi n'être que le signe avant-coureur de l'avènement d'un autre règne — celui du merveilleux ou du fantastique — comme ce soleil noir que Nerval vit se lever au-dessus des toits de Paris.

C'est évidemment sous la première de ces formes que l'insolite intervient dans le théâtre de Schéhadé. Ce théâtre ne nous propose pas un monde fantastique cohérent et compact. L'univers qu'il nous donne à voir ressemble fort (en dépit de l'ambiguïté, que j'indiquais tout à l'heure, entre rêve et réalité) à celui que nous habitons. Mais parfois une porte se met à battre, une fenêtre s'ouvre (22), une lueur s'allume et nous fait signe. C'est par ces échappées, ces trouées, ces brèves illuminations, que l'insolite se manifeste ; manifestations nécessairement discontinues : il ne saurait se prolonger sans se détruire.

Il n'en allait pas autrement dans *Nadja* ; avec, bien sûr, cette différence capitale (et qui fait du récit d'André Breton un témoignage sans prix) que, dans *Nadja* nous ne nous trouvons pas dans le domaine de la fiction, mais au cœur de la vie même. Le Surréalisme a toujours privilégié l'insolite de la rencontre, aussi bien sur le plan de la vie (et c'est « le hasard objectif »), que sur le plan de l'image poétique et sur celui de l'image plastique. Dans ces deux derniers domaines, l'archétype de la rencontre insolite (si l'on peut parler d'archétype lorsqu'il s'agit de ce qui, par essence, est, ou devrait être imprévisible) me semble fourni au Surréalisme par la grande image maldororienne — « beau comme la rencontre fortuite, sur une table de dissection, d'une machine à coudre et d'un para-pluie ». Mais la question qui se pose, c'est, justement, celle-ci : est-il possible de donner un équivalent scénique de l'image maldororienne, comme Max Ernst, le premier, avait su lui trouver un équivalent plastique ? Non point — ce qui serait trop simple — en l'insérant dans une réplique de théâtre (car elle ne serait alors rien de plus qu'une image poétique) mais en l'incarnant dans une situation dramatique.

---

(22) « Le rêve est une lucarne » (*Histoire de Vasco*).

C'est là, pourtant, ce que semblent avoir tenté, dans une œuvre de jeunesse, André Breton et Philippe Soupault. Les héros de leur pièce se nomment, justement, Parapluie et Machine à Coudre — auxquels ils ont adjoint un troisième personnage, Robe de Chambre ; et le décor est, bien entendu, une table de dissection. Mais l'ont-ils tenté vraiment ? Y a-t-il, dans *Vous m'oublierez*, ce minimum de cohérence qui différencie le théâtre — fût-il un théâtre de la dérision — de la pure et simple dérision du théâtre ?

Si Schéhadé n'ignore pas l'insolite de la rencontre, ce n'est pas chez Lautréamont (quelque admiration qu'il puisse lui vouer, par ailleurs), qu'il en va chercher l'archétype, cette forme extrême de l'insolite ne lui paraissant probablement pas susceptible d'incarnation dramatique. Son insolite ne sera pas davantage — comme celui dont avait rêvé Antonin Artaud — dans le paroxysme, dans la démesure, dans le blasphème, dans une mise en scène du Mal qui en serait à la fois la dénonciation furieuse et la noire assomption. Schéhadé pourrait dire, comme Supervielle, « qu'il n'aime l'étrange que s'il est acclimaté, amené à la température humaine » (23).

Je me demande si la première forme de l'insolite, dans son théâtre, ne serait pas, tout simplement, la poésie, — la poésie qui prend la parole sur une scène — la scène française des années 50 — où l'on était assurément peu accoutumé à l'entendre, où de sévères gardiens, vétérans des luttes contre la poésie, veillaient à ce qu'elle fût tenue à l'écart. Et il est vrai qu'elle possède le dangereux pouvoir de rendre le familier étrange et l'étrange familier. Ecoutons Arnold, lorsqu'il évoque la vie à Paola-Scala : « Pourtant tout ici a un aspect ordinaire : les gens, les maisons, la petite ruelle que remplit la carrure d'un cheval. Les saisons dessinent dans le ciel de grandes images ; il y a le vent, il y a la pluie. Autour d'une fontaine, où les oiseaux viennent boire, l'eau dérange la chevelure des enfants et s'arrête contre une pierre... C'est délicat, les soirs !... Les laboureurs, les ferblantiers, les admirateurs des fontaines, ici comme ailleurs, habitent des chaumières ; le soleil désigne leur prospérité. De l'aube à la nuit, à part l'hallucination des grands arbres, tout est ennui, tout est bonheur... » Il fallait assurément que la poésie fût un objet de scandale, pour qu'une façon si simple de dire les choses les plus simples pût inspirer ce commentaire à un critique (l'un de ces vétérans dont je parlais tout à l'heure) : « Des phrases d'enfant arriéré, de vieillard à l'asile... » C'est qu'apparemment Schéhadé et lui n'habitaient pas le même... univers. L'un se trouvait dans l'espace, rassurant et radoteur, de la vision routinière. Chez l'autre, l'innocence du regard qui se pose sur les choses nous les restitue dans la

---

(23) Georges Supervielle, « En songeant à un art poétique », in *Naissances*, p. 61.

lumière de leur première présence au monde. L'insolite, ici, c'est l'insolite de la rosée.

Par une démarche inverse (et c'est là une nouvelle forme de l'insolite) la poésie sait aussi rendre l'étrange familier. C'est ainsi que, dans *Monsieur Bob'le*, la légende de Marie, le mystère même de l'incarnation ne sont plus que de gracieux épisodes d'un folklore villageois :

« Aide-moi Marie ! Ta légende est une histoire de village. Rappelle-toi les jardins de la Galilée ! Tu étais une petite fille, le rossignol dormait sans solidité dans les feuilles... On te battait... on te réprimandait... tu allais à la fontaine chercher l'eau pleine d'images... Tu devins la Mère de Dieu après avoir été sa servante. » (24).

Ce double pouvoir n'est pas le privilège de la poésie, elle le partage avec la vision enfantine. S'il s'étonne de ce qui vous paraît évident, s'émerveille de ce qui nous semble banal, l'enfant se sent, en revanche, de plain-pied avec le merveilleux. Ce qui ne signifie pas — en dépit de son ingénuité — qu'il soit forcément dupe de nos mensonges. Comme le remarque le Métropolite Nicolas : « Un enfant, Arnold, est une loupe. Je suis cent fois plus gros quand un enfant me regarde. » (25). Or tous les héros de Schéhadé se situent comme Vasco, « dans la zone de l'innocence ». Le schéma de la *Soirée*, d'*Histoire de Vasco* ? Une enfance, miraculeusement préservée, qui se heurte tragiquement à la corruption et à la tricherie du monde adulte, et ne succombe qu'après les avoir démasquées. C'est seulement dans *Monsieur Bob'le* que le héros, enfant aux tempes grises, règne sur un peuple d'enfants, si bien que, sur le village de Paola-Scala — malgré la mort — le tragique n'a pas de prise. Ainsi installée au cœur de l'œuvre dramatique, la vision enfantine ne peut être, pour le spectateur adulte, qu'une source d'insolite. Mais, à cet égard, elle est indissociable de la vision poétique, elle se confond avec elle.

Si les formes paroxystiques de l'insolite sont étrangères au théâtre de Schéhadé, on ne peut cependant réduire l'insolite, tel qu'il se manifeste chez lui, au double pouvoir dépaysant de la poésie ou de la vision enfantine. Nous avons vu tout ce qu'apportait, à cet égard, la présence du rêve et des états proches du rêve —, délire et transe prophétique. Une autre forme de l'insolite naît de l'intime fusion (car il ne s'agit pas d'une simple juxtaposition) du cocasse et du poétique, du saugrenu et du poétique. A l'acte II de *Monsieur Bob'le*, par exemple, nous assistons à l'examen des candidats aux vertus théologales. Lorsque les trois candidats — ils se nomment Modeste-Luc, Niphon et Pétrole — se sont assis...

---

(24) *Monsieur Bob'le*, p. 25.
(25) *Monsieur Bob'le*, p. 106.

Le métropolite Nicolas prend la croix suspendue à son cou par une magnifique chaîne d'or, la porte à ses lèvres et siffle brusquement très fort. Modeste-Luc, Pétrole et Niphon sursautent et se lèvent.

Le métropolite Nicolas, satisfait

Inscrivez, Arnold : « réflexes religieux très prompts ».
Modeste-Luc, Pétrole et Niphon se rasseoient.

Arnold

C'est noté.

Le métropolite Nicolas, feuilletant le questionnaire

Comment vous tenez-vous à l'église, Niphon ?

Niphon

A l'église, je m'agenouille comme sur un lac...

L'insolite, qui naît ici de la rencontre de la poésie et de l'humour, indissolublement unis dans la dernière réplique, s'accuse encore du fait de l'attitude du poète à l'égard du sacré : attitude constamment ambiguë, toujours hésitante entre la moquerie et la ferveur.

L'insolite se situe, enfin, au niveau du langage. Si l'on confronte le langage dramatique de Schéhadé avec l'usage surréaliste de la parole, ou avec cette mise en question radicale du langage que nous proposent les premières pièces de Ionesco, son œuvre risque de nous paraître un peu en retrait. C'est qu'il n'est animé contre le langage, d'aucune fureur de détruire. Son attitude serait au contraire toute de confiance aux mots, d'amitié avec les mots.

André Breton a salué le rôle joué par Schéhadé « dans cette libération du langage qui fut toujours l'un des objectifs majeurs du Surréalisme ». Après avoir cité cette phrase de *La Soirée des Proverbes* sur « l'émancipation des mots » : « Depuis le temps qu'on les marie, à l'église ou à la mairie, à la plume ou au crayon, ils aspirent à plus de conscience, à la vie heureuse des oiseaux et des lions » (26), il ajoute ce commentaire : « Et les délier, au mépris du consentement universel, les arracher à leur servage, il sait que c'est aussi nous faire voir, comme jamais — de l'œil d'Orphée — les oiseaux et les lions. » (27).

Il est bien évident que, si le pouvoir de rendre le familier étrange et l'étrange familier se situe d'abord au niveau de la vision, c'est au langage qu'il appartient, en dernier ressort, de le manifester. Je ne pense pas pourtant que, comme le suggère Pierre Yerles (28), rien

(26) *La Soirée des Proverbes*, p. 25.
(27) *Cahiers J.-L. Barrault*, 4ᵉ cahier, p. 71.
(28) *La Revue Nouvelle*, Juillet-Août 1962.

n'existe, dans le théâtre de Schéhadé, en deçà ou au-delà de la parole, qu'il y ait, chez lui, une perpétuelle instantanéité du dialogue, qui, à chaque instant, remettrait tout en question. Quelles que soient les tentations offertes par les mots, l'importance des accidents du langage, il y a, chez Schéhadé, tout un côté conteur oriental : un conteur oriental dont le mode d'expression serait le récit dramatique ; il n'oublie jamais qu'il a une histoire à raconter, une vision à transcrire.

Il arrive parfois, c'est vrai, qu'une liberté plénière soit octroyée aux mots, et l'insolite frôle alors l'absurde, dans un esprit assez proche de Dada.

Argengeorge

...Je m'appelle Argengeorge.

Le président Domino

C'est un nom de guerre ? Vous êtes spahi ?

Argengeorge, *sans lever les yeux de son livre*

Non, isocèle ! Oisif isocèle : c'est mon métier (29).

Mais cela n'arrive qu'assez rarement. Il est rare aussi que l'image poétique, souvent insolite par l'éloignement des réalités qu'elle rapproche, manifeste, comme le souhaitait Breton « le degré le plus élevé d'arbitraire ». La pratique de Schéhadé serait, à cet égard, plus proche des conceptions d'un Reverdy. Il suffit, pour s'en convaincre, de relire quelques-unes de ces images : « L'écho venait des collines par génuflexions géantes. » (30). « Quand le ciel est encore bleu par mémoire » (31). « L'eau coulait en se lapidant la gorge » (32). Toutes ces métaphores *signifient*, et la grâce de la surprise ne leur est accordée que de surcroît.

Il faudrait aussi dire un mot de ce subtil usage de l'à peu près qui consiste à choisir parfois le mot à côté du mot juste, tout près mais à côté, si bien que, de léger glissement en léger glissement, surgit une forme presque impalpable de l'étrange. Il arrive aussi que Schéhadé ait recours à la technique du « collage », ou plutôt du « papier collé », car le procédé me semble plus proche de celui de Picasso de la période cubiste que de celui de Max Ernst. Dans *Histoire de Vasco*, par exemple, un bref fragment du prophète Isaïe (qu'on ne considère pas, en général, comme un auteur drôle) s'anime soudain d'une vie bouffonne (33).

---

(29) *La Soirée des Proverbes*, p. 20.
(30) *Monsieur Bob'le*, p. 23.
(31) *Monsieur Bob'le*, p. 51.
(32) *Monsieur Bob'le*, p. 217.
(33) *Histoire de Vasco*, p. 116.

Plus systématique est le recours à des formes légèrement aber-
rantes du gnomique. On sait quel carnage a fait Ionesco de ces
infortunés proverbes, qu'impitoyable, il ne veut pas distinguer de la
foule des clichés et des poncifs. L'attitude de Schéhadé à leur égard
est bien différente. Et la façon même dont il les désigne — « les
proverbes cornus, la maxime femelle » — révèle chez lui une
curiosité amusée, et même une familiarité amicale.

Des premiers poèmes à sa dernière pièce, on retrouve ces cristal-
lisations d'une sagesse millénaire : proverbes, définitions, préceptes.
Mais déformés, moqués (bien qu'avec tendresse), transmués en équa-
tions d'une absurde rigueur, ils inquiètent plus qu'ils ne rassurent,
égarent au lieu de guider, font vaciller plutôt qu'ils ne fondent.
« Les moustiquaires sont des anges qui ont perdu leur embon-
point. » (34) — « Le bonheur est une petite cuillère, un objet de tous
les instants. » (35) — « La paresse fait tourner les moulins. » (36) —
« Le sucre est fort et, dans les armoires, il mord le linge » (37).
A travers eux, la sagesse des nations, un peu ivre, se voit doucement
infléchir vers la folie. « C'est », nous dit Gabriel Bounoure, « qu'il
voit dans le proverbe un moyen rusé d'embrigader l'homme général
au service de ces vérités particulières qui constituent l'ordre inso-
lemment personnel du poète. » (38).

S'il y a, on le voit, chez Schéhadé, une aventure du langage — et
une fête du langage — ce n'est pas par le langage que tout arrive.
Le langage n'est jamais, comme dans les premières œuvres de
Ionesco, le sujet et le héros de la pièce. Ce n'est pas moi qui, au
nom d'un terrorisme fort à la mode, en ferai le reproche à l'auteur
de *Monsieur Bob'le*.

---

(34) *Rodogune Sinne*, p. 50.
(35) *Monsieur Bob'le*, p. 129.
(36) *La Soirée des Proverbes*, p. 186.
(37) *La Soirée des Proverbes*, p. 186.
(38) *Cahiers J.-L. Barrault*, 4ᵉ Cahier, p. 27.

DISCUSSION

sur la communication de Pierre ROBIN

Interventions de : H. Béhar. — M. Décaudin. — P. Robin. — J. Petit. — P. Voltz.

Henri Béhar :

Je voudrais tout d'abord vous exprimer ma reconnaissance Monsieur, et dire combien le ton que vous avez adopté est parfaitement conforme à ce que l'on ressent à la lecture ou à la représentation d'une œuvre de Schéhadé. Toutefois, j'aimerais ajouter une simple nuance à votre belle communication. Lorsque vous avez parlé de songe ou de rêve, il faudrait dire combien ce concept est, dans l'œuvre de Schéhadé, très différent du sens que nous lui avons accordé jusqu'à présent.

L'œuvre dramatique de Schéhadé est la représentation d'une rêverie au sens de rêve éveillé ; vision paradisiaque de l'Univers, opposée en quelque sorte au rêve provenant d'une vision nocturne, émanation de nos angoisses. Il y aurait là un type nouveau d'insolite, étrange mais proche de nous, représentant nos aspirations collectives.

Pierre Robin :

Oui, je suis tout à fait d'accord avec la distinction que vous faites entre rêve et rêve éveillé. Cet aspect de rêve éveillé est en effet très important dans l'œuvre dramatique de Schéhadé. Et, si je me suis borné à l'indiquer, c'est seulement faute de temps.

Il est, par ailleurs, évident que le théâtre de Schéhadé nous propose tout autre chose, en dépit de ce qu'a pu écrire Breton, qu'un modèle d'insolite surréaliste. Et je crois que nous sommes d'accord sur ce point.

Michel Décaudin.

Je suis très reconnaissant à M. Robin non seulement du ton sur lequel il a parlé de Schéhadé, mais de la rigueur avec laquelle il a posé les problèmes. Il a en effet abordé de front le problème de l'insolite et de l'onirisme dans une œuvre déterminée, en les distinguant de toutes leurs formes marginales ou approchantes (ce que, avouons-le, nous n'avons pas toujours fait depuis deux jours). Nous avons ainsi avancé à la fois dans la connaissance de Schéhadé et dans l'investigation de l'insolite sur le plan conceptuel. Je retiens particulièrement la mise en évidence d'un insolite et d'une forme de rêve qui ne sont pas source d'angoisse et de tragique, mais expression d'une plénitude, d'un monde imaginaire, expression poétique, tout simplement. L'expérience de Schéhadé et celle de Louis Foucher dont je parlais hier convergent dans une modulation originale que nos travaux se devaient de ne pas ignorer.

Jacques Petit.

Je voudrais revenir sur une formule : vous avez parlé de théâtre de la dérision ou de dérision du théâtre. J'avoue n'avoir pas très bien compris : à partir du moment où il y a une pièce, comment peut-elle être une dérision du théâtre ? Qu'entendez-vous par là ?

Pierre Robin.

Je voulais dire que, pour qu'il y ait théâtre, il fallait un minimum de cohérence. Il a toujours existé chez Ionesco ; il ne me semble pas exister dans les pièces dadaïstes : il arrive même qu'un texte, tout d'abord continu, soit distribué, au gré du hasard, entre les personnages.

Jacques Petit.

Il s'agit de savoir si la pièce peut ou non être jouée ; si oui, elle n'est pas, dans ce sens, une dérision du théâtre.

Pierre Robin.

Je crois que nous pourrions poser la question à Henri Béhar. Est-ce que, selon vous, les pièces publiées dans « Littérature » sont jouables ?

Henri Béhar.

En tout cas elles ont été jouées à plusieurs reprises. C'est le problème qu'on a posé hier : il faut pouvoir rendre compte d'un spectacle et pas seulement d'un texte. Ce texte est-il ou non dramatique ? La première réponse serait dans le fait qu'il y a eu représentation, et nous pourrions dire : toute représentation d'une œuvre par des comédiens en présence d'un public est du théâtre. Mais est-ce bien vrai ? Le Laboratoire « Art et Action » a joué autrefois les *Essais* de Montaigne, ainsi que *Le Bateau ivre* de Rimbaud ; auparavant, Paul Fort avait donné *Le Cantique des Cantiques* de Salomon en répandant des parfums divers dans la salle. Peut-on encore parler de théâtre dans ce cas ? De même avec les deux *Aventures célestes de M. Antipyrine* de Tzara ? Sur ce point, il faudrait se reporter à l'analyse de Michel Corvin dans le n° 3, 1971, de *la Revue d'Histoire du Théâtre*. Ce dernier, utilisant une méthode inspirée de *la Dramaturgie classique* de Jacques Schérer, montre que les deux pièces de Tzara, en apparence incohérentes, ont une structure interne et une structure externe très cohérentes. C'est quand ces deux types de structure dramaturgique apparaissent nettement qu'on peut conclure que l'œuvre étudiée est bien du théâtre.

Pierre Voltz.

Sur l'intérêt qu'il y a à étudier les structures dramaturgiques, nous sommes d'accord. Mais je ne crois pas qu'elles suffisent à définir les règles du « jouable », car le jouable ne se déduit pas d'une notion abstraite de spectateur qui accepte ou n'accepte pas. Le théâtre est jouable à partir du moment où il se joue, je veux dire que la manière dont le public le reçoit ne dépend pas d'une définition théorique, comme s'il existait une catégorie universelle du « théâtral », du « dramatique », du « jouable », que pour ma part je ne reconnais pas, mais des *a priori* du spectateur lui-même, c'est-à-dire de l'image qu'il se fait de la notion de théâtre. Cette image est déterminée par sa culture, sa pratique antérieure, et se remodèle à chaque expérience nouvelle : il va donc au théâtre avec une certaine attente, et c'est en fonction de cette attente qu'il reçoit ou refuse ce qui lui est proposé. Les *a priori* du spectateur (variable historique) sont donc déterminants dans la définition du jouable.

Il n'y a donc pas de définition abstraite et absolue du théâtre, on pourrait plus utilement essayer de mesurer les occurrences possibles, selon les époques, les temps, et les publics. La chose ne fonctionne pas de la même façon pour le public parisien rodé à un certain style de province et pour nos publics d'étudiants qui ignorent ce style et en pratiquent un autre entre eux : cela a l'air d'une évidence mais pourquoi rejette-t-on toujours ces phénomènes en marge au lieu de les étudier de front ?

Pierre Robin.

Je pense qu'il est tout de même intéressant de se reporter aux intentions de Breton. Or, étant donné son état d'esprit à l'époque, je ne pense pas qu'en écrivant une pièce comme *Vous m'oublierez*, Breton ait voulu fonder un théâtre nouveau ; ce qu'il voulait, c'était tourner en dérision le théâtre, et rien de plus.

Pierre Voltz.

Ce n'est pas tout à fait le même problème. Où est le public du temps de Breton ? Il a disparu ou s'est dispersé, et je tiens à dire que les gens d'aujourd'hui qui voudraient faire du théâtre à partir des textes de Breton auraient besoin de poser le problème du jouable non en fonction de Breton mais en fonction de leur temps. Les textes de théâtre n'appartiennent pas à leurs seuls auteurs. Ils appartiennent à ceux qui s'en servent pour jouer et pour avoir un certain type d'échange théâtral. Par conséquent, les lois du théâtre ne se dégagent que de cet échange concret qu'est l'activité théâtrale de l'ensemble du groupe qui y participe, et donc fondamentalement du public.

Henri Béhar.

En t'écoutant, il me vient une précision. Il est vrai qu'il y a eu un théâtre universitaire, un théâtre poétique, etc., qui ont donné lieu le plus souvent, à des représentations uniques. A ce titre, il est de notre devoir de les étudier, en tant que spectacles, comme un feu d'artifice est un spectacle régi par ses lois propres. Mais pour parler de théâtre, je souscrirais volontiers aux conventions syndicales qui exigent un minimum de trente représentations, faute de quoi on en viendrait à croire que toute énonciation sur une scène serait du théâtre...

LES FORMES DE L'INSOLITE
DANS LE THEATRE DE SAMUEL BECKETT

par

Jean ONIMUS

On prendra dans cette étude le concept d'insolite dans son sens courant, sans prétendre le distinguer des champs sémantiques que dénoteraient, chacun de leur côté, le bizarre, l'étrange ou le fantastique : il s'agit dans tous les cas d'une expérience existentielle, celle d'une rupture ; passage de l'habituel à l'inhabituel, dénotant une différence qualitative dans la vision du monde et dans la façon de prendre conscience des êtres et des choses. Dans le cas de Beckett, l'insolite sert à rendre perceptible le *vide* qui environne ou sous-tend l'existence consciente. Il permet, en second lieu, de concrétiser ce qu'on pourrait appeler (en reprenant une expression de Georges Bataille) « l'expérience de l'*extrême* », celle-ci étant très intimement liée (comme un moyen à une fin) à l'expérience du vide. Enfin, conséquence de ces deux approches, l'insolite permet de manifester de façon dramatique l'*incohérence* de la condition humaine.

I. *L'insolite du vide.*

C'est un insolite tout négatif, qui s'explique par les origines et les intentions d'une création théâtrale très particulière et parfaitement originale. Beckett n'est pas arrivé au théâtre par vocation : ce fut d'abord un humoriste et jusqu'en 1952 il ne s'était manifesté que comme poète et conteur. Seulement le projet qui animait sa création était, dès le départ, fort étrange : il s'agissait pour lui d'exprimer l'inexprimable. Après Joyce, et dans le sillage de Joyce, il a tenté de faire passer dans l'écriture l'expérience de l'existence à l'état « brut », dans son indicible et inanalysable massivité. Beckett a maintes fois déclaré cette intention ; par exemple, à Georges Duthuit, en 1949, lorsqu'à propos de peintres comme Tal Coat, Masson, Bram van Velde il a indiqué que sa vocation personnelle était d'essayer de dire ce qu'il est « impossible de dire ». On surprend ainsi d'emblée au sein de sa création comme un germe de mort : considérée dans son ensemble, on se demande si l'œuvre de Beckett n'est pas une manière de suicide littéraire. « A la fin de mon œuvre, déclarait-il à un journaliste, il n'y a rien que poussière... Pas de Je, pas de Avoir, pas de Etre, pas de nominatif, pas d'accusatif, pas de verbe. Il n'y a pas moyen de continuer. » (1). Cette négativité est la conséquence qu'un parti pris de profondeur : Beckett veut à tout prix pénétrer au niveau de « l'essentiel ». Dans son essai sur Proust, il écrivait dès 1931 : « La seule recherche fertile est de type excavatoire, une immersion, une descente. L'artiste est actif mais négativement, s'éloignant de la nullité des philosophies superficielles. » On voit ainsi Beckett, au cours de sa création, abandonner successivement les moyens d'expression traditionnels. Il évacue le réalisme, la description des décors naturels, les personnages, et même l'action, toute l'encombrante réalité qui masque l'essentiel. Il se débarrasse des fictions, des « histoires » qui ne sont que métaphores et divertissements ; on le voit s'orienter vers le rien... vers le silence. Il y a là bien plus qu'une difficulté d'écriture : il y a une impossibilité radicale à exprimer ce qu'on cherche à dire. Les romans qui étaient au début (*Murphy*, *Watt*) si pittoresques et vivants se réduisent de plus en plus à un soliloque hors des temps et des lieux, pour aboutir avec les dernières pages de *Comment c'est*, par delà la plainte, au cri pour ainsi dire inarticulé. C'est l'impasse. Et c'est là sans doute ce qui a déterminé Beckett à se faire dramaturge : « Je ne sais plus quoi faire avec les personnages, confie-t-il à Roger Blin peu de temps après avoir écrit *l'Innommable*. Je n'ai plus la possibilité d'écrire des romans. J'ai encore quelque chose à dire au théâtre. » (2). L'œuvre dramatique est donc née du besoin de dépasser les possibilités offertes par l'écriture romanesque. Quelles ressources supplémentaires lui apportait le théâtre ? D'abord la présence vivante des acteurs qui, au-delà du discours, peuvent suggérer l'inexprimable par le ton de la voix, les silences, les gestes, le costume et la démarche. Le théâtre en effet permet de commenter, parfois de démentir, ce qui est dit, de rendre perceptible derrière les apparences un autre discours tout intérieur (3) et peut-être indicible, que la simple lecture ne peut laisser entendre. A la fin de *Godot* par exemple, quand Estragon et Vladimir disent : « Allons-nous-en » et qu'ils ne bougent pas, on n'est pas seulement en présence d'un gag de cirque bien connu : une information d'un tout autre ordre est livrée au spectateur : il s'agit encore une fois de la non-communication, de la distance entre la pensée et l'action, infirmité qui est un leit-motiv de l'absurdisme beckettien. L'insolite se glisse ainsi à chaque instant dans le commentaire gestuel des acteurs ; il se glisse dans leurs silences prolongés, à la fois comiques et pénibles. Le théâtre rend sensible ce qui, dans la page imprimée, ne peut se traduire que par des blancs, par l'absence de ponctuation, etc. Il

---

(1) *New York Times*, 6 mai 1956.
(2) Mélèse, *Beckett*, p. 148, Seghers.
(3) Cf. la préface de *Martine* de J.-J. Bernard.

compense en quelque sorte l'impuissance du langage à figurer les ruptures par lesquelles se laisse appréhender l'incommunicable.

Le théâtre a donc été chez Beckett un moment de sa « régression » vers l'inexprimable. Ce qui s'y passe et s'y dit est sans cesse menacé par l'immobilité et par le silence ; l'action, le nombre des personnages sont en constante réduction ; la parole même dans les mimodrames s'efface. Il ne reste bientôt plus, comme dans le tableau qui ouvre la revue *O Calcutta* qu'un décor (un tas d'immondices, des cadavres dans la pénombre) et en guise de parole un long soupir. A la limite, Beckett semble enfin renoncer au théâtre et en vient à la description méticuleuse de supplices (*Imagination morte...* et *Le Dépeupleur*). Ce principe de réduction, et pour ainsi dire de litote, est bien défini par le mot anglais *lessness : moins,* toujours moins... L'essentiel est dans ce geste de rejet, dans le trajet vers le vide, dans le mouvement de destruction des fictions ou métaphores qui, après avoir un instant servi à suggérer l'ineffable, l'offusquent.

La qualité propre de l'insolite beckettien résulte de ces contraintes. Observons d'abord qu'il n'est presque jamais *ajouté,* je veux dire qu'il ne fait pas intrusion dans quelque ordre naturel pour le bouleverser : il résulte de l'expérience même de l'existence normale pour peu qu'on la dépouille des circonstances rassurantes qui l'environnent. Il est dans la nudité du décor, dans l'absence de logique ou dans la gratuité des événements, dans l'absence de mouvement et d'action, dans le cynisme avec lequel gestes, paroles ou symboles dénudent la vie ; insolite sans visage, qui fuit l'analyse mais s'insinue partout ; insolite par absence, par suppression des repères. L'étrange est dans le *rien*. Ainsi, dans *Fin de Partie,* les seuls événements notables sont la découverte d'une puce et d'un rat crevé. Il n'y a rien à voir, rien à faire, sinon à recommencer sans fin le cycle d'un quotidien dérisoire. Manquent les ingrédients qui rendent l'existence intelligible ; mais l'étrangeté qui en résulte est pour ainsi dire naturelle, connaturelle à la vie. Il ne s'agit nullement de cette peur que suscite l'irruption de l'insolite dans le normal, mais d'une angoisse vague, d'une montée massive de questions informulables qui écrasent, abasourdissent les spectateurs et mettent certains d'entre eux dans un état de malaise presque insupportable.

Où maintenant ?
Quand maintenant ?
Qui maintenant ?

Ces questions liminaires de *l'Innommable* définissent assez bien l'atmosphère oppressante de ce théâtre. Dès lors toute chose — les gestes les plus anodins, grignoter une carotte, enlever ses souliers et, dans le cas de Winnie, faire sa toilette — tout semble chargé de mystère. A la perception structurée par l'habitude se substitue une perception « sauvage », ouverte à des significations inédites, poétiques, plus ou moins refoulées ou depuis longtemps oubliées.

> « Rien ne se produit. Personne ne vient. Personne ne s'en va. C'est terrible. »

Ces mots d'Estragon, auxquels répond la première parole de Vladimir au début de la pièce : « Il n'y a rien à faire », nous donnent une des clés de l'insolite beckettien.

II. L'insolite de l'extrême.

L'« Extrême » : j'emprunte cette métaphore à Georges Bataille qui, dans l'*Expérience intérieure* (4), désigne ainsi l'entreprise de la conscience menée jusqu'aux limites de la lucidité. « Sans extrême, écrit-il, la vie n'est qu'une longue tricherie, suite de défaites sans combat, suivies de débandade impuissante : c'est la déchéance. » (4). En un sens, tout théâtre de qualité est insolite car tout théâtre tend à dévoiler des cas extrêmes qui ne doivent leur intérêt qu'à leur caractère exceptionnel. De ce point de vue on peut dire que les pièces de Beckett se situent au niveau de la tragédie. Mais peut-être aucun auteur ne s'est-il aventuré aussi loin que lui dans cette zone du tragique où, pour reprendre encore des expressions de Georges Bataille, « toute possibilité s'épuise, le possible se dérobe et l'impossible sévit. Etre face à l'impossible — exorbitant, indubitable — quand rien n'est plus possible, est à mes yeux faire une expérience du divin ; c'est l'analogue d'un supplice ». Telle est bien, croyons-nous, l'impasse où tient à nous enfermer le tragique de Beckett.

L'insolite de l'« extrême » s'exprime chez lui par le caractère symbolique des sujets et des décors.

Les *sujets* sont en général de deux types : ce sont des drames de la conscience et des drames de l'agonie (l'agonie étant un moyen d'exalter la conscience et l'exaltation de la conscience menant, réciproquement, à son propre anéantissement, à son agonie). Le problème dramaturgique pour Beckett est donc de mettre en scène, en représentation, le regard intérieur : c'est dans cette direction que se cache pour lui l'essentiel, comme il le déclarait déjà en 1931 dans son essai sur *Proust :* « Le seul monde qui ait réalité et sens est celui de notre propre conscience latente... »

Dans *Film* (présenté en 1965 au Festival de Venise) c'est précisément le regard qui symbolise l'emprisonnement d'une conscience

---

(4) *L'expérience intérieure*, p. 58, Gallimard, 1953.

dans son propre reflet. Œuvre « à la fois (je cite Beckett lui-même) comique et irréelle », où le personnage tente en vain d'échapper à sa propre présence reflétée dans les regards d'autrui, dans les images, dans les miroirs. Cette œuvre est tout à fait caractéristique de l'insolite beckettien, parfaite métaphore du malheur de la conscience à la fois guettée du dehors et dévorée du dedans.

Autre métaphore de la conscience : la bande magnétique de Krapp, véritable contraction théâtrale de l'angoisse proustienne, de l'aliénation à soi qu'imposent le temps et le vieillissement. Afin de représenter une conscience divisée, visitée, obsédée, hantée par ses voix intérieures, Beckett a écrit une série de « monodrames » : on a souvent noté, par exemple, que Vladimir et Estragon sont deux aspects d'une seule conscience, l'un incarnant un peu le *surmoi*, l'autre le *çà*. De même, *Fin de Partie* semble se jouer à l'intérieur d'un crâne ; les deux hublots en seraient les orbites ; Hamm y représenterait l'instinct, Clov l'intelligence révoltée (tout comme Moran n'est qu'un Molloy en formation). Il ne nous importe pas ici de discuter de telles interprétations : le seul fait qu'elles existent montre à quel point les critiques ont ressenti le drame beckettien comme pénétration à l'intérieur de la conscience, mise en représentation de son fonctionnement intime.

C'est le même genre d'insolite que l'on perçoit dans certaines pièces radiophoniques. Etant donné que n'y subsistent que les voix et les bruits, l'incertitude règne sur la présence réelle de certains personnages. Le but paraît être d'exprimer des flux de conscience plus ou moins complexes. Prenons par exemple *Cendres* : c'est le monologue à plusieurs voix d'un grand solitaire, Henry, obsédé par ses remords. Il y a d'abord le souvenir de son père qui, par sa faute, s'est noyé en mer, mêlé à un bruit de vagues dont l'effet lancinant varie selon les faits évoqués. Ensuite le souvenir de sa femme dont on entend la voix lointaine comme d'un fantôme. Imbriquée dans ce dialogue se glisse une autre évocation, celle d'Addie, sa fille, et de ses insupportables leçons de musique et d'équitation. A cela s'ajoute le leit-motiv d'un galop de cheval, symbole de l'obsession et de la rage qu'elle suscite. Le bruit de sabots vient labourer la conscience d'Henry ; il le suscite exprès pour le plaisir d'en souffrir : « Des bruits durs, il me faut des bruits durs, secs... un mammouth de dix tonnes revenu d'entre les morts, le ferrer avec de l'acier ; qu'il mette le monde en miettes. » Enfin, dominant le tout, un conte délirant qu'Henry invente au fur et à mesure et qui lui procure le même mélange de satisfaction et d'horreur que le bruit du galop : histoire d'un médecin, Holloway, répondant en pleine nuit, par un froid intense, à l'appel désespéré de son ami Bolton et se révélant en fin de compte incapable de porter remède et même de comprendre une détresse qui dépasse les possibilités de la médecine... Toute l'épaisseur, les stratifications d'une conscience malheureuse, dévorée de culpabilité, nous sont ainsi révélées : c'est bien l'insolite de l'extrême appliqué à pénétrer dans les arcanes du monde intérieur.

On pourrait donner une analyse analogue de *Cascando* et de *Paroles et Musique*. On y retrouve le même effort pour dramatiser la division intérieure. *Dis Joë*, pièce télévisée, offre d'autres possibilités mais c'est toujours le même thème : Joë est assis, immobile, et son visage réagit à peine ; il reste silencieux ; la voix que l'on entend n'est pas la sienne mais celle de sa femme, invisible. Cette voix sans personne retentit en lui et le déchire ; c'est une voix féminine insupportable, qui prend plaisir à torturer le malheureux en évoquant avec complaisance d'affreux souvenirs. Elle n'est évidemment pas ailleurs qu'en lui-même, intarissable comme une obsession.

Tels sont quelques-uns des procédés qui permettent à Beckett d'exprimer la subjectivité à un niveau extrême — plus qu'insolite, presque délirant — de la conscience de soi.

Le spectacle de l'*agonie* est un autre moyen d'exprimer l'extrême : Vladimir Jankélévitch a montré de quel poids existentiel pèse le « dernier moment ». On ne s'étonne pas que Beckett s'y complaise : il permet de surplomber et de contracter le destin. De cela, *Comédie* est un bon exemple. La pièce se déroule après la mort des personnages : pour le mari, la femme et la maîtresse tout est fini, scellé dans l'irréfragable. Ce « Feydeau d'outre-tombe » selon l'expression de Gilles Sandier (5), est une histoire banale rendue insolite par cet éclairage funèbre. Mais la plupart des pièces de Beckett se situent dans cette atmosphère de limbes. C'est le moment de *Fin de Partie*, de *Oh ! les beaux jours*, de *Godot* ; peut-être est-ce dans l'aventure de Maunu (*Cascando*) qu'est exprimé de la façon la plus saisissante le cauchemar d'une existence qui n'en finit pas de finir. Les personnages sont bloqués dans une situation d'où tout espoir, tout projet sont exclus : « Tout l'univers pue le cadavre » dit Clov dans *Fin de Partie*. La mer, dans cette pièce, s'est figée en un lac de plomb grisâtre ; rien ne saurait survivre dans ce monde irrespirable à part une puce (*Fin de Partie*), une fourmi (*Oh ! les beaux jours*), une feuille sur un arbre apparemment mort (*Godot*).

L'insolite de l'extrême s'exprime aussi dans les *décors*. Bien entendu, comme il arrive toujours quand il s'agit de symboles, leur interprétation demeure ouverte et heureusement ambiguë ; mais leur effet est massif et puissant. Dès le lever du rideau leur étrangeté est saisissante. Dans *Comédie*, par exemple, trois têtes marquées

(5) *Arts*, 17 juin 1964.

de boue, alternativement éclairées, émergent de trois jarres qui
sont des urnes funéraires. Les corps ont disparu, les visages sont
intensément immobiles et ne se regardent jamais. On n'oublie pas
le désert « d'infernale lumière » où le corps de Winnie s'enfonce
d'acte en acte, symbole saisissant de l'ensablement progressif dans
la vieillesse, l'impuissance et la mort. Supplices infernaux, inspirés
par l'un des maîtres de Beckett, Dante. Dans *la Divine Comédie*,
les violents se consument sous une pluie de feu, les hérétiques sont
enfoncés jusqu'au ventre dans des tombeaux brûlants, les traîtres
jusqu'au cou dans les eaux noires du Cocyte. Hamm apparaît d'abord
recouvert d'une bâche comme un cadavre ; les personnages qui
attendent Godot sont isolés sur un plateau cerné de précipices où
ne subsiste qu'un arbre foudroyé. Le spectateur est ainsi choqué
par l'insolite dès que la scène se découvre et l'impression ainsi
créée imprègne ensuite toute l'action. Il est rare, avons-nous dit,
que le fantastique vienne s'ajouter à ces données initiales ; il y en
a cependant quelques exemples, tel ce parasol de Winnie qui s'en-
flamme subitement, supprimant ainsi toute trace d'ombre, pour
reparaître ultérieurement car, selon l'expression de Winnie, « tout
revient toujours ». Ou bien encore cette mystérieuse carafe qui
échappe sans cesse au misérable altéré du second *Acte sans Paroles*.
Il faudrait aussi parler de l'éclairage, tantôt violent et cruel (*Oh ! les
Beaux Jours*, *Acte sans Paroles*), tantôt grisâtre (*Fin de Partie*), ou
bien passant de l'atroce lumière à l'opacité nocturne. En vérité,
c'est le décor qui « parle » le plus et crée l'atmosphère. Dans ses
dernières créations, Beckett en arrive à ne plus se soucier que du
décor et c'est un décor qu'il décrit méticuleusement (l'asphyxiante
coupole de *Imagination morte*, le cylindre clos du *Dépeupleur*). Ces
décors, si surprenants soient-ils, trouvent en nous d'étranges résonances, comme s'ils répondaient à des archétypes sommeillant dans
notre inconscient et qui n'attendaient qu'eux pour se réveiller :
à la fois familiers et fantastiques, ils appartiennent bien à ce que
nous appelons l'insolite qui n'est jamais un fantastique gratuit,
totalement irrationnel : si le frémissement qui accompagne l'expérience de l'insolite nous saisit à un niveau si profond c'est sans
doute parce qu'il suscite une sorte de reconnaissance : souvenir de
fantasmes pour ainsi dire innés, répondant à une certaine réalité
onirique, à un ordre, à une logique de l'imaginaire. Et c'est pourquoi les cauchemars de Beckett ont une emprise égale sur tous les
hommes et dans tous les pays.

III. — *L'insolite de l'incohérence.*

A force de dépouiller l'existence de tout ce qui normalement la
protège, Beckett en révèle l'aspect grotesque, dérisoire et fondamentalement incohérent. On s'aperçoit des disparates et des distances
qui séparent la pensée du réel, la conscience de la nature, le lan-

gage des intentions de parole non moins que des situations. Tel par exemple le parti pris d'optimisme et de sérénité de Winnie malgré l'atroce condition dans laquelle elle se trouve ; ou bien encore chez Nell l'évocation pathétique des souvenirs de jeunesse, des promenades sur le Lac de Garde, alors qu'elle agonise dans une poubelle. Autre exemple : la discussion théologique qui se déroule entre les deux clochards qui attendent Godot. De telles incohérences ne sont étranges qu'en surface : en fait, elles permettent de dévoiler une cohérence plus profonde. La gaieté plus ou moins feinte de Winnie est affreuse mais elle dénonce la croûte d'habitudes et d'espoirs, les stéréotypes qui lui servent à masquer son épouvante. Les histoires que se racontent Winnie, Henry, Hamm (ce qu'il appelle son roman), ces histoires apparemment gratuites, sont intimement liées à leur situation. Ainsi l'incohérence fait ressortir l'étrangeté globale de la vie : un échange s'établit entre l'imaginaire et le réel, l'imaginaire pénétrant le réel pour en faire exploser les structures. C'est ainsi que, chez Winnie, le cri voisine avec les propos les plus rassurants et les gestes les plus quotidiens. Par la fissure qu'ouvre l'incohérence du discours ou plutôt la superposition de deux discours, l'un banal, l'autre à peine dicible, le tragique fait surface.

L'incohérence est soulignée à chaque instant par les disparates du jeu. Je veux parler de ces gags de cirque qui se mêlent à la tragédie. La violence même du comique est expressive d'une angoisse comme il arrive dans les films de Charlie Chaplin, et le rire qui en résulte n'est pas un rire détendu : les circonstances, l'atmosphère, le retour des « cris » le figent aussitôt. Le clown, on l'a souvent dit, est un instrument d'exploration de l'absurde que son excessive gaieté démasque. Cette présence insolite du bouffon en plein sérieux, Beckett en a trouvé le modèle dans Shakespeare et tout particulièrement dans *King Lear* dont les échos, très nombreux dans son œuvre, surtout dans *Godot*, ont été maintes fois relevés. Le bouffon y joue le même rôle de témoin de l'absurde. Estragon, Vladimir, Pozzo, Lucky tombant pêle-mêle les uns sur les autres, Krapp glissant sur une peau de banane, Willie rampant grotesquement vers Winnie, Hamm dans sa chaise à roulettes, etc., déclenchent un rire trouble qui mériterait d'être analysé de près et dont le moins qu'on puisse dire est qu'il n'est ni franc ni joyeux.

L'incohérence se manifeste tout particulièrement dans les propos. Une étude attentive des dialogues et des monologues s'imposerait ici, car c'est l'aspect quantitativement le plus important de l'insolite beckettien. Les dialogues sont formés de bribes hétéroclites de conversation qui s'effilochent dans le silence ; des éléments de discours se succèdent dans une durée discontinue, comme si les personnages ne parvenaient pas à suivre leur pensée. Ils changent brusquement de sujet et de ton, se livrant ainsi à leurs obsessions ou hantises. Tel est le dialogue inorganique de Hamm et Clov ; ou bien le brusque passage chez Vladimir, au thème obsédant des deux larrons. Dialogue plein de « trous », où le locuteur s'exprime sans trop se soucier d'une réponse : Winnie se défend par sa volubilité : elle n'attend pas de Willie la moindre participation active, simplement une présence. De tels dialogues confinent au radotage : ce qui est dit est immédiatement annulé par ce qui suit et ne mène à rien, mais suscite chez le spectateur un malaise caractéristique.

Au milieu de ces propos incohérents ou « fades » éclatent brusquement des réflexions qui « coupent le souffle » et révèlent l'autre discours, celui des profondeurs :

Hamm : Va chercher la burette.
Clov : Pour quoi faire ?
Hamm : Pour graisser les roulettes.
Clov : Je les ai graissées hier.
Hamm : Hier ! Qu'est-ce que ça veut dire hier ?

Citons encore ce monologue de Vladimir, exemple frappant de ces disparates de langages et de tons :

« Demain quand je croirai me réveiller, que dirai-je de cette journée ? Qu'avec Estragon, mon ami, en cet endroit, jusqu'à la tombée de la nuit j'ai attendu Godot ? Que Pozzo est passé avec son porteur et qu'il nous a parlé ? Sans doute. Mais dans tout cela qu'y aura-t-il de vrai ? Lui ne saura rien. Il parlera de coups qu'il a reçus et je lui donnerai une carotte... »

Ici Beckett impose à l'acteur un instant de silence. Et le monologue reprend en un style tout différent, déconcertant :

« A cheval sur une tombe et une naissance difficile. Du fond du trou rêveusement le fossoyeur applique les fers. L'air est plein de nos cris. »

Nouvelle rupture : après cet instant de haut style, Beckett s'empresse d'introduire un effet comique :

(*Il écoute*) « Mais l'habitude est une grande sourdine. »

Rire aussitôt coupé par une réflexion ambiguë dont l'interprétation demeure ouverte :

(*Il regarde Estragon*) « Moi aussi un autre me regarde en se disant : il dort, il ne sait pas, qu'il dorme. »

La vie ne serait donc qu'un songe : mais où se trouvent la veille, l'éveil et la lumière ? Vladimir se perd dans ses réflexions et son angoisse est alors à son comble :

(*Un temps*) « Je ne peux pas continuer. »

Enfin dernière rupture et retour au rire :

(*Un temps*) « Qu'est-ce que j'ai dit ? »

On constate sur cet exemple l'importance des silences pendant lesquels la réflexion se poursuit en direction de l'indicible. Le disparate des reprises contribue à le souligner. Dans *Comédie*, l'essentiel, au second acte, n'est pas dans ce qui est dit mais bien dans les moments noirs, minutés avec soin par Beckett, qui séparent les répliques ; l'essentiel, c'est-à-dire le désastre de ces trois vies perdues, se laisse percevoir dans les brisures qui séparent les monologues parallèles.

Aussi bien l'incohérence est-elle finalement la forme d'insolite la plus fréquente et la plus efficace, celle qui, dès les premiers propos engagés, suggère et touche le plus.

En vérité, l'insolite imprègne le théâtre de Beckett à un tel point qu'il est presque impossible d'en fixer les limites. Rien dans cet univers n'est « naturel ». Tout y est étrange : propos, gestes, décors, action, etc. On ne saurait détacher, séparer les « éléments » insolites et en examiner le fonctionnement. C'est que chez Beckett l'insolite est immédiatement présent dans le seul fait d'exister et dans la prise de conscience de l'existence.

DISCUSSION

sur la communication de Jean ONIMUS

Interventions de : J. Petit. — J. Onimus. — Mme M.-J. Durry. —
J.-N. Segrestaa. — P. Mélèse. — P. Voltz. — H. Béhar. —
J.-C. Lieber.

Jacques Petit.

Vous avez donné un exposé remarquablement construit, structuré,
qui, je crois, donnerait lieu à de nombreuses interventions, à une
discussion très serrée sur un certain nombre de points. Pour ma
part je dirai que ce matin vous avez préparé les voies à votre exposé
de cet après-midi en nous disant que, pour vous, l'insolite était
d'abord existentiel et que nous le situions beaucoup trop au niveau
des procédés. Vous nous avez présenté le théâtre de Beckett avec
une interprétation, l'insolite ne venant qu'illustrer cette interprétation. Si j'avais le temps de discuter votre point de vue, je crois
que ce serait mon objection. Votre exposé est tellement un en sa
structure qu'on a l'impression de ne savoir par où l'attaquer ; mais
il me semble que présenter les symboles et en même temps leur
interprétation, c'est enlever à ce théâtre une partie de sa signification ; un des éléments essentiels dans le théâtre de Beckett,
n'est-ce pas la multiplicité possible de significations ? Vous vous
êtes placé dans une optique qui est la vôtre, vous avez admirablement fait sentir ce qu'est l'insolite chez Beckett, mais l'insolite
vu d'une certaine manière, sous un certain angle ; sur des points
très précis, je serais tout à fait en désaccord avec cette interprétation ; peut-être parce qu'il me gêne que tout soit pris d'avance
dans une explication cohérente, et pas insolite du tout, du théâtre
de Beckett. Mais je ne veux pas reprendre ces points. En somme,
j'aurais aimé vous poser cette question : ne vaudrait-il pas mieux
essayer d'étudier l'insolite avant de dire ce qu'il signifie ? Vous
avez fait une synthèse du théâtre de Beckett, passionnante mais
qui ne laissait guère place à l'analyse de l'insolite.

Jean Onimus.

Je suis tout à fait d'accord avec vous sur le danger qu'il y aurait
à prétendre interpréter les symboles ; je l'ai dit : ces symboles sont

ambigus et tout à fait ouverts. Je donne l'exemple de l'arbre apparemment mort qui reverdit à l'acte II. Eh bien, le nombre de significations implicites est considérable et c'est justement ce caractère implicite qui fait que le symbole est fascinant. Si ce n'était
qu'un symbole intellectuel, cela n'aurait sans doute pas autant
d'intérêt.

Mme M.-J. Durry.

Selon vous, à ce que je viens d'apprendre, son théâtre ne veut
rien dire ?

Jean Onimus.

Je crois, chère Madame, en effet, que ce théâtre ne veut rien dire
si vous prenez « dire » au sens d'une parole nettement cernée,
logique et conceptuelle. C'est un théâtre poétique et nous savons
tous que la poésie ne peut pas se dire, elle se chante. Ça se situe
à un tout autre niveau. Par conséquent si vous prenez « dire » dans
ce sens étroit, en effet ce n'est pas un théâtre à thèse et on ne peut
pas en dégager une leçon conceptuelle, une idéologie.

Jean-Noël Segrestaa.

Je voudrais tout d'abord appuyer ce que vient de dire M. Onimus,
que j'approuve tout à fait. Et je voudrais aussi ajouter un mot à
propos, disons, du tragique de Beckett. Vous avez parlé du jeu
des chapeaux ; je pense que le jeu des chapeaux est simplement
un jeu de clowns, et je me réfère à ce que j'ai entendu dire un
jour au grand metteur en scène Roger Blin : lorsqu'il s'est agi de
mettre en scène *En attendant Godot*, Beckett lui a proposé d'inclure
le jeu non pas dans le classique plateau, mais dans le cercle du
cirque et de faire évoluer les personnages comme sur une piste
de cirque. C'est ce qui me permet de rejoindre ce que vous avez
dit tout à l'heure du premier *Acte sans Paroles*.

Pierre Mélèse.

Je voudrais dire d'abord que, comme Jacques Petit, j'ai été
très frappé par la cohérence du Beckett que vous nous avez présenté.
Et pourtant il y a eu quelque chose qui me gênait ; je ne savais
pas exactement quoi, mais je me sentais en désaccord avec vous,
et il y a un moment où vraiment j'ai eu l'impression que je décro-
chais, que je ne suivais plus et que ma façon personnelle de recevoir Beckett était tout de même très différente. C'est quand vous
avez, au début de votre troisième partie, insisté sur les disparates
des jeux qui, si je vous ai bien compris, sont un procédé par lequel

Beckett fait ressortir une incohérence fragile, fondamentale du monde, et vous définissez le comique beckettien comme quelque chose qui finalement est encore plus fragile. Or, il me semble que tout de même ce comique, en tout cas dans les premières pièces, peut-être un peu moins dans les dernières qui sont plus sombres, comporte incontestablement une valeur libératoire. Par exemple le jeu de la cruche qui monte, descend, et qui échappe toujours au malheureux quand il veut la saisir, et que vous définissez comme un symbole de l'absence du salut, est au fond un principe, je dirai classique, de jeu de cirque qui appartient au genre comique par excellence et qui provoque le rire de la salle.

Jean Onimus.

J'entends bien que ce sont des procédés comiques mais ce n'est pas un rire détendu car ces procédés comiques ont immédiatement après le rire, après l'effet de rire, un retentissement tragique ; l'histoire de la carafe par exemple, est tout à fait significative. N'est-ce pas un symbole du refus de la Grâce ? Cette histoire de carafe fait rire sur le moment et ensuite provoque une très profonde angoisse. Je tiens beaucoup à cette idée d'un rire qui se fige : il se déclenche d'abord mais il se fige aussitôt.

La carafe dans ce désert est le symbole de tout ce qui manque, de tout ce qu'on désire. C'est le symbole si vous voulez de la frustration fondamentale dont souffre la condition humaine. Alors cette découverte, ce jeu de cirque qui représente une frustration est à la fois comique et terrifiant.

Pierre Voltz.

C'est parfaitement inhabituel comme réaction. Quels sont les fondements méthodologiques de ce genre de réactions ? Quelqu'un qui n'a aucune notion de la Grâce ne peut pas recevoir Beckett comme vous.

Jean Onimus.

Je suis désolé d'avoir prononcé le mot Grâce...

Pierre Voltz.

Pour le mot de frustration, c'est la même chose. Ce n'est pas le vocabulaire de la grâce qui me paraît gênant dans cette affaire, c'est de vouloir donner une interprétation alors que l'explication de méthode qui nous permet de dire qu'il y a cette explication nous échappe.

Jean-Noël Segrestaa.

Pour revenir à *Acte sans Paroles*, auquel je faisais allusion tout à l'heure, il y a évidemment deux façons possibles de réagir : Il peut s'agir d'un tortionnaire céleste qui refuse la Grâce, et ce petit acte devient tout à fait tragique ; mais ce peut être aussi du théâtre. Il y a des ficelles de théâtre, un arbre de théâtre, et ce tortionnaire métaphysique peut aussi n'être qu'un machiniste malicieux qui refuse toujours au personnage ce qu'il cherche, et alors la pièce devient purement comique...

Jean Onimus.

Oui, mais attention ! Refuser tout le temps aux personnages ce qu'ils cherchent, c'est justement cela qui est important. C'est cela qu'on essaie de développer. Voilà l'information qui nous est transmise. C'est qu'on nous enlève sans cesse ce que nous cherchons.

Henri Béhar.

C'est très net, vous avez parlé de tortionnaire *céleste*. Je m'étonne alors que M. Mélèse se trouve d'accord avec vous, car il nous a donné l'ouvrage le plus succinct mais le meilleur sur Beckett, puisqu'il s'abstenait de toute interprétation symbolique... C'était une parenthèse... Vous avez, Monsieur Onimus, repris en gros l'interprétation de Ross Chambers dans les *Studi Francesi* à propos de *Fin de Partie* qui serait un drame se jouant à l'intérieur du cerveau. Mais dans ces conditions, que représentent les poubelles dans ce cerveau ? En dépassant la boutade, je me demande si dans votre interprétation symbolique vous n'êtes pas tombé, comme nous le faisons tous plus ou moins volontairement, dans le piège que nous tend Beckett, et là je ne peux que répéter M. Petit, parce que j'étais d'accord avec lui. Beckett élabore un certain nombre de données d'une manière telle que nous pouvons construire à partir d'elles notre sonate ou notre symphonie. Vous avez élaboré votre propre partition. Je ne vous connaissais pas avant ce jour, sinon à travers vos livres, mais grâce à Beckett, vous vous êtes révélé entièrement. Voilà où est le piège ; c'est que : qui parle de Beckett s'expose et se raconte. Vous nous avez dit : « on parle pour appréhender quelque chose » ; c'est là votre opinion, non pas celle de Beckett ou de ses personnages. Hamm s'écrie dans *Fin de Partie* : « Puis parler vite, des mots, comme l'enfant solitaire qui se met en plusieurs, deux, trois, pour être ensemble, et parler ensemble, dans la nuit. » (pp. 92-93). On ne parle pas pour se connaître ou pour comprendre l'univers mais simplement pour vaincre le noir et la solitude, pour se donner une illusion. Finalement Beckett compose des pièces comme nous nous racontons des histoires, parce que notre véritable problème est l'angoisse de la solitude. Alors, aujourd'hui vous nous avez donné une belle sonate pour vaincre votre peur, peut-être ?

Jean Onimus.

Vous avez parfaitement raison lorsque vous dites que Beckett nous propose des structures symboliques d'accueil, et il est évident que chacun plus ou moins se projette forcément dans ces structures. Mais ce qui est important, c'est de montrer que ces structures correspondent à des exigences fondamentales, tellement fondamentales que tous les peuples de la terre ont pu s'y projeter. *Godot* a été joué dans le monde entier. Pourquoi ? Parce que les mythes que nous propose Beckett, les structures que nous propose Beckett sont tellement essentiels, humainement si fondamentaux que tous les peuples de la terre peuvent s'y reconnaître. Aucun théâtre ne peut être considéré à cet égard comme plus universel, parce qu'il se se situe à un niveau parfaitement fondamental et je suis pleinement d'accord avec vous pour dire que toute interprétation qui serait une exégèse intellectualisante et unique des idées, des symboles beckettiens serait à rejeter et personnellement je me méfie beaucoup de certains articles qui ont paru aux Etats-Unis sur des interprétations minutieuses de telle ou telle pièce beckettienne — par exemple *Fin de Partie* — interprétations d'une logique qui finit par devenir totalement démentielle et qui nous éloigne certainement des intentions de l'auteur.

Jean-Claude Lieber.

M. Onimus, vous avez parlé de *La Manivelle* en attribuant la pièce à Beckett, je voudrais quand même rappeler que c'est une pièce de Pinget, tirée d'un de ses romans (*Clope au dossier*) et dont Beckett est seulement le traducteur.

Jean Onimus.

C'est exact, vous avez parfaitement raison.

Jean-Claude Lieber.

D'autre part, étant donné ce premier point, on ne peut évidemment pas être d'accord avec l'interprétation que vous en donnez. Il s'agit dans cette pièce de deux vieillards qui évoquent des souvenirs d'enfance et vous dites que les banalités qu'ils profèrent les préservent d'un silence insupportable. En fait, ces souvenirs sont contradictoires, se détruisent l'un par l'autre et le propos de Pinget, je crois, c'est de montrer cette déconstruction du moi, de vider la notion de personne.

On se demande, à force d'amputation, jusqu'où ira Beckett. Il conserve malgré tout, et c'est ce qui fait son tragique, le support humain. Ici Pinget radicalise Beckett. Le personnage, le moi n'existe plus. La dernière pièce de Pinget, qui s'appelle paradoxalement *Identité*, montre excellemment cette disparition. On assiste à une sorte d'osmose entre les trois acteurs qui deviennent pour ainsi dire les supports grammaticaux, les personnes verbales d'un récit qui n'appartient plus à aucun d'eux, mais leur est commun. « Il n'y aurait rien d'autre apparemment que cette existence falote dans un lieu problématique n'était en dehors de la scène un *Je* persistant, inexplicable et superflu, qui tenterait de l'envahir. »

La tentative est intéressante : elle se relie aux productions romanesques contemporaines de Baudry ou de Sollers. Elle permet une échappée hors de l'univers de Beckett et offre une possibilité de renouvellement infini.

Jean Onimus.

Je vous remercie de cette intervention. Il reste que cette pièce a requis Beckett.

LA PROLIFÉRATION DANS LE THEATRE D'EUGENE IONESCO

par

Michel Lioure

Tasses à thé s'accumulant sur une table. Champignons pullulant dans un appartement. Une salle encombrée de sièges vides. Un original emprisonné sous l'amoncellement de ses meubles. Une ville où sévit une épidémie de métamorphoses. Une autre en proie à la contagion de la mort... A quoi bon poursuivre et prolonger la liste ? Il serait aisé de multiplier les exemples. De *Victimes du Devoir* à *Comment s'en Débarrasser*, des *Chaises* au *Nouveau Locataire* et de *Rhinocéros* à *Jeux de Massacre*, on ne compte plus les cas où se manifeste un phénomène incongru de surabondance et de foisonnement. Choses et gens, gestes et mots, individus et sociétés semblent soumis, au-delà de toute mesure et contre toute vraisemblance, à la loi d'une croissance incontrôlable et accélérée. Décors, personnages, intrigue et langage obéissent irrésistiblement à ce pouvoir dont Ionesco subissait l'ascendant et qui régit la scène et l'action de son théâtre : l' « obsession de la prolifération » (1).

Le spectateur pourrait se contenter de ne voir là que le divertissement d'un dramaturge épris d'insolite ou d'étrangeté, la satisfaction d'un goût du bizarre et du baroque, ou tout au plus un symbole illustrant l'absurdité d'un monde abandonné à des automatismes aberrants et destructeurs. Mais le lecteur moderne est trop attentif aux traits formels d'une œuvre et trop désireux d'en déchiffrer la signification pour ne pas être tenté de rechercher, selon l'expression de Charles Mauron, sous ces *métaphores obsédantes* un *mythe personnel*.

Il faut cependant se garder de succomber à la tentation, fréquemment éprouvée par la critique contemporaine et vigoureusement dénoncée par l'auteur, de « détruire l'œuvre » en la réduisant à la « psychologie » ou à la « sociologie » (2). Quel amateur d'Ionesco se

---

(1) *Notes et contre-notes*, collection « Idées », Gallimard, 1966, p. 310. Cf. Rosette Lamont, « The proliferation of matter in Ionesco's plays », in *Esprit créateur*, n° 2 (1962).
(2) *Journal en miettes*, Mercure de France, 1967, p. 245.

risquerait encore à encourir la condamnation fulminée contre le pédantisme et la mégalomanie du « critique omniscient » qui se croit seul qualifié pour éclairer, ordonner et interpréter la création de l'écrivain (3) ! Mais si l'on admet avec l'auteur que « le dialogue et le mouvement du théâtre sont sa façon même d'explorer le réel, de s'expliquer soi-même, de comprendre et de se comprendre » (4), n'est-il pas légitime et instructif, selon le vœu commun du dramaturge et des meilleurs parmi les critiques contemporains, de « refaire le parcours du poète » et d'entreprendre à sa suite, « une lanterne à la main », une « marche » à travers son œuvre, afin de voir « où elle nous mène et si elle nous mène quelque part » (5) ?

Si vaste et si consciencieux qu'il soit, ce travail de « description », de « vérification » et de « constat » (6) ne saurait cependant être exhaustif. Il appartient au lecteur de choisir et de définir dans l'ensemble de l'œuvre une ou des perspectives ouvrant sur l'univers de l'écrivain des points de vue révélateurs. Tel est précisément le motif de la prolifération, dont la récurrence et la richesse indiquent indubitablement qu'il s'agit là d'un de ces schémas privilégiés dont l'analyse et l'interprétation peuvent aider à établir ou à compléter, comme le souhaite Ionesco, la « radiographie » de l'œuvre ou sa « carte d'identité », de manière à mieux en percevoir l' « intention » et la « signification » (7).

La prolifération surgit au seuil de la première leçon. « Combien font un et un ? — Un et un font deux » : le mécanisme est enclenché, rien ne l'arrêtera plus. Il suffit en effet de répéter l'opération pour amorcer une série sans fin :

« Poussons plus loin : combien font deux et un ?
— Trois.
— Trois et un ?
— Quatre.
— Quatre et un ?
— Cinq.
— Cinq et un ?
— Six.
— Six et un ?
— Sept. »

---

(3) *Découvertes*, Editions Skira, 1966, pp. 8-14.
(4) *Journal en miettes*, p. 218.
(5) *Notes et contre-notes*, p. 28.
(6) *Ibid.*, p. 29.
(7) *Ibid.*, p. 32.

Si le mouvement par hasard s'enraye, à la régularité de l'addition se substitue sans interruption la monotonie de la répétition :

« Sept et un ?
— Huit.
— Sept et un ?
— Huit... *bis.*
— Très bonne réponse. Sept et un ?
— Huit *ter.*
— Parfait. Excellent. Sept et un ?
— Huit *quater.* Et parfois neuf. » (8).

Mais qu'elle entraîne une progression constante ou se fixe en un piétinement obstiné, la succession des unités ne connaît pas de terme : « Je puis compter... à l'infini » (9). Singulièrement douée pour l'addition, l'élève achoppe à la soustraction : elle a « toujours tendance à additionner » (10). De même elle ignore la division, mais s'acharne à la multiplication. Fascinée par les grands nombres, elle a retenu par cœur « tous les résultats possibles de toutes les multiplications possibles ». Aussi répond-elle infailliblement au défi du maître :

« Combien font, par exemple, trois milliards sept cent cinquante-cinq millions neuf cent quatre-vingt-dix-huit mille deux cent cinquante et un, multiplié par cinq milliards cent soixante-deux millions trois cent trois mille cinq cent huit ?
— Ça fait dix neuf quintillions trois cent quatre-vingt-dix quadrillions deux trillions huit cent quarante-quatre milliards deux cent dix-neuf millions cent soixante-quatre mille cinq cent huit... » (11).

Le professeur lui-même a tendance à se laisser entraîner dans une énumération illimitée d'unités hétérogènes ou d'objets disparates et donc inévitablement innombrables :

« Sachez seulement qu'il n'y a pas que des nombres... il y a aussi des grandeurs, des sommes, il y a des groupes, il y a des tas, des tas de choses telles que les prunes, les wagons, les oies, les pépins, etc. » (12).

Si l'enseignement de l'arithmétique exploite les pouvoirs de l'addition et de la multiplication, le cours de philologie « comparée »

---

(8) *La Leçon, Théâtre,* t. I, p. 64.
(9) *Ibid.,* p. 65.
(10) *Ibid.,* p. 67.
(11) *Ibid.,* p. 71.
(12) *Ibid.,* p. 66.

permet un usage abusif des notions de filiation et d'assimilation. La prolifération des langues est égale à celle des nombres :

« L'espagnol est bien la langue-mère d'où sont nées toutes les langues néo-espagnoles, dont l'espagnol, le latin, l'italien, notre français, le portugais, le roumain, le sarde ou sardanapale, l'espagnol et le néo-espagnol... » (13).

Mais la communauté d'origine assurant entre ces langues diverses une « ressemblance frappante qui fait qu'on a bien du mal à les distinguer l'une de l'autre » (14), il en résulte une inextricable confusion. De l'arithmétique à la philologie, *La Leçon* dispense donc tous les principes d'une prolifération sans borne et sans but : c'est la préparation parfaite au « doctorat total » (15).

A ces formules abstraites est adapté le matériau d'un thème approprié. C'est ainsi que l'idée de *génération*, comportant à la fois les notions de création, de succession, de filiation et d'extension, fournit un patron propice au développement de la prolifération. Le schéma de base est celui du *Premier conte pour enfants de moins de trois ans :*

« Jacqueline était une petite fille, elle avait une maman qui s'appelait Mme Jacqueline. Le papa de la petite Jacqueline s'appelait M. Jacqueline. La petite Jacqueline avait deux sœurs qui s'appelaient toutes les deux Jacqueline, et deux cousins qui s'appelaient Jacqueline et une tante et un oncle qui s'appelaient Jacqueline. » (16).

La tribu des Bobby Watson, dans *La Cantatrice Chauve*, offre une figure analogue, où la pyramide familiale et l'identité des noms provoquent une irrésistible impression de foisonnement et de confusion : Bobby Watson venant à mourir, si « l'oncle de Bobby Watson, le vieux Bobby Watson », se chargeait de l'éducation de Bobby Watson, le fils du défunt, et si de son côté « la tante de Bobby Watson, la vieille Bobby Watson », veillait à celle de Bobby Watson, « la fille de Bobby Watson », alors « la maman de Bobby Watson, Bobby », pourrait se remarier avec... « un cousin de Bobby Watson », « le fils du vieux Bobby Watson l'autre oncle de Bobby Watson, le mort », à moins que ce soit un autre Bobby Watson, « le fils de la vieille Bobby Watson, la tante de Bobby Watson, le mort » (17) ! Dans *Jacques ou La Soumission* sont aussi confrontées

---

(13) *Ibid.*, p. 73.
(14) *Ibid.*, p. 74.
(15) *Ibid.*, p. 61.
(16) *Présent passé, passé présent*, Mercure de France, 1968, p. 47.
(17) *Ibid.*, p. 21-22.

plusieurs générations successives et semblables : Jacques père et Jacques mère, ainsi que Jacques grand-père et Jacques grand-mère, avec l'appui de Jacques sœur, ont entrepris de marier Jacques fils avec Roberte, issue de Robert père et Robert mère, heureux parents d'une « seconde fille unique », elle aussi prénommée Roberte et rigoureusement pareille à sa sœur, si ce n'est qu'elle a « ses trois nez au complet » (18).

La famille est le milieu le plus naturellement et le plus spontanément favorable à la prolifération : aussi l'auteur de *L'Avenir est dans les Œufs*, comme Apollinaire autrefois dans *Les Mamelles de Tirésias*, mais dans un autre esprit, entonne-t-il un hymne burlesque à la procréation qui s'achève aux cris de « production ! production ! » (19). La transmission de la couronne et du nom, dans les monarchies héréditaires, obéit aux mêmes principes et aboutit aux mêmes résultats : c'est ainsi qu'au dénouement de *Macbett*, Macol, fils de Banco, s'apprête à fonder « la dynastie Banco » et à régner sous le nom de « Banco II », auquel succéderont Banco III, Banco IV, Banco V, Banco VI, « ... et il y en aura des dizaines d'autres » (20).

Comme la procréation, la contagion est une forme de la prolifération. Elle est la génération et la transmission du mal. Il était naturel qu'Ionesco fût un jour tenté par le thème de la Peste. Le sous-titre de *Jeux de Massacre* est *l'Epidémie*. L'angoisse de la mort est assurément un thème habituel dans le théâtre et la pensée de l'écrivain. Mais le mythe ici retenu n'exprime pas tant l'horreur et la fatalité de la mort que l'aggravation et l'extension du fléau. « Un mort par-ci, un mort par-là, cela pourrait s'admettre à la rigueur ! Mais « le comble » est que « ce ne sont pas des cas isolés » (21). Du *Roi se Meurt* à *Jeux de Massacre*, il n'y a pas seulement la distance d'une aventure individuelle à un destin collectif, mais le passage d'une statique à une dynamique et d'une arithmétique à une géométrie : « Ils sont de plus en plus nombreux. Il y a une progression géométrique de la mort » (22). Le sujet n'est plus l'agonie d'un mourant, mais la propagation de la mort :

« Depuis lundi, trente mille nouveaux cadavres, hommes, femmes, animaux, ont pu être comptés. Deux fois plus que la semaine dernière. Trois fois plus que la semaine d'avant. » (23).

---

(18) *Ibid.*, p. 108.
(19) *Théâtre*, t. II, p. 227.
(20) *Macbett*, « Le Manteau d'Arlequin », Gallimard, 1972, pp. 99-100.
(21) *Jeux de massacre*, « Le Manteau d'Arlequin », Gallimard, 1970, p. 22.
(22) *Ibid.*, p. 22.
(23) *Ibid.*, p. 46.

Il est aussi des épidémies morales. Le virus de la rhinocérite est des plus contagieux. On commence par un rhinocéros et on finit par mille. La ville est progressivement envahie par les monstres : « Ce matin il y en avait sept, maintenant il y en a dix-sept... Il y en aurait même trente-deux de signalés » (24). Ces animaux réputés solitaires s'assemblent en troupeaux qui ne cessent de grossir : « C'est une minorité déjà nombreuse qui va croissant » (25), s'enfle et se fortifie de jour en jour jusqu'à ce qu'elle se change en majorité, puis finalement en unanimité : « Il n'y a plus qu'eux ! » (26).

La guerre est enfin le plus effréné des jeux de massacre. Unissant les puissances destructrices et les pouvoirs contagieux de l'épidémie, le carnage engendre le carnage. Autour du guerrier s'entasse et s'étend à perte de vue le monstrueux amoncellement de victimes innombrables et toujours plus nombreuses :

« La lame de mon épée est toute rougie par le sang. J'en ai tué des douzaines et des douzaines, de ma propre main. Douze douzaines d'officiers et de soldats qui ne m'avaient rien fait. J'en ait fait fusiller d'autres, des centaines et des centaines, par des pelotons d'exécution. Des milliers d'autres sont morts, brûlés vifs, dans les forêts où ils s'étaient réfugiés et que j'ai fait incendier. Des dizaines de milliers, hommes, femmes et enfants, sont morts étouffés dans des caves, sous les décombres de leurs maisons que j'avais fait sauter. Des centaines de milliers sont morts, noyés dans la Manche que, pris de peur, ils voulaient traverser. Des millions sont morts d'épouvante ou se sont suicidés. Des dizaines de millions d'autres sont morts de colère, d'apoplexie ou de tristesse. Il n'y a plus assez de terre pour ensevelir les gens... » (27).

Dans le royaume enfin reconquis, les justiciers ne font pas moins de ravage, et Lady Duncan, nouvel Ubu, s'essouffle à dénombrer les suppliciés :

« Quatre, cinq, six, sept, dix-sept, vingt-trois, trente-trois, ah ! Je crois que j'en ai sauté un. (...) Cent dix-sept, cent dix-huit, quel spectacle émouvant ! (...) Trois cents, c'est vertigineux. Neuf mille trois cents. (...) Vingt mille. » (28).

Les processus irréversibles et accélérés de l'addition, de la multiplication, de la progression arithmétique et géométrique ont ici trouvé leur plus sinistre et plus parfaite application : comme si les mécanismes du mal, de la mort et du massacre étaient ceux par

---

(24) *Théâtre*, t. III, p. 61.
(25) *Ibid.*, p. 99.
(26) *Ibid.*, p. 110.
(27) *Macbett*, p. 19-20.
(28) *Ibid.*, p. 38-39.

excellence où s'exercent et s'épanouissent pleinement les vertus malignes de la prolifération.

La cohérence de la création exigeant que l'architecture dramatique obéisse aux mêmes lois que l'univers imaginaire, les schémas fondamentaux de la prolifération commandent également l'action et la composition des pièces d'Ionesco. Le mouvement de *La Cantatrice Chauve* est rythmé par le carillon d'une pendule anglaise égrenant indifféremment un nombre indéfini de coups anglais, jusqu'à ce qu'au dénouement « la pièce recommence avec les Martin, qui disent exactement les répliques des Smith dans la première scène » (29). Dans *La Leçon*, à peine le Professeur a-t-il achevé sa trente-neuvième victime qu'on entend retentir, comme au lever du rideau, la sonnette annonçant l'arrivée d'une « nouvelle élève » (30). La dernière revient, c'est encore la première, et c'est toujours la même : la structure cyclique est le garant d'un éternel recommencement. Des personnages interchangeables accomplissent les mêmes gestes, échangent les mêmes mots. Sur le plateau de *Jeux de Massacre* ont lieu simultanément deux scènes identiques ou symétriques : « les répliques de la scène B alternent avec celles de la scène A, jusqu'au moment où, vers la fin, cela changera » (31). De même dans *Macbett*, Banco répète exactement les paroles de Macbett et vice versa : « J'en ai tué des douzaines et des douzaines, de ma propre main. Douze douzaines... » (32) : la répétition, doublant la multiplication, décuple l'effet de prolifération. La symétrie des monologues est prolongée par celle des dialogues. C'est ainsi que Macbett et Banco, révoltés à leur tour contre Duncan, reprendront mot pour mot le dialogue initial de Glamiss et Candor, les insurgés qu'ils ont massacrés. Victimes et meurtriers, traîtres et trahis, vainqueurs et vaincus peuvent à bon droit se traiter inlassablement et réciproquement d' « assassins » (33). Macbett n'usurpera le trône de Duncan que pour être à son tour évincé par Macol. Au tyran succède un tyran. Les jours, comme les hommes et les événements, se suivent et se ressemblent. Dans les pièces d'Ionesco, l'*histoire* se répète toujours.

A la multiplication dans l'espace correspond l'accélération dans le temps. Dans les pièces de Feydeau, comme *La Puce à l'Oreille*, Ionesco discernait une « accélération vertigineuse dans le mouvement, une progression dans la folie » où il se plaisait à retrouver sa propre « obsession de la prolifération » (34). « Accélération et pro-

---

(29) *Théâtre*, t. I, p. 53.
(30) *Ibid.*, p. 90.
(31) *Jeux de Massacre*, pp. 54-55.
(32) *Macbett*, pp. 19 et 21.
(33) *Ibid.*, pp. 77-78.
(34) *Notes et contre-notes*, p. 310.

lifération déclarait-il, font partie de mon rythme, de ma vision » (35).
La Leçon se déroule au rythme de deux mouvements de sens inverse
et de cadence également accélérée : l'élève, initialement dynamique
et gaie, « deviendra progressivement triste, morose ; très vivante
au début, elle sera de plus en plus fatiguée, somnolente », et som-
brera finalement dans la « dépression nerveuse » ; inversement le
professeur, d'abord timide et poli, « deviendra de plus en plus sûr
de lui, nerveux, agressif, dominateur » (36). La conversation de
La Cantatrice Chauve obéit au même mouvement de crescendo :
« L'hostilité et l'énervement iront en grandissant », jusqu'à ce que
les personnages, « criant leurs répliques » et « levant les poings »,
soient prêts à « se jeter les uns sur les autres » (37). Les chaises
et les rhinocéros prolifèrent au rythme des champignons dans
Amédée : d' « un tout petit », considéré comme « un accident isolé »,
on passe à quarante-sept, puis à cinquante : « Ça augmente donc
toujours, ça augmente toujours ! » (38). Le cadavre aussi « grandit
à vue d'œil » : « il s'est encore allongé de douze centimètres en
vingt minutes. Ça va aller encore plus vite » (39). Parallèlement
dans *Le Roi se Meurt*, de jour en jour et d'heure en heure le
royaume se dépeuple, le palais se dégrade et le souverain s'affai-
blit. De « neuf milliards d'habitants », la population s'est rapidement réduite à « un millier de vieillards » en train de trépasser et
« quarante-cinq jeunes gens » qui « vieillissent très vite » (40). « Le
printemps qui était encore là hier soir » n'a cessé que depuis
« deux heures trente », et déjà « voici novembre » (41). Le sol est
lézardé par une « fissure qui s'élargit et se propage » (42). Le Roi
va mourir « dans une heure et demie » (43). « Le temps a fondu
dans sa main », et le progrès de sa décrépitude est foudroyant :

  « Ses cheveux ont blanchi tout d'un coup. Les rides s'accumulent sur
son front, sur son visage. Il a vieilli soudain de quatorze siècles » (44).

  Le héros de *La Soif et la Faim* assiste avec épouvante au même
processus de dégradation dans l'espace et dans le temps :

  « Ce plafond s'effrite, il s'affaisse, je le sens déjà qui pèse sur mes

---

(35) Claude Bonnefoy, *Entretiens avec Eugène Ionesco*, Belfond, 1966,
p. 66.
(36) *Théâtre*, t. I, pp. 58-59.
(37) *Ibid.*, p. 51.
(38) *Ibid.*, p. 237.
(39) *Ibid.*, pp. 259-260.
(40) *Théâtre*, t. IV, p. 15-16.
(41) *Ibid.*, p. 17.
(42) *Ibid.*, p. 18.
(43) *Ibid.*, p. 22.
(44) *Ibid.*, p. 31.

épaules, les taches d'humidité s'agrandissent sur les murs. Est-ce l'image du temps ? A vue d'œil, tout se dégrade » (45).

Dans *Macbett*, la guérison des malades et l'exécution des condamnés se déroulent au même rythme endiablé, « soutenu par une musique s'accélérant de plus en plus » (46). L'exemplaire achevé de ce schéma temporel est le scénario de *La Colère*, où l'on assiste à la métamorphose progressive et accélérée d'un concert d'amour et de bonheur universels en un déchaînement de haine et de destruction. Il suffit d' « une mouche dans la soupe » pour déclencher une série d'altercations qui dégénèrent en un conflit généralisé conduisant de proche en proche à « la fin du monde » (47). La structure du drame est alors parfaitement accordée au contenu du mythe.

Il eût été surprenant que ne se rencontrât pas quelque part dans le théâtre d'Ionesco le schéma typique illustrant l'idée de répétition et de reproduction indéfinies : la composition en abyme. Au jeu de miroirs reflétant et renvoyant la même image, Ionesco préfère le principe de l'objet gigogne, englobant une multitude illimitée de semblables. C'est la « boîte à boîtes » de *Tueur sans Gages* :

« Dedans, il y a encore une boîte. Et dedans, encore une... Et dedans encore une boîte... et ainsi de suite, à l'infini ! » (48).

L'équivalent dramatique de la boîte dans la boîte est la pièce dans la pièce. Tel est effectivement le schéma de *l'Impromptu de l'Alma*. Reprenant à sa manière un procédé traditionnel, Ionesco se met lui-même en scène et se présente en train de composer et de présenter la pièce qu'on est précisément en train de représenter. Que l'auteur introduise alors une troisième pièce à l'intérieur de la seconde, aussitôt apparaît le « cercle vicieux » (49) de la prolifération.

La structure dramatique à son tour est fréquemment reprise et reflétée par la structure verbale. Le foisonnement du langage équivaut à celui de l'intrigue et de l'action. Du professeur de *La Leçon* à la concierge du *Nouveau Locataire,* bien des personnages d'Ionesco semblent atteints d'une incurable épidémie de bavardage. Le schéma dramatique de *La Colère* est parfaitement conforme au schéma

---

(45) *Ibid.*, p. 82.
(46) *Macbett*, p. 76.
(47) *Théâtre*, t. IV, pp. 301-304.
(48) *Théâtre*, t. II, p. 127.
(49) *Ibid.*, p. 18.

logique et verbal du poème du « Feu », récité dans *La Cantatrice Chauve* en l'honneur du Capitaine des pompiers :

> « Les polycandres brillaient dans les bois
> Une pierre prit feu
> Le château prit feu
> La forêt prit feu
> Les hommes prirent feu
> Les femmes prirent feu
> Les oiseaux prirent feu
> Les poissons prirent feu
> L'eau prit feu
> Le ciel prit feu
> La cendre prit feu
> La fumée prit feu
> Le feu prit feu
> Tout prit feu
> Prit feu, prit feu » (50).

Le récit du « Rhume » offre également une structure empruntée au schéma de la prolifération familiale, dont l'épisode des Bobby Watson avait abondamment illustré la fécondité :

> « Mon beau-frère avait, du côté paternel, un cousin germain dont un oncle maternel avait un beau-père dont le grand-père... » (51).

Progressivement dépouillé de tout contenu logique et de toute organisation syntaxique, le langage en vient finalement à ne plus conserver qu'un mouvement mécanique, autonome et perpétuel :

> « Quelle cascade de cascades, quelle cascade de cascades, quelle cascade de cascades, quelle cascade de cascades, quelle cascade de cascades... » (52).

Le professeur de *La Leçon* est le type accompli de l'apprenti rhéteur irrésistiblement entraîné par le torrent de son propre verbe. Les phonèmes, animés d'une vie débordante et proliférante, émis « à une vitesse accélérée », s'agrippant « les uns aux autres automatiquement », sortant « par le nez, la bouche, les oreilles, les pores », s'élancent dans « un envol puissant » pour s'assembler et se condenser en « un terrible orage symphonique » (53). Cumulant donc les pouvoirs générateurs du nombre et du verbe, et recélant ainsi dou-

---

(50) *Théâtre*, t. I, p. 47-48.
(51) *Ibid.*, p. 43-44.
(52) *Ibid.*, p. 51.
(53) *Ibid.*, p. 75-76.

blement, comme tous les fléaux, le principe infiniment maléfique et fécond de la prolifération, « la philologie mène au pire » (54) !

Structures dramatiques et schémas verbaux sont à leur tour le support et le reflet d'un univers imaginaire. Le « mécanisme » en effet qui régit la composition n'est pas pour l'auteur « une recette, un procédé », mais « une façon d'être » (55). La prolifération constitue l'illustration et l'expression métaphoriques et privilégiées des « deux états de conscience fondamentaux » qu'Ionesco reconnaissait « à l'origine de toutes ses pièces » :

« Ces deux prises de conscience originelles sont celles de l'évanescence et de la lourdeur ; du vide et du trop de présence ; de la transparence irréelle du monde et de son opacité ; de la lumière et des ténèbres épaisses » (56).

La « prolifération matérielle » est paradoxalement le signe d'une « absence spirituelle » : elle trahit le malaise d'une conscience oppressée par un univers qui lui paraît « tantôt trop lourd, encombrant, tantôt vide de toute substance, trop léger, évanescent, impondérable » (57).

Le Nouveau Locataire, asphyxié sous un amoncellement de meubles encombrant le studio, déferlant dans l'escalier, bouchant la rue, barrant la Seine et bloquant le Métro, n'évoque-t-il pas la condition de l'homme moderne étouffé par la prolifération monstrueuse et désordonnée d'une société de saturation succombant sous le faix de ses richesses et de ses déchets ? *Comment s'en débarrasser ?* Tel est le problème insoluble et inquiétant qui préoccupe aujourd'hui bien des édiles et des gouvernements !

Mais plutôt que le procès d'un monde engorgé dont s'atrophient progressivement les facultés de digestion, de circulation et d'élimination, la prolifération traduit le désarroi d'une conscience accablée par la difficulté de vivre. Le « thème de la condition malheureuse » est exprimé « par la lourdeur et par l'épaisseur » (58) :

« Le monde pèse ; l'univers m'écrase. Un rideau, un mur infranchissable s'interpose entre moi et le monde, entre moi et moi-même, la matière remplit tout, prend toute la place, anéantit toute liberté sous son poids, l'horizon se rétrécit, le monde devient un cachot étouffant » (59).

---

(54) *Ibid.*, p. 72.
(55) *Entretiens avec Eugène Ionesco*, pp. 125-126.
(56) *Notes et contre-notes*, p. 231.
(57) *Ibid.*, p. 191.
(58) *Entretiens avec Eugène Ionesco*, p. 42.
(59) *Notes et contre-notes*, p. 232.

Pour se *débarrasser* de cet univers oppressant, la conscience emprisonnée rêve alors à l'idéale apesanteur du *Piéton de l'Air*. Au mouvement de la prolifération fait pendant et contrepoids l'élan de l'envol.

Mais, par un singulier renversement, l'accumulation des objets, loin de constituer un accroissement ou un enrichissement positif, ne fait que masquer ou manifester paradoxalement un manque et une absence :

« L'univers, encombré par la matière, est vide, alors, de présence : le « trop » rejoint ainsi le « pas assez » et les objets sont la concrétisation de la solitude, de la victoire des forces anti-spirituelles, de tout ce contre quoi nous nous débattons » (60).

C'est ainsi que le thème des *Chaises* est « le vide ontologique » (61). Le foisonnement des accessoires a pour fonction d'exprimer « une vacuité de la réalité, du langage, de la pensée humaine », et d' « encombrer le plateau de plus en plus avec ce vide » (62) : « C'était à la fois la multiplication et l'absence, à la fois la prolifération et le rien » (63).

Le mécanisme et l'image de la prolifération sont en définitive un signe et un symbole de mort. La multiplication des cellules mortes est le principe du cancer. Avant de s'engloutir dans la gluante épaisseur de la boue, le héros de *La Vase* est mortellement oppressé par le gonflement de ses organes :

« Mon estomac d'aérophage, surchargé, oppressait le cœur qui se débattait, d'une façon désordonnée, comme un mauvais nageur prêt à succomber. Le foie avait encore grossi. Il avait envahi toute la partie droite du thorax, s'était installé à la base du poumon, le soulevait dans une poussée, s'acharnait à le déloger, le comprimait en un assaut lent, continu, tenace. Quelques côtes molles avaient déjà sauté ; la peau, comme un sac de toile cédant sous le poids de sa charge, s'était fendue par endroits... » (64).

Comme les champignons dans le macabre appartement où pourrit l'amour d'Amédée, les toiles d'araignées foisonnent dans la chambre à coucher du Roi qui se meurt : « Je ne sais d'où ça vient. Elles n'arrêtent pas de repousser. » (65). C'est au moment de mourir

---

(60) *Ibid.*, p. 232.
(61) *Ibid.*, p. 266.
(62) *Ibid.*, p. 264.
(63) *Entretiens avec Eugène Ionesco*, p. 84.
(64) « La Vase », dans *La Photo du Colonel*, Gallimard, 1962, pp. 163-164.
(65) *Théâtre*, t. IV, p. 19.

que le Roi, sujet à une monstrueuse hypertrophie du moi, rêve d'emplir l'univers entier de sa personne et de son nom :

« Que l'on perpétue ma mémoire dans tous les manuels d'histoire. Que tout le monde connaisse ma vie par cœur. Que tous la revivent. Que les écoliers et les savants n'aient pas d'autre sujet d'étude que moi, mon royaume, mes exploits. Qu'on brûle tous les autres livres, qu'on détruise toutes les statues, qu'on mette la mienne sur toutes les places publiques. Mon image dans tous les ministères, dans les bureaux de toutes les sous-préfectures, chez les contrôleurs fiscaux, dans les hôpitaux. Qu'on donne mon nom à tous les avions, à tous les vaisseaux, aux voitures à bras et à vapeur. Que tous les autres rois, les guerriers, les poètes, les ténors, les philosophes soient oubliés et qu'il n'y ait plus que moi dans toutes les consciences » (66).

Les morts sont « innombrables » (67), et les « milliards de défunts », répétant et multipliant à l'infini l'angoisse de l'agonisant, rendent sa mort également « innombrable » (68). Le schéma fondamental de la prolifération, la « progression géométrique », est le caractère essentiel des morts et de la mort : c'est « la maladie incurable des morts » (69). Aussi le cadavre de *Comment s'en débarrasser* s'accroît-il au même rythme et selon la même loi que l'épidémie de *Jeux de massacre*. La Rhinocérite, obéissant au même processus, conduit infailliblement à la mort de l'homme et de l'esprit. La « politique » d'Ionesco, sa phobie des hystéries collectives et son horreur des totalitarismes oppresseurs, sont l'expression de sa terreur devant des mouvements de masse et des phénomènes de prolifération où il décelait de redoutables instruments de destruction sociale et spirituelle.

Le bavardage est également la maladie du langage, et les inter-locuteurs délirants de *La Cantatrice Chauve* ou des *Chaises* n'échangent plus entre eux que des « cadavres de mots » dont la « prolifé-ration » provoque « une véritable asphyxie » (70). « Le verbe est devenu du verbiage ». Et quand « le mot bavarde », il « use la pen-sée », la « détériore » et la détruit ; il n'est plus alors un agent de communication, mais un ferment d' « inflation » (71). La prolifération du verbe est le cancer de la pensée.

La prolifération constitue donc le privilège et le critère de la mort. Fécondité devenue folle, elle est la parodie de la création.

(66) *Ibid.*, p. 40.
(67) *Ibid.*, p. 43.
(68) *Ibid.*, p. 45.
(69) *Théâtre*, t. I, p. 256.
(70) *Notes et contre-notes*, p. 131.
(71) *Journal en miettes*, p. 121.

Tandis que le foisonnement de la vie comporte un renouvellement perpétuel, la répétition monotone et la multiplication sans fin sont l'image d'un mécanisme stérile et d'un monde inhumain.

Apparemment gratuite et isolée, l'obsession de la prolifération s'accorde donc bien à l'univers dramatique et moral d'Ionesco. Inspirée par la fondamentale angoisse de la mort qu'a tant de fois confessée l'écrivain, elle rejoint les images elles aussi obsessionnelles d'enlisement, d'engloutissement, d'étouffement et d'effritement qui courent comme un leit-motiv sinistre à travers tout son théâtre.

Thème imaginaire alimentant l'action, structure dramatique ordonnant la composition, mécanisme verbal animant le dialogue, image symbolique exprimant l'une des hantises essentielles de l'homme et de l'auteur, la prolifération constitue donc, dans le théâtre d'Ionesco, l'un de ces schémas à la fois formels et spirituels où l'on reconnaît aujourd'hui la cohérence et la qualité d'une œuvre.

DISCUSSION

sur la communication de Michel LIOURE

Interventions de : R. Weingarten. — M. Lioure. — P. Vernois. — J. Petit. — J.-N. Segrestaa. — J. Pierrot. — H. Staub. — P. Voltz. A. Kern. — Mme Bonnaud-Lamotte. — M. Décaudin.

Romain Weingarten.

Je crois que vous avez explicité d'une façon lumineuse ce principe des répétitions et cet effet de répétitions dans le théâtre de Ionesco. Une certaine critique reproche souvent à ce théâtre de n'avoir aucune prise sur le monde et d'être complètement coupé de la réalité des choses. Or, là, vous nous avez montré d'une façon très claire à quel point un thème, qui peut paraître au départ comme une obsession personnelle, finalement, en se développant, effectuait comme une prise et une corrosion extraordinaires de notre vision du monde, à tel point qu'en sortant d'une pièce d'Eugène Ionesco, c'est le monde normal qui peut apparaître tout à fait insolite. Pour revenir à cet effet qui complète l'effet de répétition et qu'on avait défini, hier matin, comme l'effet de rupture, tout à coup il se produit, grâce à cette répétition, certes, une sorte de rupture qui fait qu'on ne voit plus les choses de la même façon. Ce point, néanmoins, vous l'avez laissé un peu en retrait : aussi vous demanderai-je quelle peut être l'implication, par rapport au monde réel, de cette obsession de la répétition chez Ionesco.

Michel Lioure.

Le monde réel offre en effet constamment des images de cette prolifération. C'est le monde moderne. Mais plus encore qu'une critique du monde moderne, le thème de la prolifération manifeste une vision personnelle. C'est Ionesco qui voit proliférer les choses, qui les fait proliférer. Ce qui n'empêche pas qu'elles prolifèrent effectivement. Il est bien clair que nous souffrons d'asphyxie.

Romain Weingarten.

Oui, à tout instant d'ailleurs dans votre exposé qui était très amusant, on n'avait pas l'impression d'être en face de l'obsession particulière de quelqu'un, mais d'une chose qui nous était commune.

Michel Lioure.

On peut effectivement reconnaître à bien des égards l'univers d'Ionesco dans l'univers où nous vivons quotidiennement.

Paul Vernois.

Je voudrais remercier M. Lioure de ce remarquable exposé avec lequel je suis absolument d'accord. Loin de moi la pensée de faire la moindre critique. Je n'entends, bien au contraire, que souligner combien il est allé au cœur de l'œuvre. J'ai été très frappé d'abord de la façon dont il a mis en relief une obsession arithmétique qui répond d'ailleurs à une obsession géométrique tout à fait caractéristique. La liaison du thème de l'addition et du procédé de la parataxe, si répandue dans les dialogues de Ionesco, n'est pas moins singulière. A preuve ce passage de *La Soif et la Faim* où Jean, pressé de dire ce qu'il a vu avant d'atteindre le pseudo-monastère, accumule les souvenirs les plus disparates, se contentant de juxtaposer des noms qui jaillissent sans le moindre ordre : tous les éléments du monde extérieur sont identiques et absolument indifférents. Surgit alors le redoutable problème de l'identité puisque ce vocable contient à la fois l'idée de personnalité et de similitude. Comment défendre son identité dans le monde de l'addition, quand le monde proclame l'identité des autres et de moi ? Comment aussi échapper à la solitude quand il me faut, pour sauvegarder ma personnalité, creuser un fossé entre les autres et moi-même ? Ainsi s'expliquent les réticences de Ionesco à l'égard de tout « collectif » dans la mesure où une collection est une addition indéfinie. L'agrégation à la masse est menaçante si elle s'accompagne d'une perte de conscience de l'individualité. J'ai aussi beaucoup apprécié ce que vous avez dit sur la prolifération en ce sens que vous avez évoqué la progression géométrique ou encore ce que les scientifiques appellent la progression exponentielle. Ce type de progression déclenche automatiquement l'angoisse. Lorsqu'on additionne des nombres, on a affaire à la progression arithmétique. On peut encore savoir où l'on va : ajoutant à une somme toujours le même nombre, on peut prévoir le résultat de l'opération. En revanche, très vite, la progression exponentielle atteint des chiffres effarants, apparemment incontrôlables pour l'homme ; l'angoisse naît alors sur-le-champ. Enfin je voudrais dire aussi combien cette hantise des chiffres dénonce secrètement un tempérament cyclothymique qui passe d'un extrême à l'autre et fait succéder un mouvement dépressif à un mouvement d'euphorie si visible dans *Tueur sans Gages* par exemple. Bérenger est écrasé ou il est « gonflé à bloc ». Il passe à

tout instant donc d'un rythme à un autre. Aussi bien l'indifférence ou la défiance à l'égard d'autrui est-elle également patholo-
gique : il est évident que dans certaines maladies mentales l'individu
ne s'intéresse qu'à lui-même et que les autres ne forment pour lui
que des « éléments » qui ne le touchent plus. Je pense que l'on
pourrait s'interroger sur cette attitude existentielle qui part d'une
sorte d'extrapolation de sentiments, légèrement pathologiques, perçus d'une manière extrêmement forte. Je voudrais demander à
M. Lioure s'il veut bien me suivre sur ces divers points ?

Michel Lioure.

Absolument. On part de la syntaxe et on finit par la psychologie.
La syntaxe d'Ionesco est caractérisée par la prolifération. Ainsi
dans *La Leçon* ce personnage affligé d'un singulier défaut de langue
qui le faisait prononcer « fille » au lieu de « fille », « Firmin » au
lieu de « Firmin », (...) « etc., » au lieu de « etc. », « et ainsi de suite »
au lieu de « et ainsi de suite », etc... Le Professeur s'empêtrait à
son tour dans la série des « ainsi de suite » et des « etc. », qui pourraient symboliser la syntaxe de Ionesco. Le voyage de Jean dans
La Soif et la Faim était également préfiguré par la formule du Professeur de *La Leçon* : « Il y a des tas, des tas de choses, telles
que les prunes, les wagons, les oies, les pépins, etc. » Ceci conduit
à une horreur du collectif, des masses et de toutes les formes de
totalitarisme. La « rhinocérite » est à la fois mécanisme de prolifération et caricature de collectivisme. Hantise politique et schéma
syntaxique sont sous-tendus par une même angoisse psychologique.
Il serait intéressant de recueillir ici le point de vue d'un psychanalyste averti sur ce schéma de la prolifération, relativement peu
répandu dans la littérature. Ionesco se réfère à Kafka, mais la métamorphose de Kafka, contrairement à celle d'Ionesco, n'est pas proliférante. Il y a donc là un thème éminemment personnel qui
appelle une interprétation psychologique.

Jacques Petit.

Je voudrais revenir sur deux points. J'ai été frappé aussi par
ce retour d'une structure à tous les niveaux : du niveau de langue
jusqu'à la structure même du drame, et je crois qu'en effet c'est la
marque profonde d'une découverte essentielle, mais vous avez étudié
cette structure, sans presque faire allusion — vous y faites allusion
maintenant — à son caractère obsessionnel évident ; vous l'avez
interprétée, comme si elle était pour Ionesco sur un plan strictement conscient : je crois qu'en effet elle est très vite devenue
consciente et que Ionesco doit l'utiliser à certains égards comme
un procédé, mais il est impossible qu'il n'y ait pas beaucoup plus
que cela dans ce mouvement : si nous ne sommes pas capables de

découvrir le sens que pourrait prendre cette obsession, il faut au moins noter que c'est une obsession. Aussi ai-je été un peu gêné par une conclusion qui était presque un système, une construction trop intellectuelle à mon sens par rapport au problème. Il me semble aussi que vous n'avez pas beaucoup insisté sur la curieuse notion du temps, sur la curieuse existence du temps dans l'œuvre de Ionesco. Par le fait de cette prolifération, le temps chez Ionesco est un temps d'accumulation beaucoup plus qu'un temps d'évolution. Par le fait même il n'y a pas création, renouvellement ; dans une pièce de Ionesco, on a, d'une certaine manière, l'impression que le temps n'est pas un temps dramatique, c'est-à-dire un temps où il se passe quelque chose ; si quelque chose se passe, c'est une accumulation ; *Rhinocéros* le montre, je crois, très bien : il y a de plus en plus de Rhinocéros et la seule manière de compter le temps, c'est d'ajouter.

Ce n'est pas un temps vivant, me semble-t-il, c'est un temps qui est fait d'additions, d'instants identiques, ce qui est quand même assez étrange dans une œuvre dramatique, où ce qui importe semble-t-il, est le temps vécu.

Michel Lioure.

Je partage entièrement votre avis sur ces deux points. Si je n'ai pas proposé une interprétation psychanalytique de la prolifération, c'est d'abord pour laisser à de plus compétents le soin d'en découvrir une. C'est aussi pour me conformer aux désirs d'Ionesco, toujours très réticent à l'égard des interprétations psychanalytiques imposées de l'extérieur à son œuvre, et prompt à s'étonner que les critiques en sachent plus long que lui sur ses intentions. On ne peut s'exposer à jouer le rôle du critique omniscient fustigé dans *Découvertes*.

Deuxième point : la question du temps par accumulation. Les solutions du problème sont imposées par la réalité dramatique. Il faut bien qu'une pièce se termine. Pour exprimer ce temps fait d'additions, Ionesco recourt soit au principe du recommencement, comme dans *La Cantatrice Chauve*, soit au principe d'extinction, comme dans *Rhinocéros* ou *Le Roi se Meurt*, où le combat cessa faute de combattant.

Jacques Petit.

Si vous permettez d'ajouter un mot, je crois qu'on pourrait parler cependant d'une structure dramatique du temps très particulière chez Ionesco. Je note avec vous que les pièces recommencent ou bien que la prolifération est telle (c'est le cas du *Nouveau Locataire*) qu'on finit parce qu'on ne peut plus entasser. Cette structure dramatique me paraît pour ma part très curieuse, très particulière. N'est-ce pas d'une certaine manière un refus du temps par peur du temps ? N'est-ce pas un refus que de le découper ainsi et d'en faire une série d'instants toujours identiques ? Un moyen de nier la mort que de voir tous les instants identiques ou se répétant plutôt que de les voir se mouvant !...

Paul Vernois.

En ce qui concerne la structure dramatique de ses pièces, Ionesco a une réponse très précise : il propose le mot de *densification* fort proche des termes employés par M. Lioure. Dans cette structure absolument achronique le temps n'intervient pas. La représentation s'apparente à une performance : il s'agit de montrer un état d'âme qui engendre un certain type de scène repris avec des variantes et un impact de plus en plus fort sur le spectateur atteint « ès foie, ès pomons ». Quand l'effet maximal est obtenu, il y a chute et la pièce se termine.

Jean-Noël Segrestaa.

Je voudrais d'une part rappeler un épisode qui, je crois, illustre bien la perspective absolument centrale que vous avez choisie, c'est dans *Jacques ou la Soumission*, l'épisode du rêve de Roberte, la baignoire pleine de cochons d'Inde : il y a d'abord deux cochons d'Inde, puis ces deux cochons d'Inde deviennent quatre par scissiparité, puis nous avons une baignoire grouillante de cochons d'Inde, et Jacques s'écrie : « Mais c'est le cancer que vous avez vu dans votre rêve ! » Je crois que cet exemple illustre parfaitement ce que vous avez dit.

Et une autre chose sur laquelle je voudrais insister un peu, c'est justement sur les dénouements. M. Vernois y faisait allusion tout à l'heure ; il me semble que dans la plupart des pièces de Ionesco, le dénouement se produit au moment où l'horreur et l'angoisse de la prolifération sont en train de se muer en une sorte de fascination ; par exemple à la fin de *Rhinocéros*, au moment où Bérenger est tout prêt à devenir lui-même rhinocéros. Il sent de la beauté dans ces barrissements épouvantables qui deviennent chant et musique. Et l'exemple le plus remarquable, c'est la fin du *Roi se Meurt*, où le Roi, après s'être débattu contre cet effritement, cet effondrement de son identité, de son être, accepte finalement de perdre le peu d'être qui lui reste à l'instigation de la cruelle Marguerite. Alors je me demande comment il faut interpréter ces dénouements, où je suis tenté de voir une acceptation, peut-être même une soumission à cette loi implacable de la prolifération ?

Michel Lioure.

Le dénouement de *Rhinocéros* et celui du *Roi se Meurt* sont-ils semblables ? Une chose est d'éprouver la tentation, autre chose est de s'y abandonner. Le héros de *Rhinocéros* se défend jusqu'au bout contre la rhinocérite. Ionesco a formellement affirmé qu'il ne s'agit pas d'une résistance volontaire, mais d'une impuissance matérielle : Bérenger ne peut physiquement pas se métamorphoser en rhinocéros. Il le voudrait de toutes ses forces, et en ce sens il succombe effectivement à une irrésistible pression collective, mais il est constitué de telle sorte qu'il ne le peut pas. Le dénouement de *Rhinocéros* est l'affirmation d'un refus désespéré, tandis que celui du *Roi se Meurt* est l'expression d'une acceptation qui est une forme de délivrance. Pour le Roi, la mort est une façon de se délivrer de la prolifération, de s'affranchir de la pesanteur et de l'encombrement accablant de l'existence.

Jean-Noël Segrestaa.

Je n'ai pas le texte de *Rhinocéros* ici, malheureusement. Je connais cette interprétation, mais je ne la retrouve dans aucune phrase de la longue tirade finale de Bérenger où, en revanche, il dit très nettement qu'il est fasciné par la beauté du chant des rhinocéros, et les dernières répliques restent très ambiguës ; j'y sens plutôt les derniers soubresauts d'une volonté prête à céder.

Quant à la fin du *Roi se Meurt*, si la prolifération est l'expression même de la mort, je me demande si cette soumission finale du Roi n'est pas l'acceptation d'une prolifération qui serait ici une prolifération négative : en effet, c'est la disparition qui prolifère dans *Le Roi se Meurt*, et non la présence ou l'intrusion des objets.

Jean Pierrot.

J'ai souvent l'impression, au contact des œuvres de Ionesco, de me trouver en face de quelque chose qui est très proche des phénomènes de la vie affective primitive ou même de processus psychophysiologiques. Et par exemple, il est possible de rapprocher ce processus de prolifération que vous avez si bien analysé de la structure des cauchemars. Car ceux-ci sont eux aussi construits le plus souvent selon des structures de répétition et d'accumulation : tel est le cas des cauchemars classiques de labyrinthe ou de chute, et par exemple la chute en spirale qui est décrite dans *Une Descente dans le Maelström*, d'Edgar Poe. Ne peut-on pas, par conséquent, retrouver dans la structure même des pièces de Ionesco l'influence d'une expérience onirique ?

Michel Lioure.

Mon opinion est indécise. J'aurais été très tenté de partager cette idée. Mais dans ses *Entretiens* avec Claude Bonnefoy, Ionesco a clairement affirmé que la prolifération n'est pas pour lui d'ordre onirique. On ne peut le contredire, à moins de considérer, une fois de plus, que l'auteur ne doit pas nécessairement avoir le dernier mot...

Hans Staub.

Je reviens à la notion d'insolite développée notamment par M. Voltz. M. Voltz a défini l'insolite comme rupture d'une habitude instituant une attente. On peut évidemment opposer cette attente créée par l'insolite qui est une attente désorientée à une attente très différente et qui représente la condition pour qu'il puisse y avoir de l'insolite : une attente déterminée précisément par les lois que nous déduisons de nos expériences habituelles. Je distingue donc une attente orientée par l'habitude d'une attente désorientée, ouverte. Le surgissement de l'insolite déçoit notre attente déterminée par l'habitude et lui substitue une nouvelle attente ouverte de tous les côtés. Ainsi la première apparition de la rhinocérite nous prive-t-elle de notre orientation habituelle pour créer une attente où tout est possible. Cependant, dès que le phénomène créateur d'insolite — ici la transformation en rhinocéros — se répète, la répétition institue une nouvelle loi, une nouvelle habitude et par conséquent une nouvelle attente orientée vers une confirmation. L'insolite ne se réduirait-il pas ici au seul choc causé par la première transformation ? N'existe-t-il pas seulement jusqu'au moment où nous avons saisi la nouvelle loi qui nous fait attendre la transformation en rhinocéros de tous les êtres humains ? L'attente de savoir si Bérenger va se plier lui aussi à cette nouvelle loi serait alors de nouveau une attente orientée par les lois d'une habitude.

Pierre Voltz.

Je suis toujours un peu gêné, un peu déçu lorsqu'on présente ainsi d'une manière purement technique, en le décomposant de l'intérieur, le procédé de la prolifération chez Ionesco, parce qu'il semble que si on se place dans la perspective de l'échange théâtral, il y a une autre dimension qui intervient : la manière dont l'œuvre ou l'auteur (je ne sais pas lequel des deux) nous présente cette image de prolifération, cette mort, cette immobilité. Est-ce que la pièce, lorsqu'on la joue, nous la présente avec une certaine complaisance, avec une certaine satisfaction dans l'impuissance ? ou est-ce qu'elle offre au public l'occasion de se situer en face de ce thème ? Se placer toujours à l'intérieur de l'œuvre pour la réorganiser plus clairement que Ionesco lui-même ne l'a fait, me paraît s'enfermer dans un discours qui peut être important sur le plan littéraire mais qui sur le plan de l'étude théâtrale des œuvres nous empêche d'aller plus loin.

Michel Lioure.

J'avoue être de ceux qui, professionnellement et intentionnellement, sont du côté du lecteur plutôt que du spectateur. Mais il ne m'a jamais semblé que l'étude littéraire d'une pièce pût nuire à son interprétation dramatique. Au contraire.

Pierre Voltz.

Il ne s'agit pas du tout d'une prise de position personnelle. Je voudrais que nous puissions dans ce colloque revenir si c'est possible sur le problème que j'ai posé hier, à savoir, s'il y a possibilité d'établir une jonction entre la démarche d'études littéraires de textes dramatiques et la démarche théâtrale d'études du théâtre.

Romain Weingarten.

Il me semble qu'à propos justement du thème de la prolifération on a bien réussi à définir un effet spécifiquement théâtral qui est l'effet de répétition. Vous avez essayé de définir, hier, l'effet de rupture ; il semble qu'on a abordé là une chose qui relève tout à fait de la technique théâtrale, à savoir l'effet de répétition ; c'est un effet scénique tout à fait spécifique qu'on peut étudier sur le plan de l'art du théâtre. Sans doute l'a-t-on envisagé d'une façon littéraire, mais il me semble qu'on arrive finalement à une problématique de technique théâtrale pure qui a été posée et qui complète très bien ce que vous avez dit hier.

Alfred Kern.

Je donnerai simplement mon impression : compter, se répéter, c'est ritualiser une angoisse. Ionesco vit dans une insécurité profonde sans qu'il puisse justifier sa présence et son identité. Mais cette angoisse, il essaie de la généraliser par le contexte, la présence toujours incommode et toujours recherchée des autres qui sont, comme lui, à la fois les répondants et les questionnés. Ne pouvant ni combler les autres ni être comblé lui-même — cette angoisse est consécutive sans doute au sevrage — il se comprend dans une réponse donnée exclusivement par les mots sans ces accords profonds qui passent dans le geste évident ou le silence. Sa réponse au précédent est déjà orale, « cauchemardesque » comme la seule parade possible — bien vaine, aussi ! — quand il risque de ne plus exister dans une recherche d'identité qui aura pris l'allure d'un procès. En effet, lorsqu'il constate que le mot, ou la réponse, ne porte pas, que peut-il faire ? Il ne peut que se répéter. Et cela devient infernal. Le langage, au lieu de le rassurer, suscite l'angoisse et le vide : il maintient entre le sujet qui tente de se justifier et l'univers, qui représente le jugement, une tension qui le porte encore à plaider autant pour les mots que pour lui-même. La leçon se poursuivra comme un oral de contrôle, sans fin parce qu'il ne porte point en lui-même de sens définitif. Mais, à la différence du romancier qui se replie sur un texte conçu en dehors de la présence du public, l'homme de théâtre le sollicite en permanence comme l'instance physiquement rapprochée qui le jette dans l'embarras : dans l'existence d'une part et sur cette voix de l'autre, qui dans l'oralité même généralise le besoin de se justifier. Les autres, comme lui, sont les victimes et les promoteurs du théâtre.

Mme *Bonnaud Lamotte.*

Un mot pour compléter votre remarquable exposé sur le thème de la prolifération. Je m'étonne que l'on interprète toujours Ionesco comme s'il voulait nous enseigner l'angoisse et le pessimisme. Je verrais, avec M. Voltz, une autre façon d'envisager son théâtre. L'important n'est-il pas de constater l'insolite, c'est-à-dire la rupture entre ce qui se passe et ce qu'on nous a fait voir ? On dit que Ionesco est affolé par la prolifération du monde moderne, mais le monde moderne, qu'est-ce sinon la prolifération des biens en Occident et la prolifération des êtres sur les deux tiers de la planète ? Or, du moment qu'il y a dynamique théâtrale, il y a espérance, création, vie : il y a donc tout le contraire du pessimisme. Est-ce que de l'œuvre de Ionesco nous ne pouvons pas tirer une interrogation dynamique : Comment se fait-il que nous soyons au summum de l'absurde avec l'accumulation des biens d'un côté, l'accumulation des êtres de l'autre et aucun rapport entre les deux mondes ? On sait très bien que le problème du Tiers-monde provient d'une progression humaine plus rapide que l'accumulation des moyens de subsistance. Dès lors au lieu de réduire l'œuvre de Ionesco à un message d'angoisse et de désespoir on pourrait au contraire lui demander une réponse pleine d'espérance. Du moment que, face à l'angoisse, il a réagi par l'œuvre d'art, je pense que nous pouvons voir dans son théâtre un acte créateur, donc d'optimisme.

Jean-Noël Segrestaa.

Un mot seulement pour répondre à Pierre Voltz. J'ai vu toutes les pièces de Ionesco au théâtre, et je les ai vues la plupart du temps avant de les avoir lues ; j'y ai amené des groupes importants d'élèves puis d'étudiants, et fort de cette expérience, je m'étonne vraiment qu'on puisse dire que l'effet d'insolite ne se produit que dans les premières minutes et qu'au fond, la pièce est désamorcée presque dès son début, dès que l'on a découvert son mécanisme, et que finalement elle reste sans trace parce que la trace qu'elle laisse est une trace d'influence et non pas une trace de réaction. Il me semble qu'il y a là une pétition de principes qui consiste à opposer deux types de théâtre, Brecht et Ionesco si l'on veut, pour ne retenir que l'un et disqualifier l'autre dès le départ au nom d'affirmations toutes théoriques.

Michel Decaudin.

Une remarque sur un point de détail pour terminer. M. Lioure a fait allusion aux *Mamelles de Tirésias* à propos de la prolifération. Mais le processus est différent : Apollinaire joue plutôt sur la répétition, dans laquelle je verrais volontiers une forme comique de la structure du cortège, si importante dans son œuvre.

L'INSOLITE DANS LA SOIF ET LA FAIM

par

Jacques MONFÉRIER

Vouloir parler de l'insolite dans une pièce de théâtre semble supposer que l'on reconnaisse *a priori* cette notion comme une catégorie esthétique, voire, plus précisément, comme une « catégorie d'étude dramaturgique ». Mais il faut rappeler que l'impression d'insolite est une donnée immédiate de la conscience en face d'un spectacle naturel ou d'une œuvre d'art, avant même toute tentative de réflexion sur les conditions de sa naissance. En ce sens, toute dérogation aux habitudes, tout phénomène inquiétant peut prendre les traits de l'insolite, — et c'est proprement l'étymologie du mot. Les pièces de Ionesco, nous faisant pénétrer dans un monde étrange où les habitudes du langage et du comportement sont fréquemment suspendues, sont propres à susciter ce sentiment de l'insolite, et l'étude de *La Soif et la faim* ne peut que nous le confirmer.

Mais il serait vraiment insuffisant de paraître confondre l'insolite et le bizarre. Tout ce qui surprend n'est pas insolite. Notre propos n'est pas non plus de reprendre la définition si magistralement donnée par Michel Guiomar dans *La Revue d'Esthétique* (1), qui associe l'insolite à « l'inquiétude d'un glissement, (...) l'angoisse d'un écroulement », à partir d'une dislocation des données habituelles de la perception. Nous voudrions plus modestement et plus concrètement essayer de réfléchir sur les caractéristiques et la signification de l'insolite dans *La Soif et la Faim*. Nous pensons que cette analyse nous mènera au cœur même de la tentative de rénovation esthétique, dramatique et philosophique que constitue le théâtre d'Eugène Ionesco.

Observons dans un premier temps un personnage qui nous paraît vivre une expérience insolite, nous voulons parler de Jean dès le début de la pièce. Il nous est facile d'analyser le processus qui le mène à une vision insolite du réel. Ce qui est en jeu, c'est bien une certaine qualité de la perception : Jean se meut dans un monde qui lui paraît effrayant, cauchemardesque, mais qui n'est à proprement

---

(1) « L'Insolite », *Revue d'esthétique*, X, 2, avril-juin 1957, p. 113.

dire insolite que pour l'observateur extérieur, notamment pour celui
qui se rallie implicitement au point de vue de Marie-Madeleine. Une
constatation simple est à l'origine du dialogue entre les deux personnages : l'appartement (en sous-sol) est très humide. Marie-Madeleine
en reste à cette observation, tissant avec le monde extérieur une
multitude de liens rassurants qui évoquent l'appartenance à la communauté humaine : il y a d'abord les voisins :

« Des gens bien, des petits marchands, ils te connaissent tous. Nos
anciens voisins sont toujours là, nos amis » (2).

Cette communauté n'est pas seulement une présence, elle est capable d'apporter des remèdes à l'humidité envahissante :

« Il y a des plombiers dans le quartier, des artisans qui travaillent à
leur compte ; ils viennent quand on les appelle » (3).

En désespoir de cause, c'est encore par l'allusion aux autres que
Marie-Madeleine tente de consoler son mari :

« La plupart des gens vivent ainsi, dans des maisons comme celle-
ci » (4),

et plus loin :

« Il y a des gens qui vivent sous les ponts, qui n'ont pas de domicile.
Tu devrais être plus content de ton sort » (5).

Ainsi est définie une perception *normale* du réel :

« Ecoute-moi. Je te le répète, affirme Marie-Madeleine, c'est un
appartement normal » (6). « C'est la maison de l'habitude » (7),
ajoute-t-elle quelques répliques plus loin.

C'est donc par référence à cette norme que la perception de Jean
va paraître insolite aux yeux de Marie-Madeleine, mais aussi aux
yeux de tout observateur inséré dans la communauté humaine à
laquelle la jeune femme se réfère constamment. La distance ainsi

---

(2) *La Soif et la Faim*, Tome IV du Théâtre, Paris, Gallimard, 1966,
p. 78.
(3) *Ibid.*, p. 78.
(4) *Ibid.*, p. 79.
(5) *Ibid.*, p. 80.
(6) *Ibid.*, p. 81.
(7) *Ibid.*, p. 81.

établie entre le personnage de Jean et le spectateur permet à ce dernier de se livrer à une analyse psychologique de l'insolite dont les données sont fournies par les remarques de Marie-Madeleine. On y retrouve les composantes habituellement reconnues :

— Une prédisposition chronique à la singularité :

« Tu ne peux pas vivre comme tout le monde » (8).

— Un écroulement des fonctions rationnelles au profit de l'imagination et de la sensibilité (9), une dégradation du moi susceptible de métamorphoser les données sensibles.

Ajoutons qu'une telle analyse est foncièrement ambiguë : elle se présente, en effet, comme objective, se réfère à des critères rationnels quasi universels, mais en même temps elle suppose un jugement de valeur de la part de l'observateur. Il est admis *a priori* que tout ce qui s'écarte de la norme est néfaste, que c'est le signe d'un déséquilibre mental. Le sentiment de l'insolite joue comme un signal d'alarme pour repérer les comportements et les paroles anomaux, voire anormaux : la gêne vague qui l'accompagne provoque la réaction logique de Marie-Madeleine.

Au contraire, s'opposant aux efforts de Marie-Madeleine pour se rattacher à l'existence « normale », diurne, Jean se réfère à une expérience nocturne et projette son cauchemar sur les données actuelles de sa perception du monde. La boue de son rêve est aussi celle de son appartement :

« Il m'arrive souvent de me réveiller le matin, après avoir rêvé de ces habitations affreuses, englouties à moitié dans l'eau, à moitié dans la terre, pleines de boue. Tiens, regarde comme c'est plein de boue ! » (10).

Par la voie de ce cauchemar, la vision de Jean est frappée d'une inquiétante étrangeté qui rend méconnaissable le monde. L'appartement s'enfonce, l'eau monte à travers le plancher, les hommes qui s'en accommodent « se complaisent dans la fange, ils s'en nourrissent » (11), alors que pour Marie-Madeleine, Jean se fait « des idées » (12), expression familière qui souligne le caractère subjectif de cette perception du réel.

De même, dans l'épisode du « rendez-vous », si le comportement de Jean apparaît comme insolite, c'est par rapport au comportement « normal » des gardiens.

---

(8) *Ibid.*, p. 81.
(9) Michel Guiomar, Art. cit., p. 116.
(10) *La Soif et la Faim*, op. cit., p. 78.
(11) *Ibid.*, p. 79.
(12) *Ibid.*, p. 79.

Sans doute le décor donne-t-il quelque bizarrerie à la scène, avec
la terrasse qui « a l'air suspendue dans le vide », et surtout la présence des gardiens « avec casquette et moustache » (et l'on pourrait
d'ailleurs noter une fois de plus la présence de l'insolite dans le
contraste entre le paysage naturel et les deux gardiens). Mais les
paroles de Jean n'ont en elles-mêmes rien de bizarre, elles ne font
pénétrer le spectateur ni dans un univers fantastique ni dans l'insolite. Elles se caractérisent au contraire par la plus parfaite banalité :

« Bonjour, monsieur le gardien, j'aime beaucoup la lumière de ce pays.
J'aime aussi cette poussière. Et ces pierres et l'altitude. Surtout après
les randonnées que j'ai faites dans tant de pays humides : des plaines
moroses, des marécages, la pluie. Le ciel se dégage des montagnes, voici
leurs contours vivants. Cela me change » (13).

Mais que le premier gardien prenne la parole et un malaise naît
du contraste entre l'amabilité, la volubilité, la précipitation du débit
chez Jean, et la sèche brièveté de l'interlocuteur.

Cette opposition ne fait que se renforcer tout au long de l'épisode
au fur et à mesure que se succèdent l'exaltation, puis la dépression
de Jean, auxquelles répondent la même curiosité morne, la même
superficielle et hautaine sympathie des gardiens. L'insolite tient ici
à la mise en lumière de deux formes de langage aussi incommuni-
cables que si les interlocuteurs ne parlaient pas la même langue.
Tout se passe comme si un auteur s'obstinait à faire dialoguer sous
nos yeux deux personnages qui emploient chacun une langue différente et qui parlent de problèmes différents en faisant semblant
de se référer à un sujet commun. En particulier, les gardiens se
refusent à considérer qu'il puisse y avoir quelque chose d'étonnant
dans le paysage qu'ils ont sous les yeux. Pourquoi le monde serait-il
étonnant, puisqu'il est naturel, donc normal :

« Je suis stupéfait, dit Jean, qu'il y ait ces montagnes, qu'il y ait cet
espace, qu'il y ait ce ciel qui nous enveloppe, qui s'appuie sur les cimes
pour jaillir et s'étendre d'un bout à l'autre au-dessus du monde. »
« C'est tout naturel, monsieur, répond le premier gardien, puisque tout
cela est la nature même » (14).

Nous retrouvons en face de Jean l'attitude qui était celle de Marie-
Madeleine au début de la pièce, c'est-à-dire la volonté de ramener à
des normes préétablies les données perceptives qui semblent s'en
écarter. Si le personnage cédait immédiatement et revenait à une
perception commune, réaliste, « raisonnable », tout serait terminé ·

_____

(13) *Ibid.*, p. 105.
(14) *Ibid.*, p. 106.

c'est justement parce que le personnage de Jean résiste à cette tentative inavouée de mise au pas que l'impression d'insolite s'établit. Dans le deuxième épisode, l'insolite nous apparaît donc moins dans les paroles ou le comportement des personnages que dans la tension qui s'établit entre eux. Il arrive aux gardiens de reconnaître quelque bon sens aux discours de Jean, par exemple :

« En effet vos indications sont bonnes. » (15).

Mais la plupart du temps ils s'étonnent du manque de mémoire de Jean, de l'imprécision de ses propos, pour finir, en désespoir de cause, par s'en prendre à ce qu'ils sont bien obligés de reconnaître, l'originalité profonde du personnage :

« Vous auriez dû rester chez vous.
...Vous auriez dû faire comme nous... Comme tout le monde. » (16).

Ainsi nous apparaît un premier aspect de l'insolite dans *La Soif et la Faim* : la projection sur les données du réel d'une interprétation originale, en désaccord avec la perception ordinaire, parfois voisine du cauchemar et inquiétante justement parce qu'elle s'écarte des normes.

Notons immédiatement que l'insolite se coule ainsi tout naturellement dans une forme dramatique, lorsqu'il s'exprime dans une lutte active entre deux modes d'approche du réel : il en résulte une tension gênante, voire insupportable qui nous paraît être une de ses caractéristiques fondamentales.

Poursuivant notre analyse, nous découvrons maintenant l'insolite dans les transformations inattendues et apparemment inexplicables du comportement d'un ou plusieurs personnages. Ainsi, dans le troisième épisode, « Les Messes noires de la bonne auberge », l'apparition progressive de l'hostilité dans le comportement des frères contraste avec la bienveillance des paroles de Frère Tarabas et crée un climat de sourde inquiétude dont le caractère insolite vient de ce que rien ne peut la justifier ni l'expliquer. Un peu d'ailleurs comme nous venons de voir contraster l'émotion et la volubilité de Jean avec la morosité des gardiens (dans le deuxième épisode), nous sentons très vite un décalage entre la vive satisfaction du personnage et la réserve de Frère Tarabas. La mise en scène elle-même renforce l'opposition entre l'agitation un peu brouillonne de l'un et la réserve, voire l'immobilité des autres. Une fois de plus, la com-

_____

(15) *Ibid.*, p. 110.
(16) *Ibid.*, p. 117.

munication ne paraît pas réellement s'établir entre les personnages, mais ceux-ci font *comme* s'ils ne s'en apercevaient pas. En fait le schéma dramatique du troisième épisode développe et approfondit celui que nous avions noté dans le deuxième : dans « Le Rendez-vous », l'hostilité des gardiens reste latente et ne se manifeste pratiquement pas, si ce n'est par le reproche de la fin. Au contraire, dans « Les Messes noires de la bonne auberge », la situation va nous faire passer explicitement d'une attitude apparemment bien-veillante à une nette hostilité et bientôt à une franche coercition. Les questions des frères prennent très vite l'allure d'un interro-gatoire policier par leur rapidité et leur véhémence, cependant que l'énigmatique frère Supérieur manifeste son insatisfaction (17), avant même la bouleversante scène finale.

Ainsi l'insolite nous paraît-il lié ici non seulement à la mise en évidence d'un véritable dialogue de sourds entre deux catégories de personnages qui font semblant de se comprendre alors qu'au-cune base commune ne leur permet de communiquer, mais surtout à l'ambiguïté profonde des rapports qui s'établissent ainsi : au cœur de la relation humaine, nous rencontrons une agressivité latente, dissimulée sous les dehors de la bienveillance. L'apparition sournoise et le développement progressif d'un discours et d'un comportement agressif nous semblent un élément de l'insolite dans *La Soif et la Faim*.

D'ailleurs, toute intuition (pressentiment ou évidence) d'une ambi-guïté dans les données du réel, est propre à faire naître l'insolite. Dès le début du troisième épisode, Frère Tarabas « a l'air d'un moine et pas tout à fait l'air d'un moine, cagoule sur la tête et pas de croix » (18). Le refuge lui-même tient de l'auberge et du cou-vent, et la question de Jean reçoit une réponse vague et pleine de contradictions :

> « C'est un couvent ? — Pas exactement. Si vous voulez, c'est quand même une sorte de couvent » (19).

A l'intérieur même de cet étrange monastère, les salles ont perdu toute signification par rapport aux usages habituels, ni caserne, ni hôpital, ni prison, ni collège, ni château-fort, ni hôtel, tout en étant tout cela à la fois (20). L'indétermination des lieux et de leurs occupants commence à créer un malaise chez Jean et chez le spectateur, et c'est dans la naissance de ce malaise que se niche

---

(17) *Ibid.*, p. 128-131.
(18) *Ibid.*, p. 121.
(19) *Ibid.*, p. 122.
(20) *Ibid.*, p. 123.

le sentiment de l'insolite : désarroi d'une raison que rien d'objectif ne vient inquiéter, mais qui se sent troublée au plus secret d'elle-même, parce qu'elle perd toute prise sur une réalité qui s'évanouit, qui se fond dans l'indéterminé, qui fait pressentir l'approche d'un inconnu sans qu'aucune menace précise justifie et permette la révolte de la conscience claire et de la volonté.

Le même malaise, la même ambiguïté, le même investissement insidieux de la raison s'accompagnent volontiers d'un sentiment de culpabilité parfaitement irrationnel qui renforce encore l'impression d'insolite. L'émotion de Jean, que troublent les questions des frères, sert de transition entre la simple inquiétude, provoquée par l'interrogatoire, et la culpabilité qui s'affirme par la suite. L'insolite s'installe, renforcé par l'ambiguïté et l'imprécision de toute la scène, et marqué dans la transition que nous venons de signaler par une dislocation du langage qui est propre elle-même à déconcerter le spectateur dans un contexte où rien ne la laissait prévoir :

« Couleur, rivière, tambour, rideau, ceinture, jardin, moustache » etc. (21).

En même temps, Jean se comporte déjà inexplicablement en inculpé, défaisant « sa cravate et son faux-col », commençant à se justifier et à mettre sur le compte de ses trous de mémoire et de la fatigue, l'oubli d'il ne sait quoi, d'on ne sait quoi (22). Le chevalier en armure, la parole dont on voudrait qu'il fasse mention gardent un caractère d'imprécision. Pis encore, le brouillard, la brume, la fumée qui règnent dans les paysages mentaux dont Jean a seulement gardé le souvenir, noient tous les détails. Coupable de bout en bout tout au long de l'interrogatoire, Jean se défend mal, et surtout il accepte un dialogue qui n'a aucun fondement rationnel et qui n'a pour effet que de l'enfermer dans une inquiétude irrémédiable (puisque pour parler de remède, il faudrait préciser les causes de son angoisse). Le spectateur ressent un malaise indéfinissable qui nous paraît être une des manifestations de l'insolite.

Un des traits de l'épisode auquel nous venons de faire allusion est l'établissement *progressif* d'une inquiétude informelle. Nous voudrions insister sur cet aspect fondamental de la perception insolite à propos de la scène de tante Adélaïde, dans la première partie. C'est en effet à la faveur d'un lent glissement du normal à l'étrange qu'apparaît l'insolite, contrairement au fantastique qui s'impose d'emblée, brusquement, sans qu'on ait le moindre doute sur sa nature. Au début de la scène avec tante Adélaïde, nous nous trouvons placés dans un cadre bien réel, on pourrait même dire parfai-

(21) *Ibid.*, p. 131.
(22) *Ibid.*, p. 132.

tement réaliste. Un véritable tableau de mœurs nous présente une vieille bourgeoise déchue, au bord de la misère, qui se console de son sort par la mégalomanie. Mais une inquiétude s'établit peu à peu : l'évocation dramatique de la folie, même dans un contexte réaliste, est toujours quelque peu pénible, voire angoissante. Et surtout l'attitude de Jean, qui prend au sérieux toutes les affirmations de sa tante malgré les objurgations de Marie-Madeleine, introduit une impression de gêne chez le spectateur, signe de la naissance de l'insolite. Pourquoi cet acharnement à convaincre une vieille folle ? Enfin le malaise est porté à son comble par la confusion qui s'introduit dans le réel. Le sang cesse d'être du sang, il devient de la poudre (23), elle se fend le crâne, en même temps qu'elle affirme la beauté et la fermeté de sa chair. La réalité éclate en quelque sorte, au terme d'une scène pénible où l'on pressentait de plus en plus fortement l'approche d'on ne sait quelle menace qui pesait sur les données sensibles et sur les fonctions rationnelles. Nous découvrons l'insolite dans cet acheminement progressif : un insolite qui s'efface en même temps que le doute pour laisser place au fantastique. Le domaine de l'insolite est le royaume du soupçon.

Faisons le point sur cette analyse de l'insolite dans *La Soif et la Faim* :

Nous l'avons vu, tantôt l'insolite nous apparaît par l'intercession d'un personnage que nous analysons et en face duquel nous pouvons garder la distance qu'introduit toujours l'analyse rationnelle (c'est le cas de la première scène du premier épisode, entre Jean et Marie-Madeleine), tantôt nous sommes directement sensibles à un malaise qui n'est pas nécessairement perçu par les personnages eux-mêmes (c'est le cas du deuxième épisode entre Jean et les gardiens).

Mais dans tous les cas, on voit naître l'insolite dans l'inhabituel, l'anormal, le subjectif, et surtout dans leur affrontement avec une perception commune, dite normale, ou naturelle, de la réalité ; s'épanouissant dans le malaise et l'ambiguïté, il se nourrit aisément du sentiment irrationnel et confus d'une culpabilité d'autant plus écrasante qu'elle se présente comme immotivée. Chaque fois que les données ordinaires de la perception tendent à vaciller, chaque fois que se fait jour un doute sur leur universalité et leur rigueur, chaque fois que le dialogue s'engage avec d'autres modes de perception du réel, l'insolite apparaît, mais son approche est insidieuse et se caractérise par l'investissement progressif de la raison. Loin de s'imposer comme le fantastique, l'insolite se glisse, peu à peu, d'autant plus profondément que peut être retardée l'appari-

---

(23) *Ibid.*, p. 91.

tion de motifs sérieux d'inquiétude pour la raison. En ce sens, le théâtre, lieu du drame, donc de l'affrontement, mais aussi de l'attente, est un endroit privilégié pour faire naître le sentiment de l'insolite. C'est ce qui nous apparaît pleinement dans le troisième épisode de *La Soif et la Faim*, qui se déroule en deux grandes scènes (précédées d'une sorte de prologue) : d'abord un jeu dramatique en présence de Jean, puis une action dans laquelle Jean cesse d'être spectateur pour être directement et concrètement concerné. Or, au cœur des deux scènes, nous percevons une gêne, un malaise, croissant jusqu'à devenir insoutenable, chez Jean pour commencer, chez le spectateur de la pièce pour finir. Le glissement vers l'angoisse s'opère donc en deux temps, et nous voyons le jeu dramatique, indirectement, puis directement, contribuer à la naissance et au développement de l'insolite. Quelque chose se passe sous nos yeux, qui est en même temps incompréhensible et anodin, et qui a de telles résonances en nous que nous le percevons comme essentiel. L'affrontement permanent entre deux modes de perception du réel nous oblige à prendre en considération ce que notre raison refuse.

Nous sommes ainsi amenés à nous pencher sur la signification de l'insolite dans *La Soif et la Faim*. En effet, il ne suffit pas de montrer un mécanisme psychologique, il faut surtout essayer de découvrir la valeur esthétique et philosophique pour un dramaturge d'un tel mode d'approche du réel. Revenons dans ce dessein à la première scène du premier épisode. L'image de la maison est éminemment familière et apparemment simple, mais elle est l'objet de deux types de perception : celle de Marie-Madeleine, très pragmatique, est confrontée avec celle de Jean qui prétend y inclure des données oniriques. Nous avons noté que cette plongée dans le rêve donnait, par référence à la vision du monde de Marie-Madeleine et du spectateur, un caractère insolite aux discours du personnage.

En réalité, la vision de Jean redonne à la maison la profondeur symbolique dont la description de Marie-Madeleine l'avait privée, et le sentiment de l'insolite est ainsi le signe du retour à une réalité plus complète et des difficultés de ce retour : on sait depuis Bachelard quel microcosme privilégié est la maison, qui récapitule tous les symboles du monde dans sa pierre, l'humidité de sa cave, la sécheresse de son grenier, etc (24). Ainsi est-il particulièrement significatif de noter que la vision de Jean oppose deux types de maisons, celle qui s'enfonce et la demeure aérienne. La première est engloutie par l'eau et la boue en même temps qu'elle s'engloutit, symbole de mort, d'étouffement physiologique et spirituel : on ne s'étonne

---

(24) Gaston Bachelard, *La Poétique de l'Espace*, Paris, P.U.F., 1957.

pas de la présence ici des images nocturnes : « l'ombre ou la nuit » (25), qui accompagnent naturellement l'ensevelissement, au même titre que le froid (26). En face, au contraire, s'élève la demeure aérienne, lumineuse, légère, chaude et vivante « avec des murs et des toits transparents ou même sans murs et sans toit, où le soleil entre par vagues de soleil, où l'air entre par vagues d'air. Ah, l'océan du soleil !... L'océan du ciel ! (...) J'ai des amis qui habitent sur des collines miraculeuses, sur des cimes qui brillent » (27).

Par sa rencontre avec l'insolite, qui l'atteint dans son imagination, dans sa sensibilité, dans tout ce qu'il a d'irrationnel en lui, le spectateur se voit donc convié et quasi contraint à faire une place à un mode d'appréhension du réel qui n'exige pas de formulation conceptuelle et qui renonce au pragmatisme. Au positivisme de Marie-Madeleine, Jean oppose une lecture mythique de l'univers qui accorde plus de place à la signification symbolique des objets qu'à leur consistance effective et à l'usage qu'on peut en faire. Choqués par l'insolite, nous sommes ainsi amenés à reconnaître la puissance et la légitimité d'un mode d'approche du réel qu'il nous faut bien appeler poétique. La vision insolite devient ainsi révélatrice d'une dimension nouvelle de l'homme, à qui elle restitue son pouvoir de recréer symboliquement le monde qui l'entoure. Ainsi Jean, dans le deuxième épisode, face au positivisme grossier des gardiens, porte-t-il sur l'univers un regard neuf d'enfant qui redonne au paysage sa virginité. Paysage unique, mais en même temps reconnaissable parce qu'il est l'archétype de tous les paradis ; paysage insolite également parce qu'il ne sera jamais usé par la répétition et par l'habitude, parce qu'il suscitera constamment l'étonnement ravi de l'enfant et du poète.

« Je me souviens, toutes ces images étaient enfouies quelque part dans la nuit de la mémoire. Elles me reviennent une à une ; elles surgissent de plus en plus pures, comme lavées par les eaux d'un oubli provisoire » (28).

Le spectateur est donc ainsi appelé à renouveler la connaissance par la poétique et comme Jean, à découvrir que l'homme n'est pas un pur objet de connaissance conceptuelle :

« Je m'étais perdu dans des choses. — Quelles choses ? — Des fardeaux que je pensais être inhérents à moi-même. Nous ne sommes pas les

---

(25) *La Soif et la Faim*, op. cit., p. 79.
(26) *Ibid.*, p. 81.
(27) *Ibid.*, p. 80.
(28) *Ibid.*, p. 106.

choses que nous faisons ; c'est pour cela que je peux m'en débarrasser et que je me retrouve intact » (29).

Cependant, aux visions béatifiques du deuxième épisode, répondent les scènes infernales du troisième. Si la secousse donnée par l'insolite aux habitudes intellectuelles peut ouvrir à une connaissance des capacités poétiques de l'homme, si elle peut révéler la joie d'une recréation du monde, elle est aussi capable d'acheminer l'homme à la terrifiante conscience d'une culpabilité essentielle, symbolisée par l'auberge diabolique et par ses frères-bourreaux.

Ainsi, jusque dans la signification de l'insolite, une ambiguïté demeure : porte ouverte sur l'infini des capacités créatrices de l'homme, ou début d'une « saison en enfer » ? Dans tous les cas, à travers l'insolite, il nous semble bien que *La Soif et la Faim* et le théâtre de Ionesco nous invitent à une aventure dont un monde mécanisé, domestiqué, rationalisé semble trop souvent avoir perdu le sens. La secousse de l'insolite, d'autant plus subtile qu'elle procède par à-coups successifs et légers, nous invite à entrer dans une cosmologie symbolique capable de dépasser le pragmatisme rationaliste.

Aussi bien, ce qui est foncièrement insolite dans *La Soif et la Faim* — le désaccord que nous avons noté entre la perception par Jean du monde qui l'entoure et la perception commune, ainsi que leur affrontement constant — est-il exprimé par la topographie symbolique de l'œuvre : dans le premier épisode, la maison est perçue par Marie-Madeleine comme le lieu du bonheur et par Jean comme celui du malheur ; dans le deuxième épisode, le lieu du rendez-vous est paradisiaque pour Jean et ordinaire pour les gardiens ; dans le troisième, la contradiction est vécue par Jean lui-même qui est renvoyé à nouveau au symbole de la maison : la bonne auberge, de refuge, devient prison. Tous ces conflits, nous l'avons vu, engendrent un climat d'insolite, qui se trouve ainsi lié à la symbolique profonde de l'œuvre.

« Voilà la vraie grand-route, écrit Ionesco, celle qui plonge dans mes propres ténèbres, *nos* ténèbres, que je voudrais amener à la lumière du jour » (30).

L'insolite dans *La Soif et la Faim*, au delà de la définition psychologique qu'on peut en donner par rapport au personnage qui l'éprouve ou au spectateur qui en est progressivement envahi, nous

---

(29) *Ibid.*, p. 107.
(30) *Notes et contre-notes*, édition Idées, Paris, N.R.F., 1966, p. 144.

semble un moyen particulièrement heureux d'éveiller une inquiétude dans la citadelle de notre raison. Ouvrant la porte à la possibilité d'une vision mythique, l'insolite nous apparaît comme l'outil
d'un mode de connaissance et non comme le signe inquiétant d'une
déroute de l'esprit. Nous rejoignons ainsi la parole d'Artaud :

« Il faut croire à un sens de la vie renouvelé par le théâtre (...) Aussi
bien, quand nous prononçons le mot de vie, faut-il entendre qu'il ne
s'agit pas de la vie reconnue par le dehors des faits, mais de cette sorte
de fragile et remuant foyer auquel ne touchent pas les formes » (31).

(31) *Le Théâtre et son double*, Paris, Gallimard, 1939, Coll. Métamorphoses, IV, p. 13-14.

DISCUSSION

sur la communication de Jacques MONFÉRIER

Interventions de : R. Weingarten. — Jacques Monférier. — S. Benmussa. — Mme Laurenti. — J. Petit. — P. Vernois. — P. Caizergues. — J. Pierrot. — J. Onimus. — J.-N. Segrestaa.

Romain Weingarten.

Vous nous avez dit des choses qui sont pour moi tout à fait importantes : vous avez très bien précisé cette notion de l'insolite qu'on avait abordée hier, comme un élément de rupture, mais on l'avait plutôt définie comme une rupture du cours normal des événements, alors que vous l'avez précisée au contraire comme une catégorie de la perception : c'est-à-dire que l'insolite peut très bien être seulement, sans que rien n'ait changé, une suspension du cours normal de la perception et là, ça me paraît bien pire, si je puis dire. Vous avez parlé de soupçon, vous avez parlé de choses insidieuses, du soupçon que, tout d'un coup, ce qui m'apparaît normal, peut-être, ne l'est pas du tout et vous l'avez défini comme les trois coups de la folie qui commence. Vous avez décrit la continuation de la *Soif et la Faim* comme l'investissement de la raison par la folie. Mais, à ce moment, est-ce que c'est moi qui suis fou, ou bien est-ce le monde qui est fou ? Y a-t-il la possibilité à travers des choses extraordinairement difficiles à traverser, d'une perception de la réalité qui serait plus réelle que la perception dite normale, et une possibilité de revenir à ce dont M. Béhar avait parlé hier, c'est-à-dire à l'esprit d'enfance ?

Jacques Monférier.

Le terme de folie n'est pas absolument propre, me semble-t-il, dans la mesure où il s'agit plutôt d'une double lecture du monde ; évidemment il est possible, peut-être, de mettre la folie du côté de l'autre lecture, mais l'ennui, quand on emploie ce terme, c'est qu'on pose toujours implicitement des jugements de valeur, qui reviennent à dire qu'il y a une lecture normale et une lecture anormale alors qu'en fait j'ai plutôt l'impression qu'il y a là simplement une attention portée à deux grilles de lecture, deux types de lecture également possibles et également valables.

Romain Weingarten.

Non, ce que je voulais dire, c'est que le héros est tout d'un coup placé dans des circonstances qui sont normales, avec ce soupçon qu'il se passait quelque chose mais quelque chose qui ne pouvait pas être repéré dans les faits. Ce qui m'a frappé me paraît être le départ même de la folie ; ensuite cela peut justement évoluer d'une façon ou d'une autre, c'est-à-dire soit aboutir, en effet, à la destruction de la Raison, soit à une nouvelle raison ou à un autre mode de connaissance.

Mme H. Laurenti.

Ce qui me paraît intéressant ici, c'est justement cette référence au réel à propos du théâtre, à travers les rapports de l'insolite et de l'anormal ; c'est intéressant dans la mesure où cela renvoie à la conception du personnage chez Ionesco. Son anti-héros est insolite parce que anormal, et par là, finalement, il retrouve le caractère essentiel de ce qu'on appelle le héros tragique. Ce qui l'en sépare, je pense, c'est précisément l'optique qu'a choisie Ionesco. Il a choisi, lui, une optique insolite, une optique anormale qu'il présente sous un aspect banal, humain, mais confronté à des éléments fantastiques de la représentation — le mot « fantastique » est venu aussi à la fin de la communication — souvent fortement marqués. Je pense au *Rhinocéros*, par exemple, je pense à l'envol du Piéton de l'air.

On arrive ainsi à un second aspect proprement théâtral de la technique d'Ionesco : le traitement de l'espace scénique. C'est peut-être ici que l'insolite obtient une certaine permanence. L'espace scénique chez Ionesco est à la fois un espace ouvert et un espace fermé — je pense aux techniques de la prolifération dont on a parlé tout à l'heure. Il est ouvert par cette prolifération à l'infini, mais nous le sentons en même temps comme un espace clos parce que la prolifération bouche l'horizon. Il y a donc insolite dans la mesure où il y a union des deux — et permanence du choc insolite initial malgré l'usure toujours possible. Il se crée une certaine permanence parce que l'insolite devient obsessionnel en quelque sorte. Il me semble que ce traitement de l'espace est bien un élément proprement insolite.

Paul Vernois.

Je crois que tout ce que vous avez dit est extrêmement intéressant. Je me demande si l'insolite ne joue pas le rôle d'un mini-électrochoc. Je veux souligner par là qu'à tout instant il s'agit de nous donner une autre perception des choses d'une manière à la fois brutale et subite. Rappelez-vous certains dallages anciens de magasins faits de carreaux noirs apparaissant tantôt au sommet de cubes, tantôt au fond des mêmes cubes ; la perception en changeait d'un coup, sans aucune raison. Il y a là une sorte de phénomène physiologique. Quant à moi, j'ai l'impression qu'à un moment donné, certaines pièces actuelles offrent un changement total de perspective provoqué par la présence de l'insolite. Toutefois, et c'est là où l'on retrouve le problème de la durée, le problème du temps scénique, il s'agit pour le dramaturge de répéter cet effet de mini-électrochoc, d'en varier les procédés pour mieux nous surprendre. Aussi une sommation, une répétition de thèmes ou de situations insolites peu à peu tendent à nous « convertir », au sens étymologique du terme, à une nouvelle vision de la réalité.

Jacques Monférier.

Certainement ; je pense que c'est là ce qui le distingue du fantastique qui s'impose brusquement et contre lequel on peut réagir violemment, tandis que l'insolite est beaucoup plus furtif et s'installe de façon beaucoup plus sournoise.

Mme S. Benmussa.

Pendant tout le temps de votre communication, j'ai été tentée de remplacer le mot insolite par le mot angoisse. Je trouve que vous avez employé trop souvent le terme d'insolite à la place d'angoisse. C'est l'angoisse qui entre furtivement, insidieusement et pour s'en défendre Ionesco utilise justement des moyens de rupture faits de mots hétérogènes du contexte qui entrent comme par effraction : c'est là qu'interviennent l'absurde, l'insolite qui est souvent un moyen de défense contre l'angoisse du réel, angoisse qui s'infiltre insidieusement, qui transforme le regard sur le monde. Par des images, des mots, des gestes qui ont l'air hors de propos mais qui ont un rôle bien déterminé, l'auteur transforme le monde. C'est ce nouveau réel qui paraît insolite.

Jacques Monférier.

L'insolite apparaît, comme je l'ai dit, à deux niveaux : chez les personnages de la pièce, dans la confrontation entre deux modes de perception du réel, et chez le spectateur, dont les catégories logiques se trouvent sournoisement ébranlées. Le procédé dramatique de l'insolite nous semble donc indissociable de sa fonction symbolique.

Mme *S. Benmussa.*

Je crois qu'il y a beaucoup d'angoisse dans cette pièce, beaucoup plus que dans les autres, il y a même un sentiment de terreur un certain moment. Je reprends votre exemple des deux gardiens de Musée. Ces deux gardiens sont pacifiques, mais très vite à partir du moment où Jean décrit la jeune fille, idéalisée, bien sûr, (il idéalise pour éloigner car si elle existait réellement, peut-être en aurait-il peur ? Existe-t-elle ? n'existe-t-elle pas ?) ces deux gardiens se transforment en policiers : l'interrogatoire qui se précise dans la troisième partie est déjà dessiné. Peur de l'autorité, panique qui s'installe : Jean perd la mémoire ; on lui demande presque une fiche signalétique de cette jeune fille que justement il avait idéalisée et repoussée dans un univers lointain, nimbé de poésie par peur et désir de l'amour. A travers ces gardiens on pense à Kafka : ils sont devant un musée dans lequel on n'entre jamais ; ce n'est jamais l'heure : ce n'est pas qu'on ne puisse pas y entrer, mais Jean rate toujours le moment, un petit peu comme dans « le Château ». La panique s'installe précisément dans le lieu qui était celui de la vision idéalisée, suspendue, lumineuse, la vision rassurante. Tout bascule dans la troisième partie où règne la terreur. Dans *La Soif et la Faim* il y a donc par degré l'angoisse, la peur, la terreur, la panique, montée dramatique absolument fabuleuse.

Jacques Monférier.

Quand vous parliez d'humour, pensiez-vous que la pièce en avait grand besoin car la pression de l'angoisse et son installation progressive n'est guère compensée par une détente ?

Mme *S. Benmussa.*

L'humour est toujours dans les mots, les petits mots, qui brisent l'ensemble. L'humour circule à travers des mots anodins ? C'est justement là que réside la force de défense de Ionesco.

Jacques Monférier.

Je crois que vous parlez finalement de la même chose. L'insolite est l'annonce de quelque chose qui va arriver après ; il est bien évident qu'une fois que l'ordre est interrompu, il faut qu'un autre ordre s'introduise et c'est à ce moment-là que je parlais justement de folie comme vous parliez de peur ; mais alors on n'est plus dans l'insolite, il me semble qu'un autre monde apparaît. Dans le théâtre antérieur, Ionesco en restait, en somme, tout simplement à la rupture alors qu'il passe ici de l'absurde à la peur. C'est tout à fait différent, parce qu'il passe d'un monde mort qui était le monde de l'absurde à un monde vivant.

Mme S. Benmussa.

Il y a changement de temps aussi dans *Jeux de Massacre* où les temps sont absolument différents de ceux du *Roi se Meurt* où nous avons affaire à un seul instant étendu à l'infini.

Romain Weingarten.

Je crois même que les procédés sont restés un peu les mêmes mais enfin il y a des changements. Ce serait intéressant d'ailleurs de voir l'évolution récente de l'œuvre de Ionesco.

Jacques Petit.

Je me demande si ce ne serait pas le moment d'essayer de faire le point, car nous sommes partis de deux notions tout à fait diffé-rentes de l'insolite. On l'avait défini hier comme une rupture. Il me semble bien que c'était aussi le point de vue de Paul Vernois, et vous l'avez analysé essentiellement comme un mouvement insi-dieux, l'introduction progressive d'un soupçon ; je crois qu'il y a là une ambiguïté. Votre idée est que l'insolite naît peu à peu, et que nous en prenons conscience à un certain moment ; dans ce cas-là la rupture serait en quelque sorte préparée ; mais une rupture peut-elle être préparée ? Je me demande si nous ne sommes pas dans un domaine très fuyant et à cet égard j'ai été très intéressé par ce que disait Mme Benmussa ; je me demande si l'insolite n'a pas servi aujourd'hui à couvrir des notions très différentes et je ne vois pas, pour ma part, où vous le mettez ; ce qui est insidieux, en effet, c'est une sorte de peur qui naît, or la peur n'est pas néces-sairement de l'insolite ; je dirais même qu'elle ne fait pas partie de l'insolite ; peut-être du fantastique mais certainement pas de l'insolite.

Jacques Monférier.

Je crois que la rupture apparaît dans ce que j'ai appelé la tension ou la contradiction entre deux façons de regarder le réel et là il y a effectivement rupture, mais si l'on se met du côté du spectateur, est-ce que le spectateur choisit entre ces deux modes ? Le problème est là au fond ; je crois qu'effectivement peut-être à un certain moment le spectateur est amené non pas à choisir, mais à admettre la légitimité d'un certain mode d'approche du réel et je crois que c'est dans la façon dont progressivement le mode d'appréhension anormal du réel prend de la crédibilité chez le spectateur, que s'installe l'impression d'insolite ; si le spectateur repousse brusque-ment, d'un seul coup, le regard de Jean, s'il se range du côté de Marie-Madeleine, on ne peut pas dire qu'il y a impression d'insolite ;

nous avons à faire simplement à un personnage qui voit le monde comme tout le monde et puis à un autre personnage qui ou bien est fou, ou bien a une vision bizarre, etc. Mais il n'y a pas, me semble-t-il, sentiment d'insolite ; le sentiment de l'insolite ne peut naître qu'au fur et à mesure que la vision de Jean prend de la crédibilité.

Jacques Petit.

Il est assez paradoxal de définir maintenant l'insolite comme une habitude, car c'est à peu près à cela que nous arrivons. Dire que nous avons le sentiment de l'insolite à partir du moment où nous l'avons adopté, me paraît assez difficile.

Jacques Monférier.

Ce n'est pas ce que je veux dire. Je crois que l'on ne l'adopte pas mais qu'il y a une frange, une marge entre le moment où une vision fantastique s'impose (et à ce moment-là effectivement on adopte ou on rejette) et le moment originel où l'on serait tenté de se mettre d'un côté, du côté de Marie-Madeleine si vous voulez, du côté de la vision normale ; entre les deux moments, entre le moment du départ et le moment d'arrivée où le fantastique s'impose, nous avons la frange où le sentiment de l'insolite s'installe ; c'est ce que j'ai appelé le soupçon, le moment du soupçon.

Jacques Petit.

Nous arrivons à une tout autre définition de l'insolite qui serait une définition par son mode, par son effet, sur le spectateur. Je suis un peu gêné devant la définition du fantastique par la brutalité et de l'insolite par le soupçon, car je crois que c'est définir uniquement par une réaction. Cela ne me paraît pas correspondre à une distinction réelle, il me semble que l'insolite et le fantastique sont deux catégories tout à fait différentes et que ce n'est pas leur mode d'action qui en est cause. Il peut y avoir un insolite brutal et il peut y avoir un fantastique qui ne soit pas brutal ; je ne suis pas convaincu par votre point de vue.

Romain Weingarten.

Il me semble, en ce qui me concerne, que le soupçon est une chose très brusque. Peut-être que le soupçon est le seul mode de continuité du sentiment d'insolite ; c'est comme un petit coup de sonnette, une dose homéopathique de rupture.

Il y a deux problèmes : il y a le problème de ce qui est insolite pour le personnage, c'est-à-dire sur le plan de l'œuvre littéraire, et puis ce qui est insolite pour le spectateur ; c'est un problème de moyens techniques. A quel moment le spectateur reçoit-il ce sentiment de l'insolite ?

Pierre Caizergues.

Je ne voudrais ni contester ni prolonger votre exposé. Simplement, je pense que *La Soif et la Faim* était peut-être le lieu privilégié de cette rencontre entre l'onirisme et l'insolite. Je me demandais si justement cet insolite n'emprunte pas beaucoup de procédés aux contenus, aux formes mêmes du rêve d'une façon générale. Mme Benmussa a employé tout à l'heure les mots de terreur, d'angoisse qui appartiennent au cauchemar ; on pourrait ici parler en outre de la lumière, de l'azur, de la joie qui appartiennent au rêve, disons, heureux.

Il y avait sans doute un lien à trouver entre l'onirisme et l'insolite, et cette pièce nous donnait l'occasion de rejoindre finalement le thème fondamental de ce colloque.

Jacques Monférier.

Effectivement, après l'avoir rappelé au début, Jean signale le rapport qui existe entre sa vision actuelle et diurne et ses cauchemars et obsessions nocturnes.

Jean Pierrot.

Je voudrais revenir sur le problème de la définition de l'insolite, et sur ce point je pense que l'on pourrait rappeler — vous y avez fait vous-même allusion — les analyses faites par M. Guiomar dans cet article qui me paraît très important de la *Revue d'Esthétique* de 1957. Ce dernier définissait l'insolite comme un état transitoire, un état d'attente, qui disparaissait rapidement ou au contraire débouchait sur le fantastique. D'autre part, l'insolite, si l'on revient à la définition étymologique, c'est l'inhabituel ; c'est en particulier le moment où un décor qui n'était plus perçu est perçu dans son étrangeté fondamentale. L'insolite est donc essentiellement à ses yeux une qualité du décor, de l'environnement : et par exemple il naîtra de l'appartement de Jean au début de *La Soif et la Faim*. Si l'on admet cette définition de l'insolite avec ses deux caractères fondamentaux : phénomène transitoire, et phénomène qui touche essentiellement le décor de l'activité humaine, on comprendra pourquoi il est sans doute difficile de fonder une pièce entière sur ce seul élément.

Jean Onimus.

J'ai l'impression que nous dérapons un peu sur cette notion d'insolite et au risque d'ajouter encore à la confusion, je voudrais introduire quelques concepts. Il me semble que l'insolite dont on parle jusqu'ici relève beaucoup plus des formes, des procédés qui permettent de susciter l'insolite, mais on n'a pas atteint, me semble-t-il, ce qui est proprement l'essentiel. A mon avis l'insolite est un mode d'existence ; c'est une façon de ressentir l'existence. Une pénétration à un niveau plus profond que l'habituel. A ce niveau tout est insolite ; n'importe quoi, n'importe quel événement, n'importe quel objet pouvant être sentis comme insolites. Quand on a pris conscience de cette présence fondamentale de l'insolite au cœur de l'existence, on s'aperçoit qu'une myriade de moyens permettent de la susciter : nous ne pourrons jamais en faire une revue exhaustive. Le fantastique peut, entre autres, faire atteindre l'insolite mais aussi le réalisme le plus photographique ; dans Ionesco nous entendons par exemple un locataire descendre l'escalier et bavarder avec sa concierge. Ce sont les conversations les plus banales : « le courrier est-il arrivé ? etc... » Eh bien, ce dialogue reproduit tel quel sans aucune stylisation devient insolite justement parce qu'il nous est offert dans un cadre théâtral qui, pour ainsi dire, le déplace. S'il est impossible de prétendre passer en revue tous les moyens de l'insolite, il faut du moins appréhender l'espèce de déclic existentiel qui le fait tout à coup surgir au cœur du banal.

Mme H. Laurenti.

Au fond, je me demande si dans cette pièce en particulier, et peut-être dans toutes les pièces de Ionesco, l'insolite ne fonctionne pas à un double niveau : à un premier niveau, il est dans le comportement de Jean et dans la vision de Jean tels que les perçoit le spectateur ; et puis à un second niveau, — et c'est là qu'il aurait ce caractère insidieux, précisément — ce serait le monde réel qui deviendrait insolite, et c'est là que l'on retrouverait le chemin de l'humour.

Paul Vernois.

Permettez-moi d'apporter une précision pour terminer. Je ne crois pas que la présence de la Tante Adélaïde, au premier épisode de *La Soif et la Faim* réponde à des calculs précis. On ne sait si ce passage qui a l'air d'une interpolation onirique doit être commenté en faisant appel à des références biographiques — elles existent —, ou au contraire s'il ne traduit pas simplement une fantaisie de l'auteur, découvrant par là chez Ionesco une structure scénique favorite : celle de la *satura*.

Libre à nous ensuite de donner une signification à cet « intermède ». On peut dire qu'Adélaïde est simplement un peu plus folle et plus insolite que Jean, qu'elle apparaît donc comme son image grossie : mais il s'agit d'une interprétation d'exégète qui doit, le cas échéant, ne pas faire écran à la gratuité théâtrale du passage.

Jean-Noël Segrestaa.

Je voudrais ajouter un mot aux propos de M. Monférier. En février 1968, un groupe d'étudiants et d'enseignants de Nanterre, dont j'étais, a eu la chance de pouvoir s'entretenir avec Ionesco en personne. Il nous avait dit alors qu'il venait d'écrire deux tableaux supplémentaires pour *La Soif et la Faim*, qui devaient, si je me rappelle bien, s'intercaler entre ceux que nous connaissons, ce qui confirme bien l'intuition de M. Vernois, que cette pièce est vraiment une *satura*, une pièce beaucoup plus disparate que les autres et qu'elle pourrait encore proliférer, comme l'a indiqué Michel Lioure.

Jacques Monférier.

Sur l'origine obsessionnelle ou même simplement biographique on pourrait dire la même chose pour le thème du jardin. L'autre jour, au cours d'un entretien radiodiffusé, Ionesco racontait que sa femme avait eu la vision d'un jardin paradisiaque, il y a très longtemps, au début de leur mariage ; elle l'avait appelé, lui disant : « Viens voir ce jardin ». Naturellement, à son arrivée, le jardin avait disparu.

TARDIEU ET L'INSOLITE THEATRAL

par

Henri Lagrave

Communément rattaché à la « région de Ionesco », le domaine de Tardieu apparaît, à qui ne le parcourt que d'un œil rapide, comme une province annexée par « l'absurde ».

Ce petit univers est surtout peuplé d'êtres anonymes — le Père, la Mère, le Professeur, l'Etudiant, l'Inventeur, l'Acheteur, le Maître, la Patronne, le Client, le Préposé, le Savant, le Reporter, etc. — personnages sans état civil, dont certains ne sont désignés que par des lettres — A, B, C — ou revêtent même l'identité la plus vague — l'Homme, la Femme.

Ils se meuvent dans des lieux dont la banalité révèle, plus qu'une volonté d'observation réaliste, la négation d'un espace scénique précis, nettement délimité. Qu'il s'agisse d'une pièce, d'un salon, d'une salle quelconque, l'élimination des objets ou des meubles usuels, l'ouverture vers la lumière ou la nuit extérieure, le vide voulu par l'auteur dans sa vision scénique suggèrent un espace mal défini, extensible, plus encore un « partout », un « nulle part », un espace-néant. A quoi s'ajoute, souvent, l'absence d'éclairage. A la limite, comme dans *Monsieur Moi*, « la scène ne représente rien ; elle est plongée dans l'obscurité ».

Il arrive aussi que dans ce non-espace, il ne se passe rien ; qu'on se contente d'y parler. C'est pourtant au niveau de l'action — disons plutôt des actes — que l'insolite apparaît et triomphe, dans le comportement des personnages.

La première œuvre de Tardieu, datée de 1947, *Qui est là ?* donne le ton : dans « une pièce nue et vide », le Père, la Mère et le Fils sont à table. Une Femme, inconnue, surgissant de l'avant-scène, met en garde le Père contre un vague danger, venant du dehors. Le Père ouvre la porte ; un personnage, aussi indéfinissable que le premier, l'étrangle, charge le cadavre sur son épaule et disparaît. Par la fenêtre, la Mère voit la campagne « couverte de morts », le faubourg « couvert de fleurs », et le soleil « au fond d'une cave ». Appelé par le Fils, le Père se lève d'entre les morts, retrouve les siens, et se rasseoit à la table. Tous les trois, tandis que la fenêtre s'éclaire, attendent la venue de « l'Homme ».

Le Maître d'Ionesco n'a pas de tête ; le Professeur de Tardieu, celui de La Politesse inutile, ne garde la sienne que pour recevoir des gifles : un visiteur mystérieux et cynique humilie brutalement sa prétentieuse pédanterie.

Presque tout le premier recueil de l'auteur (Théâtre de chambre) est fait de courtes pièces où l'inhabituel, l'inattendu emportent le spectateur hors du domaine banal et reposant de la vie quotidienne. C'est un « préposé » aux renseignements qui recommande à son client le désespoir métaphysique, l'entraîne dans les sphères vertigineuses de « l'Esprit », et tire enfin son horoscope pour lui annoncer sa mort imminente ; c'est un Meuble extraordinaire, plus perfectionné encore que le piano à cocktails de Boris Vian, qui fournit à volonté « une douzaine d'huîtres, un morceau de musique, la solution d'un problème d'algèbre, une vue stéréoscopique, un jet de parfum, un conseil juridique... », avant de se détraquer, dans un gargouillis de hoquets mécaniques ; à la fin, un bras sort de l'appareil et tue l'acheteur.

Certains de ces sketches expriment une vision onirique ; Qui est là ?, Le Meuble sont des « cauchemars scéniques ». Mais c'est une pièce un peu plus étoffée, La Serrure, créée en 1955, qui rend le mieux le caractère à la fois décousu, incohérent et obsessionnel des songes : le Client se trouve dans un lieu qui a toute l'apparence d'une maison de passe ; il vient pour contempler enfin, par le trou d'une énorme serrure, l'être idéal qu'il cherche depuis toujours, la femme de ses rêves. A l'heure dite, il assiste au déshabillage de la créature ; mais cette scène pénible de « voyeur », décrite par le personnage lui-même, tourne bientôt au macabre. Nue comme la vérité, comme la beauté, la femme contemplée se dénude plus encore : elle arrache sa peau, jette sa chair par poignées, et livre enfin l'offrande de son squelette à son adorateur ; celui-ci, transporté, se jette sur l'obstacle qui le sépare de son bonheur et tombe mort.

Les dimensions temporelles assignées par Tardieu à ce monde insolite varient selon le sujet et l'espace qui lui sert de cadre. Elles peuvent se confondre avec le déroulement même de l'action scénique ; mais il advient aussi que le temps soit replié sur lui-même, écrasé dans l'étau d'un énorme raccourci (toute une vie humaine en un quart d'heure dans Faust et Yorick), ou réduit à une suite de moments actualisés par le discours (Le Guichet), ou encore volatilisé, nié par la volonté d'un personnage qui refuse la notion de présent et prétend vivre dans « l'imparfait » (Les Temps du verbe ou les pouvoirs de la parole). Enfin, d'une manière presque obsessionnelle, revient chez Tardieu le thème du « souvenir obscur » confusément sauvegardé par la mémoire, et qui remonte au lointain passé d'une « vie antérieure ».

Cependant, cette tonalité insolite et onirique n'est pas, semble-t-il, le reflet d'une véritable vision du monde, comme chez Ionesco ou chez Beckett. Outre qu'elle est corrigée, à l'occasion, par une bonne dose d'humour, et que l'extraordinaire est ramené, la plupart du temps, au rationnel, en vertu des jeux d'un symbolisme assez transparent, elle n'envahit pas totalement l'attitude de l'auteur devant la vie et ne dépasse guère le niveau de l'expression. D'une part, « l'absurde » — et c'est là un très vieux procédé — y est utilisé comme révélateur des sottises humaines ; d'autre part, il y est pris lui-même comme thème et comme prétexte à variations subtiles, où le talent et la fantaisie de l'auteur se donnent la liberté de s'épancher librement.

En fait, si l'on ne tient compte, provisoirement, que du premier recueil, la plupart des petites pièces proposées se réduisent à des « exercices de style ». On a déjà dit qu'à ce titre, Tardieu était plus près de Queneau que de Ionesco. Mais en parlant de *style*, les commentateurs ne songent qu'au langage, plus précisément à la langue écrite. Nous voudrions ici nous arrêter à un aspect de l'œuvre de Tardieu qui nous paraît original et essentiel, c'est-à-dire aux exercices qui portent sur le langage théâtral, où l'auteur s'attaque non plus à l'absurde de notre « parlerie » quotidienne, mais à certains procédés qui appartiennent en propre à la dramaturgie, à la technique, ou, si l'on veut, à la « grammaire théâtrale ».

*
**

A ce titre, deux pièces surtout apparaissent éminemment exemplaires : *Oswald et Zénaïde ou les apartés, Il y avait foule au manoir ou les monologues*. Les sous-titres qui leur sont attribués en disent assez long sur l'intention de l'auteur : chacune d'entre elles se présente bien comme un « exercice », puisqu'il s'agit de choisir, parmi les divers moyens offerts par le langage théâtral, deux formes typiques qui constitueront, à l'exclusion de toute autre, la structure et l'outil d'expression des deux pièces.

On sait que l'aparté, qui apparaît très tôt dans l'histoire de la littérature dramatique, est destiné à permettre à un personnage de communiquer avec le public sans être entendu des autres acteurs. C'est, nous dit Jacques Scherer (*La Dramaturgie classique en France*, p. 261), un « effort rapide pour glisser une réflexion secrète dans la trame des paroles audibles... ». Par là, il sert souvent « à faire connaître au spectateur des sentiments que le personnage, obligé de dissimuler devant son interlocuteur, ne peut pas exprimer à haute voix ». Quant à la fonction première du monologue, elle est également de faciliter l'expression d'un sentiment que le héros ne veut ou n'ose révéler à d'autres personnages. Les deux procédés, abondamment utilisés chez les dramaturges classiques, en dépit des défenses édictées par les théoriciens, furent âprement critiqués par la suite, sans être jamais abandonnés ; les romantiques notamment s'en moquent beaucoup, mais continuent à s'en servir, et l'aparté notamment devient un véritable tic dans le langage d'un auteur comme Labiche.

En bonne logique, et surtout si l'on se place dans la perspective classique, les deux procédés sont difficiles à justifier ; ils heurtent la vraisemblance, en créant une rupture du dialogue ou de l'action. En effet, l'emploi du premier suppose qu'un acteur peut être entendu du public sans l'être sur la scène, le second supprime la dualité qui est à la base de l'expression théâtrale, c'est-à-dire la présence de deux personnages utilisant le dialogue. Dans un cas, c'est la communication normale entre deux personnages qui est interrompue au profit du seul spectateur, dans l'autre, c'est l'un des deux interlocuteurs qui est omis, et la communication ne se fait, dans ce cas également, qu'entre un seul personnage resté en scène et le public. C'est pourquoi, quelles que soient les options esthétiques, l'usage en est resté exceptionnel.

Il y a donc proprement recours à l'insolite lorsque Tardieu propose une pièce entièrement écrite en monologues, et une autre entièrement — ou presque — écrite en apartés.

Oswald et Zénaïde sont fiancés ; la scène se passe dans un salon bourgeois à la campagne, vers 1830. « Au lever du rideau, Zénaïde est seule. Elle rêve tristement en arrangeant un bouquet dans un vase... » On frappe à la porte : c'est Oswald qui arrive. Toute l'action consistera dans l'entrevue entre les jeunes gens, tous deux lourds d'un terrible secret, que chacun croit être seul à connaître, et qu'ils n'osent se confier l'un à l'autre : leur mariage n'est plus possible ! Ce petit drame de « l'incommuniqué » se construit dès lors sur un dialogue où les paroles dites « haut » sont insignifiantes, alors que les apartés, parallèles aux autres répliques, aussi nombreux mais beaucoup plus longs, expriment toute la profondeur et toute la violence des sentiments. A titre d'exemple, voici les quatorze premières répliques échangées à voix haute par les personnages :

Zénaïde

Qui est là ? (...)

Oswald

C'est moi, Oswald !

Zénaïde

(...) Entrez, Oswald ! (...)

Oswald

Vous, vous, Zénaïde ! (...)

Zénaïde

Bonjour, Oswald ! (...)

Oswald

Bonjour, Zénaïde ! (...)

Zénaïde

Asseyez-vous, Oswald ! (...)

Oswald

Merci, Zénaïde ! (...)

Zénaïde

Cinq heures ! (...)

Oswald

Eh oui, cinq heures ! (...)

Zénaïde

Il fait encore jour ! (...)

Oswald

C'est le printemps, Zénaïde ! (...)

Zénaïde

Oui, il fait jour ! (...)

Oswald

Il fait jour ! Vous l'avez déjà dit, Zénaïde ! (...)

Cependant, en alternance avec ces pauvretés articulées à voix haute, s'étalent trois pages d'apartés tumultueux ou tendres, résignés ou égarés. N'y tenant plus, chacun s'écrie enfin, *ensemble*, mais *à part :*

« Hélas ! ma fa-mille ne veut pas de no-tre mariage. »

Aucun des deux n'ayant entendu ce que disait l'autre, ce dialogue de sourds pourrait durer longtemps encore, si le père de Zénaïde, M. Pomméchon, un bavard celui-là, n'intervenait pour révéler aux malheureux jeunes gens qu'il ne s'agissait que d'une épreuve, et que leur bonheur va se réaliser. Mais, dans la joie comme dans l'angoisse, les deux « interlocuteurs » continuent à échanger des propos sans portée, cependant qu'ils chantent, *à part*, leur enthousiasme. Et l'imbrication, à la fin, des deux catégories de répliques est significative.

Oswald

(*Haut*) Pour toujours ?

Zénaïde (à part)

A jamais ! (*Haut*) A la vie ?

Oswald (à part)

A la mort !

Située vers 1880, la seconde pièce se passe dans le vestibule d'un château à la campagne. Quand le rideau se lève, on entend au loin un air de valse : ce soir-là, la « ravissante baronne de Z... » donne un bal, et il y a foule au manoir. Le détective Dubois-Dupont nous avertit mystérieusement, tandis que la fête bat son plein, qu'il y aura un crime dans ce château. Le drame commence : un enfant découvre le cadavre de M. le baron, étendu sous un arbre ; la baronne s'évanouit. Coup de théâtre : le cadavre a disparu ! On le retrouve dans un placard... mais ce n'est qu'un faux cadavre. Dubois-Dupont a tissé cette « diabolique machination » pour permettre au baron de fuir avec une capiteuse Américaine, miss Issipee.

Cette parodie de drame bourgeois (et de drame policier) s'ordonne ainsi que l'a voulu l'auteur, selon une suite régulière de monologues, que vient dire sur la scène chacun des personnages (le détective, la baronne, miss Issipee, le premier et le deuxième valet de chambre, la première et la deuxième femme de chambre). Tous interviennent à leur tour, entrant et sortant tantôt par la droite, tantôt par la gauche mais sans jamais se rencontrer. Ici, le monologue sert à tout : à faire « l'exposition » de la pièce, à informer les spectateurs des progrès de l'action, à leur confier les sentiments personnels des protagonistes, à commenter ce qui se passe en coulisse. La succession de ces apparitions uniques, sans lien entre elles, de personnages qui se présentent eux-mêmes et n'entrent pas en rapport avec les autres, institue un rythme saccadé, sautillant, mécanique, qui déclenche le rire tout en laissant une impression de malaise, accentuée par la raideur du « dialogue » et par l'ambiance musicale, où se mêlent, en un contrepoint détonnant, les airs mélancoliques d'une valse et les hurlements du vent.

A ces deux exercices, d'une exécution parfaite, peut se rattacher une autre pièce, aux effets plus subtils, *Eux seuls le savent*. Tardieu ne vise plus ici des formes spécifiques, comme l'aparté ou le monologue ; il s'attaque à un défaut majeur de l'expression dramatique, le « langage allusif », si cher aux auteurs réalistes, plus tard aux intimistes, qui, poussant trop loin la recherche du « vrai » au théâtre, font parler à leurs personnages un langage qu'ils sont seuls à comprendre, mais qui laisse le public dans l'ignorance totale des mobiles de l'action.

Quatre personnages, Hector, Simone, Justin, Janine, s'entredéchirent tout au long d'une action incompréhensible, pour des motifs mystérieux, sans que l'on parvienne à saisir les rapports exacts qui les unissent. Non seulement, ils évitent de préciser au public les raisons de leur différend, mais les deux femmes entre elles, les deux couples entre eux, refusent d'aborder le fond des choses et de dévoiler leur « secret » : secret au deuxième degré ! Il en résulte un dialogue obscur à travers lequel on devine vaguement qu'il y a un malentendu entre Hector et Simone, un souvenir mélancolique qui unit, et sépare, Justin et Janine. Un coup de téléphone énigmatique prépare le dénouement heureux. Tandis que la lumière du grand jour envahit la pièce, Hector revient, avec Justin, et la réconciliation se fait.

Dans ce petit chef-d'œuvre, Tardieu réussit le tour de force, tout en ne mettant jamais dans la bouche de ses personnages que des allusions, d'écrire un dialogue qui a — ou plutôt qui pourrait avoir un sens. Il faudrait, semble-t-il, peu de choses pour tout éclairer, mais cette lumière ne vient jamais, et les dernières répliques ne font qu'épaissir le mystère.

Toutes les techniques du langage allusif sont ici mises en œuvre : notamment le mutisme des pronoms personnels et des adverbes de lieu qui ne renvoient à aucun mot, donc à aucun lieu, à aucune personne ni à aucune chose (« A ta place, j'y renoncerais tout de suite... Il y est donc allé ?... Comment peut-on en arriver là ?... Pourquoi as-tu fait cela ?... Tu ne vas pas « là-bas » ?) ; le sous-entendu (« Ou il choisit la première solution, ou il choisit la seconde ») ; l'allusion pure et simple (« Après tout ce qui s'est passé... L'affaire n'en restera pas là... Je sais ce que je sais... Qui vous savez... ») ; la réticence (« S'il allait... Tu sais bien que le médecin... ») ; le geste sans parole (Justin : « Simone, je ne veux pas m'en aller sans... *Il désigne discrètement de la main une partie quelconque de l'appartement*) ; le silence enfin (contrairement à tous les usages scéniques, Justin évite de lire une lettre à voix haute !).

Est-il légitime d'accorder une valeur particulière à de simples « exercices » ? Quelle est la portée véritable de piécettes qui n'offrent apparemment, qu'une suite de « gammes » ?

Aux yeux de plusieurs historiens du théâtre moderne (G. Serreau, Pronko, Surer), ces œuvres mineures ne constitueraient que des « esquisses dramatiques », de simples « parodies ». Certes, l'intention parodique y est évidente. Elle dépasse même l'objet précis qui est visé. *Oswald et Zénaïde* a pour but de railler, outre le procédé mis en cause, le style des drames romantiques à bon marché (Zénaïde : « Ah ! tandis qu'il presse ma main sur ses lèvres, mon Dieu, ne prolongez pas mon supplice et faites que cette minute, qui me paraît un siècle, passe plus vite que l'alcyon sur la mer écumante ! »). M. Pomméchon est un personnage caricatural qui sort en droite ligne de Scribe, Augier ou Labiche. En outre, l'humour de Tardieu souligne malicieusement l'effet parodique ; Oswald, dit, *à part* : « Ah ! ce geste gracieux et spontané, plus éloquent que le plus long discours ! » De tels traits abondent dans *Eux seuls le savent* : « Je veux que *rien* ne reste dans l'ombre ! s'écrie Simone, en prenant soin de taire ce qu'elle prétend révéler ; plus loin, elle dit à Justin : « Avec vous, on peut parler clairement, au grand jour ! » Et Janine surenchérit en déclarant : « Nous pouvons parler sans détour, clairement, face à face ! »

Poussant plus loin l'analyse, l'auteur de *Cinquante ans de théâtre*, P. Surer, définit ces pièces comme « sketches didactiques », qui « évoquent certains aspects techniques, certaines conventions du théâtre ». Tardieu lui-même semble autoriser cette classification appauvrissante : il précise en tête de *Il y avait foule au manoir* que « cette comédie a pour objet de souligner le caractère artificiel et comique des monologues de théâtre ». Mieux, pour les deux autres pièces, il charge un « présentateur » d'expliquer, devant le rideau fermé, les intentions de l'auteur et la fin de l'exercice auquel il va se livrer devant le public.

Cependant — outre qu'il pourrait bien y avoir dans cette maladresse apparente une malice de plus, un autre niveau de l'humour —, il nous semble que Tardieu dépasse de loin, dans ces « modestes essais », le didactisme banal ou la simple satire. A moins qu'on n'assigne à la « parodie » un rôle proprement dévastateur. Car Tardieu, ici, accentue la dérision au point de provoquer une totale remise en question de l'expression dramatique. Il ébranle les bases mêmes du théâtre, en faisant éclater le ridicule de *la convention* et les insuffisances de *la parole*.

A travers les procédés « insolites » de l'aparté ou du monologue, c'est en effet le principe même de la communication théâtrale qui est visé. Il n'est pas « logique » (nous l'avons rappelé plus haut) qu'un personnage parle tout seul, ou de manière à n'être entendu que du public. Le théâtre est la représentation d'une action, qui suppose au moins — en principe — deux personnages et se fonde sur la perception, par l'ouïe et par la vue, de *tout* ce qui se passe sur la scène. Dans l'idéal, cette action devrait pouvoir se dérouler comme elle se passerait dans la vie réelle : mais comment, dès lors, faire comprendre au public les sentiments secrets des personnages, ou simplement l'instruire des données et des faits indispensables à la compréhension de la pièce ? On « convient » donc d'introduire — contre toute vraisemblance — des procédés comme le monologue ou l'aparté, ou, plus communément, le récit d'événements survenus dans un temps ou dans un lieu qu'on ne peut montrer, pour aider le public à mieux suivre l'action : c'est là notamment que se mesure l'étroite sujétion du dramaturge à des servitudes qu'ignore le romancier. A l'inverse, les auteurs dramatiques du temps d'Antoine, dans une perspective réaliste, prétendent représenter la vie et déclarent la guerre à la convention : les acteurs jouent dans toutes les postures, de dos comme de face, imposent le « quatrième mur », chuchotent, mâchent ou boulent leur texte comme dans la vie courante ; quant à l'auteur, il en vient, sous couleur de faire vrai, à supprimer toute « exposition du sujet », tout renseignement précis sur les personnages et sur le thème de l'action, puisque le drame qui se déroule sous les yeux des spectateurs est censé être « réel », et que ses protagonistes, étant parfaitement au courant de ce qui se passe entre eux, n'ont aucune raison de nous en instruire, et ne sauraient le faire sans altérer la vérité d'une « tranche de vie » qu'ils veulent nous communiquer dans son authenticité entière, telle qu'elle est « vécue ».

On se trompe donc lorsque l'on dit que Tardieu, dans les trois pièces dont nous avons parlé, s'attaque aux conventions en général. C'est bien le cas en ce qui concerne les deux premières, mais la troisième, *Eux seuls le savent*, met en cause le rejet de la convention, qui aboutit d'ailleurs, bien sûr, à un autre conformisme, celui de l'anti-convention. De la sorte, Tardieu perçoit clairement les deux dangers opposés qui menacent l'expression théâtrale : ou bien l'on veut rendre plus aisée la communication avec le public, et l'on tombe dans des procédés purement conventionnels, dont l'abus détériore la relation entre les personnages sur la scène, et va jusqu'au ridicule, ou bien l'on supprime toute convention, et l'on s'expose à couper la communication entre la scène et la salle ; à la limite, le public est radicalement oublié ; qu'importe, pourvu que, sur la scène, la communication soit assurée entre les acteurs de la manière la plus « naturelle », grâce à tous les moyens allusifs en usage chez des gens qui se comprennent, et qui négligent de se faire comprendre des autres !

Tardieu refuse aussi bien la non-convention que la convention, mais, ce faisant, il pose un grave problème. Comment donc s'exprimera l'action théâtrale ? Et d'abord, *peut-elle s'exprimer* ? C'est la question que se pose le « présentateur » d'*Eux seuls le savent* : « Bien souvent, dit-il, les spectateurs sont conviés à suivre une action théâtrale dont ils ne parviennent pas à comprendre les vrais mobiles. *Est-ce par suite d'une infirmité propre à l'art dramatique ?* »

Si le théâtre est « infirme » et incurable, pourquoi continuer à faire du théâtre ? Nous sommes loin de la parodie : ce que Tardieu propose ici — en même temps que Ionesco — n'est autre que *l'anti-théâtre*.

Il y a plus. Le théâtre s'exprime, entre autres moyens, par les mots. Et Tardieu ne serait pas de sa génération, s'il faisait une entière confiance au langage. Il lui fait donc subir tous les mauvais traitements que l'on sait, notamment par le procédé original d'*Un mot pour un autre*, que l'on retrouve dans *Il y avait foule au manoir* (la baronne, par exemple, fait admirer sa « gaine de safran goudronné », son « faux buste en autruche africaine », son « corsage en lanoline crénelée » etc.) ; en introduisant dans le dialogue — l'idée était dans l'air, et l'on sait ce qu'en fit Ionesco dans *La Cantatrice Chauve* — ces répliques tout droit sorties de la « Méthode Assimil » ; en mêlant au code de la langue nationale celui des langues étrangères... Au-delà de la satire, une grande leçon nous est offerte : le son prime le sens, le geste prime le mot, le silence est plus vrai que la parole. C'est là sans doute le bilan le plus positif de la « parodie » : cet anti-théâtre s'érige en théâtre par l'invention d'un langage nouveau, qui est, à la limite, négation du langage. En définitive, l'aparté, le monologue sont-ils si ridicules ? Oswald n'est-il pas sincère, lorsqu'il dit (*à part*) : « J'ai toujours aimé le silence qu'elle répand autour d'elle : il est comme animé de paroles mystérieuses que l'oreille n'entendrait plus, mais que l'âme comprendrait. » Le langage quotidien est un obstacle à la communication ; c'est encore Oswald qui s'écrie, toujours « à part », peu avant le dénouement : « O musique de la voix bien-aimée ! Sa mélodie fait vibrer notre âme, alors même que nous ne comprenons pas ses paroles... » Enfin, le succès fait à la troisième pièce, *Eux seuls le savent*, démontre assez que l'obscur, l'implicite, l'allusif, à condition qu'ils soient maniés harmonieusement, touchent le spectateur — il vaudrait mieux dire l'auditeur — sans qu'il ait recours à un quelconque relais intellectuel. C'est là ce qui réunit, finalement, dans une même unité, deux groupes de pièces qui semblaient répondre à des intentions opposées.

Tardieu est à la fois un subtil humoriste et un dangereux magicien. Dans le même temps qu'il fait éclater le ridicule d'un langage, il l'assume, le poétise et le fait sien. Il nous force à prendre au sérieux ce qui, à l'instant, nous faisait rire. Et c'est ainsi que cet ensemble d'œuvres s'impose comme le véritable « Art dramatique » de l'auteur. Il y exprime son horreur de l'emphase, sa méfiance à l'égard d'un langage usé, inapte à traduire le « secret de la vie des autres », son goût de la réticence, de la discrétion. Les éléments de cet *Art* se retrouvent partout dans son œuvre. Tardieu a su éviter la longueur, le vain piétinement du dialogue, l'inflation verbale. Il semble — et c'est bien dans la ligne de ses pièces « didactiques » — qu'il se soit soumis volontairement à une sorte de mutilation. Sa préférence le pousse vers ces formes *incomplètes* de l'expression dramatique auxquelles furent réduits, par intermittence — et bien malgré eux ! —, les comédiens de la Foire au début du XVIIIᵉ siècle : *Faust et Yorick* n'est qu'un monologue ; des deux personnages du *Meuble*, seul l'Inventeur est visible ; la *Serrure* tient enfermé le personnage essentiel ; le Père de *Qui est là ?* fait à lui seul les demandes et les réponses ; dans *Monsieur Moi*, le second acteur n'est qu'un faire-valoir, une sorte de clown, dont le langage ne va pas au-delà de l'interjection ; quant au titre d'*Une voix sans per-*

sonne, il dispense d'explication sur le mode d'expression adopté dans la pièce. Enfin, un « ballet » comme *Les Amants du métro* suffit à montrer quels jolis effets Tardieu sait tirer de la réticence, quand il fait dialoguer ses amoureux (ELLE — Tu sais bien que. LUI — Que quoi ? — ELLE — C'est toi-même qui l'as dit ! LUI — J'ai dit quoi ? Tu le sais bien. Tu n'avais qu'à ne pas.)

A la limite serait le silence. Vers quel langage se tourner, si l'on s'obstine à vouloir s'exprimer ? La musique se passe des mots, ignore le signe sémantique. Le théâtre de Tardieu est musique. Ici, l'auteur va plus loin que tout autre : au lieu de rapprocher la musique du verbe, et d'user d'un « langage musical », c'est tout l'ensemble des moyens d'expression du théâtre, structures, rythme, thèmes, mots, qu'il ramène à la musique, en composant un *Théâtre de chambre* et des *Poèmes à jouer.*

L'insolite théâtral, poussé à l'absurde, est, dans un premier temps, objet de critique. Délaissant ce point de vue négatif, l'auteur y trouve, à un degré plus haut, la matière d'exercices de style qui lui permettent d'assouplir et d'exercer son écriture. Allant plus loin encore, il en tire un langage personnel ; et la gamme se mue en sonate, concerto ou « sinfonietta ».

DISCUSSION

sur la communication de Henri LAGRAVE

Interventions de : P. Caizergues. — H. Lagrave. — M. Décaudin. — Mme H. Laurenti. — H. Béhar. — P. Voltz. — J. Onimus.

Pierre Caizergues.

Je suis d'accord avec votre exposé dans l'ensemble. Je voudrais vous poser une question, uniquement personnelle d'ailleurs. Vous avez parlé de ce théâtre comme d'un théâtre qui serait une musique et il me semble que le théâtre de Tardieu, quand il n'est pas juste-ment musique, est moins bon, moins original. Certaines pièces, fina-lement, débouchent sur un ailleurs, sur une métaphysique peut-être, et à ce moment-là donnent l'impression d'être plus faibles.

Henri Lagrave.

Je serais assez d'accord. Je n'attendais pas tout à fait ce genre de question.

Pierre Caizergues.

Ce n'est pas dans le sens exactement du thème proposé.

Henri Lagrave.

Si, c'est dans le sens, dans la mesure où je voulais essayer de montrer qu'ici l'insolite est un moyen beaucoup plus qu'une fin, un moyen d'acquérir un certain langage. En particulier ce traitement de l'insolite purement théâtral, de l'insolite mécanique de l'aparté et du monologue, a pu permettre à Tardieu, non pas de trouver son langage, car il l'avait déjà trouvé en partie, mais de préciser cer-taines conceptions qu'il en avait et de l'amener vers un langage où, effectivement, le sens des mots a moins de valeur que leur contenu sonore. Je suis d'accord avec vous en ce qui concerne les pièces « sans musique » — mais y a-t-il vraiment des pièces sans musique chez Tardieu ? Je ne sais. Vous faites allusion aux pièces du premier recueil vraisemblablement —, elles sont moins valables que les autres. Mais je crois que cela confirme ce que je voulais dire, à savoir qu'il y a là une sorte de découverte d'un art dramatique.

Michel Decaudin.

J'interviendrai dans le même sens que M. Caizergues. Ne pensez-vous pas que l'œuvre de Tardieu se développe entre deux points-limites ? D'un côté, il y a les pièces où compte avant tout la signi-fication, *Le Guichet*, par exemple ; ce sont en général les toutes premières. De l'autre, ce que vous avez appelé la musique : je pense évidemment à la *Sinfonietta*. Et, entre ces deux limites, un éventail très largement ouvert, comportant tous les dosages et traitements possibles (en particulier les manipulations du type *Un mot pour un autre*). Acceptez-vous cette vue d'ensemble ?

Henri Lagrave.

Tout à fait. Il me semble effectivement, qu'il y a un passage chez Tardieu, du début à la fin, de la signification à, je ne dirai pas la non-signification, mais une autre signification, musicale, si on peut parler de signification plus proprement musicale. Et, — j'aurais pu le dire dans mon exposé —, c'est que tout de même il y a une garantie chronologique à ce fait, étant donné qu'il ne faut pas suivre l'ordre que Tardieu impose postérieurement à ses pièces dans le recueil imprimé, car, la *Sonate* qui se trouve presque en tête du premier recueil, est postérieure de 4 ou 5 ans à *Il y avait foule au manoir* et à *Oswald et Zénaïde*. Je crois qu'*Oswald* était de 51, et la *Sonate* a été jouée en 1955. Et toutes les pièces du 2e recueil sont évidemment très postérieures ; elles seront données autour de 1958.

Mme H. Laurenti.

Est-ce que ce n'est pas finalement simplifier, mais sans sim-plifier rien du tout, que de parler musique ? Parce qu'au fond la musique, s'il n'y a pas de mots, il y a un rythme, des notes. Entre Xenakis et la musique classique, il n'y a rien de commun.

Vous dites que c'est un théâtre de la musique et non plus de la parole, parce qu'il n'y a pas de grammaire.

Henri Lagrave.

Il y a une autre grammaire.

Mme H. Laurenti.

Est-ce que ce n'est pas justement remplacer une chose par une autre sans rien simplifier, parce qu'en musique vous avez des

rythmes, d'autres éléments spécifiques. Et la musique qu'on a actuel·
lement est différente, même du point de vue de la mesure, de la
musique traditionnelle.

Henri Lagrave.

Je crois que vous avez raison, mais je n'ai pas dit que c'était une
simplification. Il y a un passage d'un registre à un autre, d'une
certaine façon de s'exprimer à une autre façon de s'exprimer.

Mme H. Laurenti.

Je voulais dire surtout que dans la musique il y a une conno·
tation aussi difficile que dans le langage.

Henri Lagrave.

Oui, ce n'est évidemment pas une simplification ; je dirai même
que c'est une complication, car, qu'il le veuille ou non, Tardieu
continuant à se servir des mots est évidemment amené à utiliser
des mots qui ont un sens. D'où l'infinie complexité de la signifi·
cation de ce langage dans les pièces comme l'*ABC de notre vie*,
par exemple.

Michel Decaudin.

Je dirai que la preuve, c'est que, dans *la Sinfonietta* il est forcé
de jouer sur des ruptures de sens.

Henri Béhar.

A vous écouter, j'ai le sentiment que Tardieu opère un jeu sur
le langage, mais que celui-ci n'est pas spécifiquement dramatique.
A la limite, on a l'impression qu'il s'agit de multiples manipulations
du langage en tant que matériau sonore, tout simplement, et non
pas élément d'un jeu dramatique. J'en viens à la question fonda·
mentale : qu'est-ce que le langage dramatique ? Je livre à votre
réflexion cette réponse que M. le Recteur Imbs m'a donnée hier.
En dépouillant des textes sur ordinateur, il est parvenu à distinguer
trois grands genres, statistiquement distincts. Le genre lyrique où
prédomine le « Je », le genre dramatique (le « tu »), le narratif (le
« il »). La machine arrivait à signaler comme texte dramatique ce
que, finalement, le lecteur de base, chacun des chercheurs du
Centre de Nancy, s'accordait à qualifier de « théâtre » etc. C'est
donc une question ouverte, qui ne s'adresse pas uniquement à vous
mais à l'ensemble des participants : peut-on, à partir des exercices
de style de Tardieu, arriver à déceler des constantes du langage dra-

matique, des conditions minimum qui nous feront dire : ceci est théâtral et exige la représentation, ceci ne l'est pas. Je pose cette question dans la mesure où la thèse de Pierre Larthomas sur *Le Langage dramatique* ne me satisfait pas pleinement. Le linguiste décèle des aspects du langage, mais il ne se prononce pas sur les constantes qui nous permettraient de dire : telle œuvre de Racine ou de Molière, telle œuvre de Tardieu ou de Dubillard, malgré leurs différences flagrantes, leur éloignement temporel, appartiennent bien au même genre.

Henri Lagrave.

C'est une question posée à tout le monde. J'avoue mon incapacité à y répondre, surtout à brûle-pourpoint. Mais croyez-vous qu'on puisse distinguer des constantes du langage dramatique ? Il me paraît que le langage dramatique peut être infiniment divers. Vous êtes-vous attaché à rechercher des constantes ?

Henri Béhar.

Disons que la question me préoccupe. Les manipulations de Tardieu, telles que vous les avez analysées, révèlent un auteur qui dénonce et dynamite de l'intérieur un certain nombre de règles. Vous vous êtes placé dans une perspective où vous faisiez référence à une dramaturgie classique que Tardieu s'empressait de faire voler en éclats. Alors, que reste-t-il ? Reste-t-il une dramaturgie ou plus simplement un jeu de massacre, une texture du langage qui n'est pas spécifiquement dramatique ?

Mme H. Laurenti.

Eh bien, je me demande s'il ne faudrait pas ouvrir le problème d'un théâtre de chambre. Est-ce que le théâtre de chambre est un théâtre comme les autres ?

Henri Lagrave.

Je crois que vous posez là une question intéressante. Tardieu n'a jamais été joué pratiquement sur un théâtre normal. Il n'a connu de succès qu'au niveau de toutes petites scènes, particulièrement dans les cafés-théâtres depuis la mode des cafés-théâtres, essentiellement depuis une douzaine d'années. Je me demande ce que donnerait la représentation d'une pièce comme *Oswald et Zénaïde* par exemple sur une scène normale, dans un théâtre de 400 ou 500 places.

Pierre Voltz.

Qu'appelez-vous théâtre normal ?

M. Lagrave.

Enfin, « normal », entre guillemets. Malheureusement ce qu'on doit appeler un théâtre « normal », c'est-à-dire un théâtre dit traditionnel, que nous avons hérité d'il y a trois siècles.

Dans la mesure où l'on parle de la « petite musique » de Tardieu, la formule de café-théâtre lui a très bien réussi. Dans cette formule, la communication se fait très aisément avec le public qui est autour ; l'élément purement dramatique, toujours dans le sens traditionnel du terme, intervient moins. Les gens sont plus sensibles aux effets musicaux ; il y a là quelque chose qui marche. Tardieu a été un peu oublié, à vrai dire ; on n'a pas tellement étudié cet aspect de son œuvre.

Jean Onimus.

Personnellement, j'avais vu dans le théâtre de Tardieu moins une mise en question des conventions théâtrales, du langage dramatique, qu'une mise en question tout simplement du langage. Il me semble que c'est le théâtre de la non-communication. Ce qui est intéressant, c'est de montrer comment, par exemple dans *Un mot pour un autre*, les personnages réussissent à communiquer, sans se servir de mots : ils utilisent des mots inventés, n'importe lesquels. Mais c'est l'intonation, je dirais, le chant de la voix, c'est le geste, qui permettent de communiquer. C'est un théâtre qui essaie de nous montrer que les êtres humains peuvent entrer en relation en utilisant un système qui fonctionne en dessous du langage ou peut-être au-dessus du langage. C'est par conséquent le théâtre de la solitude, et le théâtre du silence, de la communication par le silence.

Henri Lagrave.

Je suis bien d'accord. Je n'avais envisagé, dans le problème du langage posé par vous d'une manière générale, que le domaine très restreint de ces pièces étudiées. Il faudrait évidemment généraliser pour aborder le problème beaucoup plus vaste du langage en général. Néanmoins je ne vous suis pas tout à fait lorsque vous dites (je crois que vous l'avez dit) que c'est un théâtre de l'incommunicable, ou de la non-communication.

Jean Onimus.

De la non-communication verbale. Et je songe à certains poèmes de Queneau qui sont formés d'adverbes par exemple. On pose comme principe qu'on n'emploiera que des adverbes, ou que des adjectifs. Or il y a une qualité de communication qui se fait dans un langage privé éventuellement de ses structures, c'est une communication d'un caractère très profond finalement, à faisceau épais, large, mais englobant, si bien que l'interlocuteur est saisi par ce type de relation. Je crois que c'est ce qu'a essayé d'exprimer Tardieu.

Henri Lagrave.

Je suis tout à fait d'accord avec vous.

Mme H. Laurenti.

Mais alors, n'y a-t-il pas là une prolifération du jeu au détriment du nous, du vous, de la communication ? C'est ce qui caractérise ce théâtre qui se referme sur lui-même.

Henri Lagrave.

C'est un peu tout le problème du théâtre actuel.

L'IMAGINATION DE RENE DE OBALDIA
ET DE ROMAIN WEINGARTEN

par

Colette WEIL

L'imagination de René de Obaldia et de Romain Weingarten : que ce titre ambitieux ne trompe pas. Il nous fut suggéré uniquement en raison de l'absence des mots « insolite » et « onirisme » dans l'énoncé, mots déjà trop fréquents dans les communications de ce colloque...

Etudier l'imagination d'un seul auteur occuperait une vie entière ; étudier l'imagination de deux auteurs dramatiques en une demi-heure tient de la gageure. Il ne s'agira donc ici que de quelques remarques sur le fonctionnement de l'imagination dans l'élaboration de l'univers théâtral propre à chacun des deux auteurs.

L'association, dans le même exposé, de deux auteurs aussi diffé-rents que Obaldia et Weingarten pourrait surprendre. Elle est le résultat d'une double expérience menée en 1970-71 à l'Université de Strasbourg — où *Genousie* et *l'Eté* firent l'objet d'une part d'une étude théorique en littérature, d'autre part de travaux pratiques d'un groupe de réalisation du *Théâtre Universitaire*.

M. Romain Weingarten est actuellement le moins connu des deux auteurs. Cependant sa renommée commence à dépasser nos fron-tières. Si *Akara* et *Les Nourrices* (1) n'eurent pas la carrière qu'elles méritaient, c'est sans doute que ces pièces venaient trop tôt pour le public de 1948 et 1961. Mais *L'Eté*, créé à Darmstadt en 1965, puis à Paris en 1966, remporta un très vif succès. Michel Bouquet, le personnage de l'Œuf, se révéla un acteur extraordinaire dans *Alice dans les jardins du Luxembourg*, monté au Théâtre des Mathurins en 1970, et *Comme la pierre* est entré au répertoire de la « Comédie Française — Auteurs Nouveaux » en 1970-71.

Que fait un auteur dramatique lorsqu'il est en même temps acteur ? Il se préoccupe avant tout des problèmes de l'acteur sur scène :

---

(1) Le théâtre de Romain Weingarten est édité chez Ch. Bourgois : *Comme la pierre* a paru dans la revue *L'Avant-Scène*.

« Un état autre du corps. Voilà ce que veut dire pour moi le mot :
Théâtre », écrit Romain Weingarten dans *La fête des fous* (2). Et de
fait il s'agit surtout pour lui de meubler le plateau, de le meubler
avec très peu de ces corps qui sont dans « un état autre ». Son but :
utiliser l'espace scénique de façon neuve. L'imagination de Weingarten place sur scène des personnages, des objets aux rapports
insolites, et il demande aux spectateurs un effort d'imagination au
moins équivalent, car il essaie de rendre sensible l'invisible, de faire
exister sur scène le mystère, de créer la présence par l'absence, de
faire en quelque sorte le plein par le vide.

Dans l'*Eté*, poème dramatique en six jours et six nuits, quatre
personnages seulement apparaissent réellement : deux adolescents
Simon et Lorette, et deux chats aux noms savoureux, Moitié Cerise
et Sa Grandeur d'Ail. Mais le plateau se meuble pour le spectateur
de nombreux personnages invisibles :

C'est le lézard Daisy, « le valet de cour », qui a passé hier sur le
mur et que Simon suit pour nous des yeux.

Ce sont les oiseaux, Edgar et sa femme Honorine, qui ont des
petits dans l'arbre : celui des quatre qui ne savait pas voler, « quelqu'un l'a mangé » — « Je me demande qui c'est ». (1er jour) Ces
oiseaux apparaissent pour les chats comme des proies enviables,
mais aussi comme des compagnons dont on écoute le bruit et dont
on raconte la vie de famille.

C'est la voisine aussi que sa Grandeur d'Ail déteste : elle apporte
les légumes et l'on ne saura jamais si elle est vraiment antipathique
et pourquoi.

C'est la maman des enfants, dont l'existence même paraît incer-
taine : Lorette brandit ses recommandations comme un drapeau
pour effrayer Simon, mais les chats nous rapportent qu'elle est morte
l'année dernière : « Quand on ne voit plus les gens pendant longtemps, cela veut dire qu'ils sont morts. » (1er jour)

Enfin et surtout, ce sont les amants Lila et Pierre, « les pension-
naires » dont la vie sentimentale forme la trame de la pièce. Jamais
on ne les verra sur scène, mais le temps de la représentation a suffi
pour leur faire vivre le bonheur et le malheur humains : ils sont
arrivés, ils s'aimaient ; une bague se perd ; ils rompent ; c'est le
départ de la femme seule d'abord, puis de l'amant délaissé.

Il s'agit ici d'un art très indirect : « plus allusif qu'expressif »
selon l'auteur lui-même (3), d'un univers dramatique présenté avec
une extrême économie de moyens. Deux valises apportées par l'ado-

---

(2) In : *C.C.B.R.*, n° 46.
(3) In : *Avant-Scène*, n° 377, 1er avril 1967, p. 9.

lescent le deuxième jour, une valise entre les mains du même porteur au matin du cinquième jour, c'est tout le signe du drame. Une bague sur scène qui passe de main en main — perdue par Lila ; trouvée par les chats, volée par Simon, reprise, reperdue et finalement placée devant le jeune garçon, — suggère le jeu de cache-cache et la ronde de l'amour.

Sur scène seul vit le jardin de l'été dans sa langueur diurne, sa magie nocturne ; le monde de l'enfance y côtoie la nature et les animaux. Mais à côté du jardin, perçu seulement par les lumières qui s'allument ou s'éteignent, les persiennes ouvertes ou fermées, ou par la description des chats, le monde des adultes vit, mystérieux, attirant et finalement décevant. Au dehors la fête foraine bat son plein, et ses rires et flonflons ne parviennent aux enfants qu'en échos assourdis. « Elle » est très jolie. Et « Lui » aussi est très joli. Très gentil aussi. On les admire, « ils » sont le roi et la reine de la fête, et « ils » offrent du whisky à Simon. Mais « Elle » est partie, et « Lui » demeure un moment désespéré et solitaire. Les enfants observent cet univers étrange ; ils voudraient grandir, vieillir ; ils jouent à imiter les amants. Dans ce jardin où Lorette et Simon étaient arrivés innocents au début et comprenant — du moins par intermittences — le langage des chats, l' « idiot » Simon s'est réveillé peu à peu, et Lorette a fait par personne interposée l'expérience troublante de l'amour. Les acteurs présents sont donc mus d'un bout à l'autre par les acteurs absents, et les réactions du visible ne sont, dans ce théâtre, qu'un écho, un reflet de l'invisible.

Dans cet univers où la parole est poésie et l'objet roi, les proportions sont loin d'être celles de la vie courante. Le rôle de l'imagination pourrait être précisément de gommer le réel. La nuit le jardin est immense ; en plein été on y marche sur de la neige ; toute la nature a des yeux : « Dans la nuit, point de voix mais on sait qu'on est regardé par les yeux qui s'ouvrent dans les bois » (6e jour), les amants paraissent aux chats des silhouettes lointaines destinées à entrer dans le piège qui se fermera sur eux ; la maison, tant qu'elle est leur domaine, s'agrandit aux proportions de la terre entière. Mais cette même maison, ce même jardin — image du Paradis — se rétrécissent singulièrement lorsque le drame est achevé. Sa Grandeur d'Ail et Moitié Cerise, méprisants, ont fait leurs valises : « Tu disais que c'était de la confiture ? — Oui. Au fond, monsieur, ce n'est qu'un tout petit jardin, une toute petite maison (...) et surtout, mon cher, ce sont de petites gens, de toutes petites gens » (6e nuit).

Parfois la mise en scène contribue à accentuer cette impression de miniaturisation ou de renversement des proportions. A la création, à Darmstadt, les gros chats — joués par des hommes — étaient assis sur de toutes petites chaises ; Sa Grandeur d'Ail jouait aux cartes avec un jeu minuscule qu'il manipulait de ses grosses pattes ; et le chat, amoureux d'une mouche dénommée Manon, recevait d'elle une lettre apportée par le facteur : lettre de rupture d'un mètre carré envoyée de Rome ! (4)

L'imagination, modifiant les contours de la réalité, crée donc « un microcosme qu'anime une vie intense ». Le réel apparaît malléable, protéiforme. Comme dans la technique du rêve, certains détails sont grossis aux dépens d'autres. Lorsqu'Alice, après avoir tué sa mère, se promène avec son cartable au milieu des statues, elle trouve à la place de l'une des fontaines un œuf immense qui trône au milieu du jardin du Luxembourg. Un homme vit dedans et sort de tout là-haut une tête minuscule en soulevant la coquille : c'est Dodu, l'auteur non encore né d'une « Esquisse d'une théorie générale de l'Univers », dont les gros et petits bras s'agrippent nerveusement à l'œuf pendant le dialogue avec Alice.

« Comme la pierre » présente un prisonnier — accusé de l'assassinat de sa maîtresse — qui construit et reconstruit indéfiniment un mur immense de prison avec de tout petits cubes bleu-ciel. Dans cet univers brouillé, aux proportions insolites, les murs tanguent, les planchers ont des trous ; les invités arrivent d'en bas, sous la porte ; une grenouille s'est installée sous le divan ; il n'y a pas de chaises pour asseoir les visiteurs. Sans doute reconnaîtra-t-on là des thèmes ionesciens, mais sur ce point l'auteur des *Chaises* a bien voulu reconnaître officiellement l'antériorité littéraire de l'auteur d'*Akara* !

D'ailleurs l'univers théâtral de Romain Weingarten, tout en suscitant l'angoisse par les cauchemars d'Alice ou les obsessions de sa mère, se détache assez nettement du théâtre métaphysique de l'absurde par l'imagination ludique de son auteur, qui pourrait bien être sa caractéristique essentielle. « Voilà le jardin », dit Lorette à la fin du 3e jour de l'*Eté*. « Voilà la table. Ils ne sont pas cachés. Mais on peut se cacher. Il y a ce qu'on voit et il y a ce qu'on ne voit pas. Sans cela, on ne pourrait pas jouer. »

Jouer, voilà le mot-clé. Et jouer, c'est retrouver l'esprit d'enfance. Cela ne signifie nullement que l'univers de Weingarten soit un univers idyllique. Il est peuplé aussi d'enfants insolents, monstrueux, qui disent des gros mots, d'enfants encombrants comme dans *Akara*, ou qui tuent leurs parents comme Alice. Mais tous sont passionnés par le jeu : jeu de l'amour, jeu de la mort, jeu de la vie. Alice joue à séduire l'œuf ; Simon à tuer sa sœur comme au jeu de cibles de

---

(4) Gabriele Wohmann : *Theater von Innen* - Protokoll einer Inszenierung - Walter Verlag - Olten und Freiburg im Breisgau, 1966.

la foire ou au jeu des Indiens ; même les chats jouent à la jalousie, au dépit amoureux, à l'indifférence, au mépris.

Dans cet univers de jeu le rêve n'est presque jamais présenté comme un rêve ; il est une réalité. Lorsque les chats décident de « bouffer » Simon au cours de la 4e nuit, nous assistons à une véritable scène de carnage verbal. « Moi je vais lui sucer les petits os du coccyx. — Moi, le ciboulot. La lobotomie. Le cervelet avec un jus de citron. — Miam crac ! Le foie, crac ! Crac les yeux. Crac les oreilles, le nez, la langue ! » et lorsqu'ils ont en rêve démantibulé Simon pièce à pièce et bu son sang, ils sont aussi fatigués que s'ils avaient accompli vraiment leur acte et ils s'endorment !

Cet univers imaginaire est tout entier appuyé sur un jeu de langage. Tantôt l'auteur s'amuse à accoupler les mots pour le plaisir : « Miam crac les côtelettes, les dentelles, les bretelles. — La fontaine, le caboulot, le blanc de blanc » (4e nuit). Tantôt il s'agit de pousser les clichés à bout pour redécouvrir la valeur concrète des images : c'est ainsi que l'expression : « je pourrais le bouffer tout cru » devient une démonstration d'anthropophages ; « le monde est un œuf » ou « il ne sort pas de sa coquille » suggère la présence concrète sur scène d'un personnage comme Dodu qui vit replié sur lui-même, écoutant la télévision à l'intérieur de son univers clos. Si l'on dit couramment « reconstruire un amour pierre à pierre », c'est exactement ce que fait l'unique personnage de *Comme la pierre*, devant nous, avec son symbolique jeu de construction.

Parfois, mais rarement, ce jeu repose sur des références culturelles. Les chats de l'*Eté* sont instruits, il leur arrive de parler latin (« gaudeamus ») ; ils sont modernes (« Tu devrais aller voir un psychanalyste ») ; ils sont érudits, mais Sa Grandeur d'Ail confond Fichte le philosophe avec Fichtre (4e jour). La mouche Manon s'exprime dans sa lettre comme une précieuse ridicule, et elle connaît par cœur son Sartre dont elle a lu et discuté... *Les Mouches*, bien sûr (6e jour) !

A ce jeu de la culture s'ajoute un jeu de la magie. Le jour les chats de l'*Eté* se montrent coquets, mesquins, médisants, capricieux, ils ont des conversations, des disputes de chats. Mais la nuit reparaît en eux l'antique sauvagerie. Ils se meuvent alors comme des esprits, anges gardiens ou peut-être démons de la nuit. Les voici qui dominent les humains, possèdent le domaine, l'univers entier. Et ils devinent tout, par déduction ou par une antique science infuse. « Je ne connais pas les chats plus que les plombiers ou les vaches », écrit l'auteur « A propos des chats » dans l'édition Bourgois ; « nous les connaissons tous. La question est de savoir ce qu'ils font dans l'imagination. » Les chats représentent les forces invisibles qui nous entourent, tantôt

favorables, tantôt — et plus souvent — hostiles. « Le monde est
sombre. Le monde est nu. »

Mais le jeu permet de transformer la réalité, et lorsque tout est
trop sombre, il suffit de changer les noms pour changer les rapports.
Quand Lorette revient de la foire, heureuse, exubérante et chargée
de trophées, elle appelle les chats « Ma Grosse moitié de Chocolat »
et « Toi Sa Grandeur de Tas de Pruneaux » (4ᵉ jour). Mais au cours
de la 5ᵉ nuit qui est la nuit des gémissements, lorsqu'ils se consolent
mutuellement et que chats et humains comprennent enfin leurs
paroles respectives, Lorette a cette trouvaille : « Tu ne t'appelleras
plus Moitié Cerise, tu t'appelleras Milieu du Ciel », et au cours du
6ᵉ jour ils deviennent, encore plus poétiquement, « Sa Grandeur
d'Ame et Milieu du Ciel », puis « Grandeur des Arbres et Moitié des
Coquillages ». Le jeu permet de vivre car il met à nu les fantasmes,
et libère. C'est ainsi que le prisonnier casse sa chaise : « Voilà ce
que j'en ai fait, de mon père », il prend le tabouret : « Et ma mère !
voilà ce que j'en fais ! » : il s'assied dessus (p. 9). Mais grâce au jeu,
les cubes du mur de prison, légers, transparents, deviennent la maison, le rêve d'une vie paisible, le pique-nique en famille, et enfin
les parties du corps de la femme aimée : « Mains de Madeleine.
Bras de Madeleine. Visage de Madeleine. Ses yeux. Qui regardent ! »
(p. 14). Le jeu permet de vivre une vie à côté de la vie, en marge.
Simon et Lorette font comme s'ils étaient les amants Lila et Pierre.
Parfois même ce jeu devient dangereux car on ne peut plus l'arrêter :
Simon, trop bien lancé, étreint passionnément sa sœur qui se débat.

Cet univers, à la fois vide et plein, grand et petit, immobile et
mouvant, retrouve la fonction primitive du théâtre : jouer avec les
mots, les objets, les êtres.

Mais il apparaît indispensable que le spectateur entre dans le jeu.
Si on reste à l'extérieur, cet univers paraît simplement « insolite »
au sens de : étranger. Si on entre dans le système, celui-ci se révèle
si cohérent qu'on attend, qu'on espère et qu'on va finalement de
surprise en surprise ; on n'est plus choqué que des chats parlent
chat, qu'ils soient amoureux d'une mouche, qu'on puisse écrire des
billets d'amour sur un vieux mégot, ou qu'un chat danse un tango
avec une jeune fille.

« Rêver, a dit Romain Weingarten, c'est amener au jour ce qui
est DEDANS. La pièce écrite est à la frange du jour » (5). Le théâtre
de Romain Weingarten amène au jour ce qui est *dedans* : « c'est un
théâtre de l'imaginaire. Un théâtre de l'espace du dedans » (6).

---

(5) Programme de la pièce *L'Eté*.
(6) Emission de télévision du 4 octobre 1970 (« Les 3 Coups »).

M. de Obaldia nous pardonnera peut-être de lui consacrer une toute petite partie de cet exposé, car des études ont déjà été faites sur cet auteur célèbre, heureux, joué dans le monde entier, et en ce moment même à Paris et dans plusieurs villes de France, avec ses pièces qui vont de *Genousie* (1960) au grand succès actuel de l'Œuvre, *Deux femmes pour un fantôme* et *La Baby-Sitter*. Bien que *Genousie* soit sa pièce la plus ancienne, c'est principalement sur elle que se fonderont les quelques remarques suivantes.

La caractéristique principale du théâtre obaldien est sa liberté d'imagination. Dans un cadre léger, léger, tout devient possible : le western se joue en chambre ; des cultivateurs beaucerons retrouvent leur fils en la personne d'un cosmonaute tombé dans leur champ ; un écrivain célèbre ramène d'un pays imaginaire une femme splendide qui ne sait pas un mot de français ; un couple qui va sortir attend la baby-sitter et voit arriver une jeune femme de l'Armée du Salut. Le point de départ de chaque pièce, de chaque impromptu, paraît être une idée très originale, une situation un peu invraisemblable, que l'auteur exploite systématiquement et comme en se jouant. Le théâtre respire alors la joie de la découverte, la joie de l'écriture, et l'émerveillement devant la vie.

Car le don d'émerveillement — celui du merveilleux aussi — est le don créateur par excellence, selon Obaldia lui-même. Le poète est celui qui a su garder l'esprit d'enfance, une certaine virginité, une disponibilité devant le spectacle du monde.

L'auteur dramatique retrouve avec admiration, avec le sourire aussi, les comptines de son enfance, et comme on joue à « Pigeon vole », son fantôme, dans *Deux femmes pour un fantôme*, joue à « Volant vole, Viviane vole, Brigitte vole ». Pour qui se souvient peut-être des Elfes « couronnés de thym et de marjolaine », le fantôme victime d'un accident de voiture, paraît naïf ou cynique lorsqu'il dit en vers à l'agent : « Je suis un mort tout frais, M. l'Agent, Tout frais, Odeur de thym, de serpolet. » — Mais les enfants parlent de la mort sans s'émouvoir ; dans les pièces de Obaldia comme dans les contes, les morts continuent à se promener comme le fantôme, — ou ressuscitent — comme Hassingor tué par Christian, tant est grand chez l'auteur l'amour de la vie. Lorsqu'Irène la Genousienne est présentée dans le salon de Mme de Tubéreuse au poète Christian, c'est le coup de foudre immédiat et réciproque ; le temps s'arrête ; tout disparaît ; et l'auteur exprime leur émerveillement, — son émerveillement —, devant l'amour par une sorte de ballet solennel et poétique : découverte de l'existence de l'autre, de sa place dans l'espace, puis de son corps, puis de son nom, et tout cela sans qu'il soit besoin de mots : « Gouroulougiliou — Gouroulougiliou » : tout le monde a compris ce « Je t'aime » qui paraît cependant tout neuf.

Pour Obaldia rien n'est donc insolite dans l'univers, puisque le poète peut tout imaginer, et faire par là concurrence au Créateur. Mais tout est insolite, puisqu'il suffit de regarder le quotidien avec des yeux neufs. L'insolite est dans le quotidien pour qui sait regarder.

L'un des éléments-clés de la réalité insolite est le rêve. « Je crois à la réalité du rêve », disait l'auteur dans une interview du journal *Bref* en octobre 1960. Et de fait, *Genousie* n'est qu'un enchaînement, un entrelacs de rêves. Seules les deux premières scènes de l'acte I et la dernière de l'acte II appartiennent à la réalité : salon de Mme de Tubéreuse, présentations et propos mondains. Entre ces deux instants que rien ne sépare — sauf deux heures de spectacle ! — a eu lieu toute la pièce : le rêve d'amour de Christian, l'assassinat du mari gênant, et les différents cauchemars du meurtrier : du rêve rose on passe au rêve dans le rêve, puis à l'évanouissement et au cauchemar passif ; du cauchemar on revient à la réalité fictive, puis à la véritable réalité. La cloche — que tous attendent, craignent ou espèrent — rythme et ponctue ces différents paliers du rêve. Les personnages eux-mêmes changent d'identité : Christian voit arriver Mme de Tubéreuse en infirmière, Jonathan en moine, le professeur Vivier en Général d'Empire. Mais c'est le rêve qui révèle leur véritable nature : toutes les hypocrisies sociales éliminées, la châtelaine, par exemple, apparaît sensuelle et vulgaire. Christian le poète n'est plus sûr de l'existence des autres, il n'est même plus sûr de sa propre existence ni de sa propre identité, et il finit — en rêve — par vouloir tuer l'objet de son amour : « Que je me tue et que je tue Irène ». « Que je les tue tous ! Tous ! Tous ! » (II, 8).

Si le rêve représente la « réalisation d'un désir » (Freud), il est aussi, dans *Genousie*, divination ou prémonition. Lorsqu'à la fin de la pièce la réalité reprend le dessus avec la cloche du dîner, le jardin et ses salsifis, on sent que tout ne fait que commencer : le schéma onirique va devenir réalité.

« Que les mots de nos jours soient prostitués, qu'ils ne servent principalement qu'à véhiculer le mensonge, c'est un lieu commun de le souligner. Ils ne servent qu'à entretenir un certain somnambulisme », affirmait récemment M. de Obaldia. L'auteur qui se déclare « pour un théâtre de vigilance » — veut donc avant tout réveiller les mots.

Parfois ce jeu sur le langage peut paraître futile. Ainsi Mme de Suff parle de sa voyante qui « a des visions colorées. L'avenir lui arrive tout cuit en technicolor ». Mme de Tubéreuse joue sur le double sens : « Le mois de mai, comme vous le savez, est le mois de la Vierge. Au moins une fois par an, nous tenons à nous refaire une virginité. J'entends, bien sûr, la virginité de l'esprit. » Si les sons tintinnabulants, en enfilade, de *Genousie* sont déjà un appel à notre vigilance: « Tant pis pour le professeur, la civilisation, la culture, les tamb*ours*, les disc*ours* » (I, 3), Franklin de *La Baby Sitter* trouve dans ces exercices de rimes intérieures une forme saine d'autocritique : « Il faut tenir !... A moi les glucides, en attendant les protides, les lipides, le tonneau des Danaïdes... Tenir ! Treize ans de vie conjugale, mais où sont les feux de Bengale ? » Une étrangère répète nos mots les plus courants en les décomposant autrement, et déjà apparaît une rupture cruelle dans la réalité (Irène : « Professeur. — Fesseur »).

Obaldia aime les mots, son imagination joue sur les mots ; mais en même temps la gravité du problème du langage ne lui échappe pas : « Le pire des malentendus », dit Hassingor, « vient peut-être de ce que nous parlons la même langue. Nous ajoutons à la confusion en persistant à croire que le mot dit par Pierre correspond au même mot dit par Paul. Voyez ce que cela donne dans les familles ! Si le père parlait turc, la mère esquimau, un ou deux enfants dongo et bambara, il existerait certainement beaucoup moins de disputes, de scènes regrettables allant jusqu'à l'exaspération de chacun des membres. » C'est pourquoi Obaldia invente pour son Irène une langue douce qui ressemble au roucoulement des tourtereaux : « Gouroulougiliou (...) Barispolète apotax (...) Karisoumaï dramovithe. » Mais lorsqu'Irène parle enfin le français, Christian ne peut plus s'exprimer qu'en genousien !

Les jeux sur les mots atteignent parfois une certaine profondeur malgré leur apparence ludique. C'est ainsi que l'auteur dramatique Hassingor, assez guindé et ridicule, attaché aux formes de la vie, porte un « chapeau de forme ». L'imagination de René de Obaldia saute sur l'occasion pour épuiser toutes les possibilités de jeu sur la forme et le fond, le double et le triple fond (du chapeau) et... la Sainte Trinité. La rose rouge — couleur de sang, ou trophée de tir des foires — donne naissance à une image surprenante : « Voulez-vous ce cadavre ? — Ce... cette rose ? — Ne vous méprenez pas, mon jeune ami, j'ai assassiné un homme. Depuis j'ai l'habitude de le porter à la boutonnière » (I, 7). Ce même chapeau haut de forme, tourné dans tous les sens par Christian, suscite une avalanche d'images insolites qui semblent procéder de la simple association : « Oh, je peux l'appeler vase de Soissons, mouton à cinq pattes, — mouton noir, cheminée pour enfants malgaches, locomotive, trois heures de retenue, tunnel sous la Manche (...) » (II, 1). Y a-t-il là une influence du surréalisme ? M. de Obaldia s'en défend, et avec un jeu de mots brillant : « Les surréalistes faisaient usage de l'écriture automatique ; moi pas. Je préfère l'écriture inspirée et à l'exploration du subconscient, celle du surconscient. » (*Le Monde*, 27-12-69).

Jeux de mots, de sons, répliques brillantes, sont en fait l'expression de l'humour de René de Obaldia ; et l'humour est peut-être sa qualité la plus personnelle.

Un humour rose parfois, tendre et cocasse, comme lorsque l'auteur se moque gentiment du vaudeville et de ses scènes d'adultère : dans *Genousie* Irène flirte froidement avec Christian devant son mari, qui a la délicatesse de se détourner et de céder la place ; puis il réapparaît, souriant et parfaitement à l'aise ; sa femme non plus n'a pas l'air gêné le moins du monde...

Mais le plus souvent il s'agit d'un humour noir, et discrètement macabre. Ainsi lorsque le domestique vient apporter au mari et à l'amant, bien posé sur un coussinet, un joli révolver d'époque, cadeau de Mme de Tubéreuse, et que les deux hommes se font d'infinies politesses : « Après vous ! — Je n'en ferai rien. — Place aux jeunes. — Non, mon cher ami, disposez. — Imposez. » (I, 7) ; ou lorsque Christian qui a tué Hassingor, fait des reproches au cadavre étendu : « Non seulement il prend du ventre, mais il prend aussi de la distance... Monsieur me bat froid... Monsieur ne daigne plus discuter avec moi... Voyons, faites encore un effort, un effort posthume... » (II, 1).

Sous la plaisanterie perce une certaine cruauté. Les mots, réveillés par M. de Obaldia, révèlent leur sens littéral : la femme (se faisant d'ailleurs elle-même les questions et les réponses) demande à la maîtresse : « Vous désirez, Madame ? — Je désire votre mari. » Le jeu de « Pigeon vole » aussi devient grinçant lorsque l'accidenté explique sa mort par : « Volant vole ! Vitres volent ! Cervelle vole ! »

L'humour, en fin de compte, apparaît comme une défense. Par ses jeux de mots et ses réparties spirituelles l'auteur désamorce le tragique : « Tu ne crois pas que l'on nous épie » dit Christian inquiet. Et Irène : « Zépie ? » Il se défend contre la tentation du lyrisme : dans la grande scène d'amour Christian qui se laisse aller aux confidences, ouvre vite une parenthèse, ajoute un membre de phrase pour couper court à l'effusion : « Mon amour ! Ah ! je voudrais être avec toi sur une île déserte, complètement déserte — quelques pingouins à la rigueur ». L'auteur se défend avec esprit contre sa propre culture, citant Gœthe et son roi des aulnes, pastichant Descartes avec son valet philosophe qui déclare emphatiquement : « Je balaie, donc je suis. » Les phrases les plus célèbres de la vie courante apparaissent neuves et cruelles sous la parodie : « Attention, attention, les voyageurs sont priés de ne pas jeter leurs enfants par la fenêtre durant le trajet, au risque de blesser les ouvriers travaillant sur la voie. » Enfin, Miriam, la prostituée au grand cœur, dans sa célèbre tirade du *Vent dans les branches de Sassafras*, connaît par cœur et son Corneille et son Racine et son Victor Hugo !

Ce monde qui n'est pas aussi rose qu'il paraît, Obaldia le domine grâce au léger et constant décalage de l'humour. L'amertume est surmontée, et la parole finale reste à l'optimisme et à l'émerveillement : « Rien n'est absurde », écrit l'auteur dans *Le Monde* du 27 décembre 1969, « il y a seulement des choses mystérieuses, incompréhensibles (...) Il faut une grande attention tournée vers l'intérieur. Alors l'image, le mouvement, le vers, qui se sont formés en nous, à notre insu, affleurent et nous les captons. Plus ils sont insolites, plus ils nous introduisent dans un monde merveilleux. »

DISCUSSION

sur la communication de Mlle Colette WEIL

Interventions de R. Weingarten. — R. de Obaldia. — P. Voltz. — J. Petit. — Mme M.-J. Durry.

Romain Weingarten.

Je préférerais que d'autres parlent, mais tout au moins je peux dire que je suis tout à fait d'accord avec ce que Mademoiselle Weil a dit, particulièrement sur un point, qui répond tout à fait à ma préoccupation et qui est une sorte de paradoxe si vous voulez, paradoxe du théâtre : le problème de montrer l'invisible ; ça résume très bien ce que j'essaie de faire.

René de Obaldia.

La première chose qui me vient à l'esprit : nous parlions d'insolite. Eh bien, pour moi, il y a quelque chose de tout à fait insolite d'être encore vivant et d'entendre parler de mon œuvre comme s'il s'agissait de l'œuvre d'un mort. J'ai eu, en tout cas, l'impression en écoutant ce qu'a dit Mlle Weil sur *Genousie, Du Vent dans les Branches de Sassafras* ou sur *La Baby-Sitter* que ce n'était pas tout à fait de moi qu'il s'agissait, que je n'étais pas tout à fait vivant. Cela me fait penser à cet humoriste, Tristan Bernard je crois, lequel devant faire une conférence devant un illustre auditoire, débuta à peu près en ces termes : « Shakespeare est mort, Dante est mort, Corneille est mort, Racine est mort, Tchekov est mort, Pirandello est mort, Strindberg est mort, et moi-même je ne me sens pas très bien... »

J'ai été également frappé par tout ce que j'ai entendu dire ce matin sur Ionesco. Exégèses fort pertinentes, certes. Mais je ne pouvais pas ne pas songer à l'insolite de ces moments fort ionesciens : professeurs disséquant l'« œuvre du Maître » et jouant, par là-même, à être des personnages de Ionesco (naturellement, sans s'en rendre compte) ! Car ce qui est disséqué ici, mesuré, jugé, jaugé, passé au crible, c'est une œuvre qui a jailli spontanément (tout au moins les premières pièces de Ionesco) et dont l'auteur, à ce moment-là, ne se doutait pas qu'elle solliciterait tant de gloses savantes. Il en est ainsi, d'ailleurs pour tout commentaire d'une œuvre créatrice, et les

« explications de textes » en général, donnent la mesure de la naïveté, souvent pédante, des exégètes. Car il n'y a rien de plus mystérieux que l'acte créateur en soi, et tout d'abord, pour l'auteur lui-même. Ce qu'il tente — au-delà de toute analyse — c'est de se délivrer de ses obsessions, de ses hantises, et souvent, sans un plan déterminé. Davantage par instinct que par préméditation. (Je ne parle pas ici des « faiseurs »). C'est pourquoi des professeurs distingués, discourant très sérieusement de *La Cantatrice Chauve*, par exemple, devant un auditoire à notes, représentent à mes yeux un spectacle comique, plein d'humour.

Enfin, ce qu'il m'importe de dire ici, c'est que je trouve fort courageuse Mlle Weil de s'être jetée dans l'arène, d'avoir parlé publiquement devant Romain Weingarten et moi-même, auteurs encore vivants, et, par conséquent, à vif !

Tout comme mon ami Weingarten, je trouve ses analyses fort judicieuses. Elle a su donner « le climat » de mon univers théâtral avec bonheur. Et je l'en remercie. Bien sûr, certains points de détail seraient à discuter, certaines nuances à établir, et il s'agirait aussi de s'entendre sur le contenu de certains mots, mais cela nous entraînerait plus loin qu'un simple colloque, il y faudrait une décade !

Pierre Voltz.

Quand on joue une de vos pièces, n'avez-vous pas l'impression que cette pièce vous échappe ?

René de Obaldia.

Il y a toujours un moment où lorsqu'on fait un enfant, celui-ci, en effet, nous échappe...

Jacques Petit.

C'est exactement, je crois, le sens de l'intervention de Voltz ; l'œuvre échappe à l'auteur à partir du moment où elle est terminée, où on l'a jouée. Elle ne vous appartient plus d'une certaine manière.

René de Obaldia.

Incontestablement.

Jacques Petit.

Et, si j'ose dire, c'est à nous de l'expliquer, pas à vous.

René de Obaldia.

Oui, sans doute. Il ne s'agit d'ailleurs pas pour un auteur « d'expliquer ». Je ne sais plus qui a dit : « Dieu crée ; le Diable analyse ! »

Mme Marie-Jeanne Durry.

Vous disiez que l'œuvre n'appartient plus à son auteur, qu'on peut lui donner autant de sens qu'on veut. Mais rien d'impossible à ce que l'auteur ne comprenne plus du tout le sens qu'on veut donner à son œuvre et se dise avec étonnement — j'en ai fait moi-même l'expérience — : « Comment ? j'ai vraiment mis tout ça dans mon œuvre ? » Ou bien au contraire il se dit : « J'ai mis là beaucoup plus qu'on ne s'en est aperçu. » Sûrement l'auteur est très mauvais juge de ce qu'on dit de lui.

René de Obaldia.

Je me range tout à fait aux raisons de Mme Durry. Et puis, on ne prête qu'aux riches. Et plus une œuvre est riche, plus, naturellement, on lui prête de sens.

Sur mon théâtre, plusieurs étudiants ont fait ce qu'on appelle je crois, maintenant « une maîtrise ». C'est le cas d'un jeune Canadien, venu de Montréal pour me soumettre son travail et en discuter avec moi. J'ai été stupéfait de tout ce qu'il avait découvert. Il en savait beaucoup plus long que moi ! Et sur mon œuvre, et sur ma personne. Je suis né à Hong-Kong, j'ai commencé à publier à telle date, j'ai fait telle déclaration à la radio, je me suis contredit un an après à telle autre radio, le mot « vent » revient trente fois dans mon théâtre et dans mes romans, etc., etc. A la fin de ce long entretien je lui ai demandé quelle était la date de ma mort ; le cher garçon a eu la délicatesse de ne pas me la révéler... Mais je reviens à ce que je disais : il est évident que l'acte créateur est infiniment mystérieux, et irréductible dans son essence à l'analyse. Plus une œuvre est riche, plus elle est féconde en interprétations et, je dirais même, en contradictions...

Jacques Petit.

Rassurez-vous ! L'acte créateur est aussi obscur pour les critiques.

SECTION III

ONIRISME SCENIQUE
ET
REPRÉSENTATIONS DE LA SOCIÉTÉ

CENSURE ET REPRESENTATION DANS LE THEATRE D'ARTHUR ADAMOV

par

Jacqueline ADAMOV

Arthur Adamov a dit bien souvent que la lecture du *Songe* de Strindberg l'avait incité à écrire pour le théâtre, et il parlait volontiers de « théâtre onirique ». Ce qu'il entendait par là, il tente de l'expliquer dans l' « Avertissement » qui précède *La Parodie* et *l'Invasion*, publiées en 1950 :

« Je crois que la représentation n'est rien d'autre que la projection dans le monde sensible des états et des images qui en constituent les ressorts cachés. Une pièce de théâtre doit donc être le lieu où le monde visible et le monde invisible se touchent et se heurtent, autrement dit la mise en évidence, la manifestation du contenu caché, latent, qui recèle les germes du drame. »

Ainsi la représentation théâtrale exprimerait le fantasme inconscient sans que celui-ci ait eu à subir les déformations que, dans le rêve, lui impose la censure. Mais cette rencontre, cette retrouvaille du conscient et de l'inconscient, du dedans et du dehors, n'équivaut-elle pas à ce qu'Antonin Artaud appelait « une crise qui se dénoue par la mort ou par la guérison » ? C'est bien aussi d'une libération définitive — libération physique — qu'il s'agit pour Arthur Adamov, puisqu'il écrit, dans le texte déjà cité : « Un théâtre vivant, c'est-à-dire un théâtre où les gestes, les attitudes, la vie propre du corps ont le droit (...) d'aller jusqu'au bout de leur signification profonde ».

De ce passage à l'acte rêvé — et, à la limite, meurtrier ou auto-destructeur — l'œuvre écrite et la mise en scène ne donneront, comme le rêve lui-même, que des représentations plus ou moins méconnaissables, dont le caractère d'insatisfaisante approximation impliquera la nécessité d'une nouvelle tentative et d'un nouveau compromis.

En fait, *La Parodie* montre, au lieu de cette liberté totale évoquée par l'auteur, le contraire même de cette liberté, plus exactement ce qui y fait obstacle. L'Employé, constamment agité, incapable de rester immobile, court aveuglément à la recherche de Lili, la femme que, dit-il, il a « connue, je veux dire aperçue.. enfin, admirée, il y a très longtemps » ; à l'inverse, N. attend, couché par terre, que vienne à passer la même Lili, car « elle ne peut pas ne pas venir ». C'est, bien entendu, la mort, qui ne peut pas ne pas venir ; la mort pour N. et, pour l'Employé, l'immobilisation équivalente à la mort. L'image même de ces deux personnages complémentaires, et de leur impuissance, dresse entre le spectateur et l'éventuelle action un écran sur lequel vient s'inscrire, en toute liberté, le langage, chargé de dire le non-faire. Condamnés par leur propre corps à l'inefficacité, N. et l'Employé, tel le rêveur que paralysent ses propres interdits, se représentent des interdicteurs réels : le directeur du journal, et un journaliste, détenteurs de l'information — donc du savoir — du pouvoir social, et, semble-t-il, amants de Lili. Il semble que sévisse aussi dans la ville une répression aveugle — figurée seulement par des commissionnaires et des éboueurs. De ce pouvoir et de cette répression, rien n'indique la nature ni les buts.

A la ville indéterminée de *La Parodie* se substitue, dans *L'Invasion*, la maison familiale ; et les règlements absurdes auxquels se heurtaient N. et l'Employé font place à la loi maternelle. La Mère trône à tout jamais dans la maison de Pierre — les déplacements de son fauteuil sur la scène indiquant les étapes de sa victoire — et celui-ci mourra plutôt que de réaliser son double désir : reconstituer les écrits d'un ami mort et vivre avec la sœur de cet ami. La mère fait d'ailleurs littéralement fonction de censure, puisqu'elle provoque une interruption de courant lorsque le Premier Venu enlève Agnès à Pierre et qu'on entend, dans le noir, quelques phrases évoquant vaguement une scène d'amour. En fait, on parle fort peu, dans *L'Invasion*, et Arthur Adamov a plusieurs fois évoqué la difficulté qu'il avait alors à trouver même les mots les plus simples. Comme si, cherchant avec Pierre à restituer le « corps mouvant » des mots au-delà de leur sens, il ne pouvait, pas plus que lui, affronter l'image angoissante qui soustend le désir de donner vie à une œuvre, et plus profondément de « vivre » avec une femme.

Le seul moyen de continuer à écrire sera de figurer à nouveau l'inhibition, et cette fois sous sa forme la plus radicale : le Mutilé de *La Grande et la Petite Manœuvre* perdra peu à peu bras et jambes à la suite des sévices exercés par de mystérieux « moniteurs », dont chaque intervention survient alors qu'il tente de s'approcher de sa sœur ou d'Erna, séductrice professionnelle aux travestissements divers. Les moniteurs, et l'étrange gymnastique qu'ils imposent, étaient apparus, écrit Arthur Adamov, dans un rêve sur lequel il donne d'ailleurs peu de précisions. La « poussée du geste pour son propre compte », évoquée dans l'Avertissement à *La Parodie* comme condition indispensable à la représentation réussie, semble s'accomplir ici sous la forme crûment symbolique de la mutilation exhibée, et entraîner, parallèlement, une libération du langage. Car les personnages de *La Grande et la Petite Manœuvre* dialoguent et si le Mutilé ne parvient pas à communiquer son désir et son tourment, le Militant, son « complément » actif — le couple Mutilé-Militant offre, évidemment, une nouvelle image du coupe Employé-N. — désigne un ennemi extérieur, le pouvoir qu'il combat. Reflétant l'inexorable image destructrice que porte en elle la victime passive, apparaît en effet, une force coercitive réelle, à laquelle on peut tenter de s'opposer. Opposition inutile, certes, puisque la victoire du Militant équivaut finalement à une défaite, mais il est important de noter qu'avec *La Grande et la Petite Manœuvre*, dans le même temps où est mis en scène le fantasme paralysant, s'amorce une tentative de dénonciation de la réalité.

De même que la Mère de *L'Invasion* relayait les fantoches tout-puissants de *La Parodie*, de même, aux Moniteurs de la *Manœuvre*, va faire suite le Père du *Sens de la Marche*. C'est le Père qui, reparaissant sous les traditionnels déguisements de l'officier, du maître d'école et du curé, coupe court aux révoltes d'Henri. Arthur Adamov parle du *Sens de la Marche* (1) comme d'un « résidu » de la *Manœuvre*, dont l'écriture l'aurait « ennuyé ». Ennui qui masque sans doute l'angoisse de l'affrontement fils-père entre quatre murs sans cesse rebâtis dont les lézardes laissent passer, pourtant, au milieu des allégories répétitives, des êtres vivants « déjà vus », comme Mathilde, la sœur-servante sournoisement amoureuse, Berne, le masseur lubrique qui double le père vertueux et qu'Henri, faute de mieux, finira par mettre à mort...

Il faut bien supposer en effet que le conflit laborieusement illustré par *Le Sens de la Marche* était porteur d'angoisse, puisque, avant même de terminer la pièce, Arthur Adamov fait le rêve dont témoigne *Le Professeur Taranne*. Accusé d'exhibitionnisme, incapable de se faire « reconnaître » autrement que comme plagiaire d'un « grand » homme, le professeur en vient à se déshabiller devant un écran vide qui figurerait la salle à manger d'un navire où sa place est retenue. On peut dire que sur cet écran se projettent, indissociables, le crime et le châtiment — entrer nu dans la mer, et/ou y retourner pour toujours. La boucle, en somme, est bouclée, et du même coup, est venue la possibilité d'utiliser le langage pour ce qu'il est, inlassable agent de liaison entre l'acte rêvé et la réalité vécue. Le professeur Taranne parle à la fois et tout naturellement comme un professeur d'université et comme Arthur Adamov lui-même dans la vie quotidienne. Maurice Regnaut a pu écrire très justement (1) : « Dès qu'Adamov a *devant lui* Taranne, tout se passe comme si, en cherchant à se libérer du cercle magique, il avait sauté à pieds joints hors de ce cercle et se trouvait désormais *à l'extérieur*. »

Tous contre tous prétend, tout de suite après *Le Professeur Taranne*,

---

(1) « Arthur Adamov et le sens du fétichisme », *Cahiers de la Compagnie Renaud-Barrault*, n° 22-23, Paris, Julliard, mai 1958.

montrer « de l'extérieur » une persécution réelle, dont seront victimes les « réfugiés ». Mais persécutés et persécuteurs y sont renvoyés dos à dos, l'image tragico-burlesque de l'agresseur-agressé, du bourreau-victime, s'imposant encore au mépris de tout contexte historique et social. Une fois achevé ce dernier règlement de comptes, où le pouvoir absolu et aveugle est, une fois de plus, représenté par le père, *Le Ping-Pong*, qui établit un rapport changeant entre les personnages et un appareil à sous symbolique, parvient à rendre compte d'une action, non plus d'une crise ; d'un déroulement, non plus d'un bouleversement sans cesse recommencé.

La voie est ouverte à une création continue, le fantasme de « grand soir » en forme de scène primitive est devenu moins prégnant. C'est aussi le moment où la représentation théâtrale elle-même a perdu, pour Arthur Adamov, ses prestiges d'exorcisme, tandis que le travail du théâtre lui devient familier, avec ses difficultés et ses plaisirs ordinaires. Un échange s'établit entre lui et les metteurs en scène — la rencontre avec Roger Planchon joue à cet égard un rôle capital — et aussi avec ceux qui, comme Bernard Dort et quelques collaborateurs de *Théâtre Populaire*, essayent de définir et de promouvoir un théâtre véritablement moderne. Il apprend aussi à suivre les luttes sociales dans leur continuité et leur singularité. Et s'il choisit de situer l'action de *Paolo Paoli* à la *Belle Epoque*, c'est que lui est apparue l'importance historique de cette époque ; il ne la prend pas comme le signe d'une éternelle inhumanité, non plus que les plumes et les papillons dont on trafique dans *Paolo* ne représentent le caractère dérisoire de tout désir humain : ils sont tout simplement monnaie d'échange pour un petit groupe social. « Avec *Paolo Paoli*, écrit Bernard Dort (2), les objets ouvrent sur le monde. » La tuerie de 14-18 met fin à la comédie, mais dans *Paolo Paoli* personne ne meurt sur scène : la mise à mort qu'impliquera toujours pour Arthur Adamov la représentation peut désormais se passer en coulisse.

Concevant chacune de ses créations comme un reniement de la précédente, Arthur Adamov a facilité la tâche à tous ceux qui se sont empressés de déplorer qu'il n'exprimât plus dans *Paolo* ses obsessions personnelles. En fait, il est bien évident que personnages et situations y reproduisent, suffisamment éloignés et « déplacés » pour que leur présence ne devienne pas inhibante, les personnages et les situations que les pièces précédentes avaient peu à peu mis en lumière. Le désir d'écrire et de montrer l'ayant emporté sur celui d'agir et de se montrer, la censure s'est faite libérale.

C'est alors qu'intervient une autre forme de censure, qu'Adamov,

---

(2) « Paolo Paoli » ou la découverte du réel » in *Théâtre Public*, Paris, Editions du Seuil, 1967.

obstiné à débusquer ses fantômes, n'avait certes pas prévue : *Paolo Paoli* montre si bien ce qu'il veut montrer, que les censeurs gouvernementaux s'en offusquent. Interdictions plus ou moins déguisées, manœuvres plus ou moins insidieuses n'empêcheront pas Arthur Adamov d'atteindre un public nouveau, mais les tribulations de *Paolo Paoli* lui renvoient trop bien l'image de l'archaïque persécution. Et, incapable de ruser à la fois avec les ennemis du dedans et ceux du dehors, il va désormais tenter de poursuivre un théâtre de combat dont la violence, en fin de compte, se retournera tout entière contre lui.

Johnnie, le « héros » paranoïaque de *La Politique des restes*, portera témoignage du désarroi profond, suscité par la découverte d'un complot longtemps vécu comme imaginaire et brusquement dévoilé dans sa réalité. « Non, je ne rêve pas, je suis bel et bien agressé, et en voici la preuve » : ainsi pourrait se résumer le propos de *La Politique des restes*. Si Johnnie participe, en le caricaturant, du délire raciste qui sévit dans son pays et sert les intérêts de la classe possédante, il est aussi victime d'une persécution réelle dans sa propre famille. *La Politique des restes* est la seule pièce d'Arthur Adamov où soit utilisé le « flash back » : c'est qu'il importe à Johnnie — et à l'auteur — de voir et de montrer les scènes où se fomente effectivement le complot.

Le personnage de Johnnie, obsédé par l'invasion des détritus — auxquels naturellement il assimile les Noirs — venait tout droit d'une observation psychiatrique. Et dès lors, plus ou moins délibérément, Arthur Adamov tentera de mettre au théâtre non plus le rêve mais, dit-il, « la névrose » ; on pourrait parler, plutôt, de fantasme délirant.

Sainte Europe, comme *Paolo Paoli*, propose certes la dénonciation de manœuvres politiques. Mais la critique minutieuse, quasi « microscopique » y fait place à une énorme et rageuse bouffonnerie qui se joue entre les « grands ». A Karl, l'empereur mégalomane, est attribuée la capacité de rêver ; mais la frontière parfois se brouille entre Karl rêvant le monde et Adamov rêvant Karl. En coulisse, un peuple avide de liberté prépare l'anéantissement de ses oppresseurs grotesques ; mais sur scène le déclassé Van der See, d'abord cynique puis lucidement désespéré, joue, auprès d'une princesse travestie en prostituée, la mort que rêvait N. dans *La Parodie*. Arthur Adamov, lui, se veut maintenant combattant, et il a choisi une autre façon de se détruire : pour prouver l'iniquité de l'ordre établi, il s'offre lui-même aux coups. La violence de *Sainte Europe*, qui met en scène un souverain trop proche, et sa somptuosité qui exigerait une représentation trop coûteuse, font qu'elle n'est, tout simplement, pas jouée. Progressivement éloigné, se voyant exclu, de la vie théâtrale, Arthur Adamov va se faire lui-même acteur et spectateur de sa des-

truction, jusqu'à une maladie où l'âme et le corps, le vrai et le faux,
la mort et la vie, se rejoignent singulièrement.

Une fois vécue cette « crise », dont personne et pas même lui ne
put rendre compte, il semble renoncer à vaincre ou convaincre, provoquer ou apitoyer sur l'instant. Au lieu de chercher à faire vivre
quelque moment décisif, *L'Homme et l'Enfant* tente de ressaisir une
durée, même si certains événements y sont brutalement privilégiés
et relatés au présent. Les récits de rêves s'insèrent sans heurt dans
le déroulement de la vie ; de même les courts textes accompagnant
dans *Je, Ils* la réédition de *L'Aveu*, font ressurgir dans une lumière
égale, pour ainsi dire désaffectée, souvenirs et rêveries.

De la fascination du théâtre, que reste-t-il ? Le désir de se plaire
encore à un jeu très ancien dont on s'amuse encore à brouiller les
règles. Père incestueux et nourrisson assoiffé, *M. le Modéré* a le sourire
indulgent de qui revient de loin ; là, les pratiques perverses prennent l'aspect d'innocents passe-temps pour paradis perdu. La fureur
désespérée qui sous-tendait les pièces précédentes, et qui semble
absente de *M. le Modéré*, reparaît pourtant dans *Off limits*, où se
désintègre un monde en putréfaction.

La petite société américaine jugée à huis clos dans *Off limits* peut
se détruire à force de drogue, s'exhiber dans quelque scénario sado-
masochiste, expérimenter les vertus libératrices du « happening » :
elle prouve seulement ainsi l'inanité des gesticulations théâtrales,
dérisoire tentative de ce qu'Arthur Adamov appelait « mithridisation
de la mort ». Le titre de la pièce dit assez que la violence s'y exerce
sans retenue. Mais la dernière image, projetée sur un écran, montre
l'effondrement d'innombrables statues de la Liberté. Condamnation
du « monde libre », bien sûr ; mais, à un autre niveau, effondrement
d'un mythe : celui de la représentation salvatrice.

Si l'été revenait pourrait apparaître comme un retour au « théâtre
onirique » de la période ancienne. Certes, la pièce se compose de
quatre « rêves », mais le rêve y fait surtout fonction de décor, sorte
de jardin familial où Lars errerait indéfiniment entre des désirs mul-
tiformes et d'inexpugnables interdicteurs.

Arthur Adamov opposait volontiers les maux curables de la société
et les maux incurables de l'individu ; et il souhaitait que les uns et les
autres fussent montrés au théâtre. Aux prises avec un mal incurable,
il rêvait d'une nouvelle pièce où un « fou qui se prendrait pour Fer-
dinand de Lesseps » entreprendrait, par le percement d'un canal, la
réunification des mers, tandis que serait mis en scène, de façon réaliste, l'affrontement d'intérêts qui devait aboutir au scandale de
Panama. L'un des titres envisagés était *La libre circulation des hommes et des idées*. A cette libre circulation Arthur Adamov opposa
lui-même une censure définitive.

*
**

Ces quelques remarques hâtives et forcément réductrices rendent très mal compte, j'en ai conscience, de l'œuvre d'Arthur Adamov, et aussi du désir que j'avais d'amorcer une réflexion sur ce que j'appellerais pompeusement « la représentation théâtrale et ses rapports avec l'inconscient »...

DISCUSSION

sur la communication de Mme Jacqueline ADAMOV

Interventions de : H. Staub. — Mme J. Adamov. — J. Petit. — J. Pierrot. P. Mélèse. — H. Béhar. — Mme H. Laurenti. — P. Voltz. — P. Vernois.

Hans Staub.

Ce témoignage passionnant nous a montré toute la cohérence de l'œuvre d'Arthur Adamov. Vous avez insisté à plusieurs reprises sur l'importance du rêve, comme point de départ d'une création dramatique. J'aimerais vous demander si les structures oniriques se retrouvent dans cette dramaturgie ou, en d'autres termes, comment se fait la transposition du rêve dans une dramaturgie qui serait celle d'Arthur Adamov ?

Mme J. Adamov.

Je crois que l'œuvre théâtrale d'Arthur Adamov montre précisément l'impossibilité d'interrompre le continuel va-et-vient entre structure onirique et structure théâtrale. L'une et l'autre coïncident au plus près avec *Le Professeur Taranne*, mais comme si, une inhibition étant soudain et très provisoirement levée, le désir inconscient avait trouvé dans l'écriture la possibilité d'une réalisation immédiate. Il s'agit là, semble-t-il, d'une « chance » exceptionnelle. Un théâtre aussi directement lié à la vie inconsciente peut-il être consciemment élaboré ? Je crois que cette question ne concerne pas seulement Arthur Adamov.

Jacques Petit.

N'y a-t-il pas dans *Sainte Europe* autre chose ? La tentative d'intégrer le rêve en tant que tel dans les mécanismes dramatiques ? C'est peut-être la seule fois ou la première fois où il l'ait vraiment tenté. On sent très bien que le *Professeur Taranne* est une pièce onirique. Mais dans *Sainte Europe*, il y a à la fois la réalité, le rêve. Est-ce que ce n'est pas une tentative justement pour intégrer non plus seulement le contenu du rêve, mais les mécanismes du rêve dans la structure dramatique ?

Mme J. Adamov.

Sainte Europe mériterait certainement une étude plus approfondie de ce point de vue. Je crois qu'il y a eu là, en effet, une tentative pour intégrer les mécanismes du rêve dans la structure dramatique. Mais la pièce fait apparaître, à mon avis, l'une des difficultés majeures que présente une telle recherche : l'identification inévitable — et très ambivalente, bien entendu — entre l'auteur et l'empereur (le rêveur) ridiculement grandiose.

Jacques Petit.

Je peux dificilement en juger, parce que je n'ai pas vu jouer *Sainte Europe* et qu'on ne peut pas juger sur le texte ce passage qui se fait du rêve au réel. Ce qui me paraissait intéressant, était l'intégration du mécanisme même et non plus simplement du contenu.

Jean Pierrot.

Je voudrais ajouter quelques réflexions personnelles sur ce thème. Ce qu'il y a de très intéressant à mon sens dans l'œuvre d'Adamov, c'est qu'Adamov était un névrosé — il l'a lui-même maintes fois avoué, il a décrit cette névrose avec une lucidité et un courage admirables dans un certain nombre de textes, en particulier dans *L'Aveu* — et qu'en même temps il a voulu faire un théâtre du rêve, sous l'influence de Strindberg et d'Artaud. On peut par conséquent essayer de découvrir dans son œuvre la façon dont ce contenu névrotique, bien connu de nous grâce à ces documents autobiographiques, se trouve transformé par les mécanismes inconscients du rêve, tels qu'ils se trouvent transposés eux-mêmes à travers la création dramatique consciente. Je crois en effet que l'on peut mettre en évidence dans cette œuvre des éléments qui sont significatifs à la fois de la transmutation que le rêve apporte à la situation psychique primitive, et de la technique du théâtre onirique.

Notons d'abord la présence d'une situation fondamentale qui est celle du sentiment de culpabilité. Celui-ci s'exprime sous la forme de la présence d'un certain nombre d'autorités répressives qui apparaissent dans toutes les pièces : dans *La Parodie*, le gérant du dancing et l'employé de l'hôtel qui empêchent l'Employé d'entrer en contact avec Lili ; dans *L'Invasion*, la famille de Jean, qui menace constamment de reprendre les papiers du défunt et d'empêcher Pierre de les interpréter, etc. Plus généralement, une menace pèse constamment sur l'univers des œuvres d'Adamov, menace symbolisée par cette rafle policière qui souvent intervient au cours de l'action de ses pièces.

Un second aspect proprement onirique dans cette œuvre est le fait que la situation psychique du rêveur est transposée simultanément dans plusieurs personnages. On peut en voir une preuve dans le thème du Double qui apparaît si souvent dans cette œuvre sous des formes plus ou moins visibles. Dans *La Parodie* c'est l'Employé qui est, vous l'avez bien montré, le double de N. ; de même dans *L'Invasion* Pierre et Tradel sont des personnages essentiellement complémentaires ; on retrouverait cela dans *La Grande et la Petite Manœuvre*, avec Le Mutilé et Le Militant. Il en est de même enfin dans *Le Ping-Pong* avec Victor et Arthur qui, à la fin de la pièce, tendent d'ailleurs à se confondre.

En troisième lieu, on peut découvrir cette transmutation de la situation psychique primitive dans le symbolisme des objets. Je vois ce symbolisme sous deux formes : d'abord l'existence dans ces pièces d'un certain nombre d'objets à fonctionnement mécanique et qui ont très certainement en même temps une signification sexuelle : bicyclette, machine à écrire, piano, peut-être aussi l'ascenseur dont il est question dans *Le Ping-Pong*, et bien sûr, dans cette même pièce, la machine à sous ; peut-être encore la balançoire dans *Si l'été revenait*. Tous ces objets transposent sans doute des rapports sado-masochistes à l'intérieur du couple. On pourrait interpréter de la même façon un autre thème, celui des « restes », tel qu'il apparaît dans *La Politique des restes*, mais aussi avec la prolifération des papiers (journal intime, manuscrit, notes personnelles) qui se manifeste fréquemment dans les autres œuvres. Dans les deux cas il s'agit — semble-t-il — de la même obsession fondamentale de la mort et du cadavre : le protagoniste voit à travers ces « restes », comme à travers ces papiers intimes, prolongations de sa propre personne, son propre corps réduit à l'état de cadavre, ou encore d'objet soumis à la volonté tyrannique d'autrui. Selon l'ambivalence propre à toute situation psychique fondamentale, le héros des pièces d'Adamov a peur de sa propre mort et en même temps il la souhaite : c'est justement ce double sentiment que l'on voit affleurer à travers ce qui est dit de ces papiers ou de ces détritus.

C'est pourquoi je pense que ce théâtre constitue un document d'un intérêt exceptionnel pour découvrir et analyser, à travers des pièces dont l'origine est le plus souvent onirique, les mécanismes grâce auxquels l'inconscient métamorphose un contenu psychologique — de nature ici névrotique — pour aboutir à l'aventure mystérieuse du rêve (1).

---

(1) M. Pierrot a fait un exposé détaillé de son point de vue dans un article intitulé : « Névrose et rêve dans l'univers dramatique d'Adamov », paru dans le volume X, 2, des *Travaux de linguistique et de littérature*, du Centre de Philologie Romane de Strasbourg (1972), pp. 257-273.

Mme J. Adamov.

Je suis d'accord avec vos remarques, et je vous remercie notamment d'avoir attiré l'attention sur le rapprochement que l'on peut faire entre le thème des papiers — de l'écriture — celui de la mort et celui des détritus. L'écriture ne serait que le substitut de l'acte de vie empêché par la présence trop forte du couple interdicteur.

Vous avez évoqué avec raison plusieurs personnages doubles, et cela m'a rappelé l'étrange couple que forment dans *Paolo Paoli* Hulot-Vasseur et l'abbé Saulnier ; ce dernier, homme sous ses vêtements de femme, représente, à coup sûr, l'une des images les plus terrifiantes, rendue plus inoffensive par le rire, et aussi la colère raisonnable, qu'elle suscite. Pour « humaniser », et oser montrer le couple inséparable, il fallait le montrer dans sa relativité, c'est-à-dire dans une société précise. Il fallait donc qu'Arthur Adamov, l' « étranger » — le thème de la rafle, des tracasseries policières, qui revient si souvent dans son théâtre, rend compte aussi, naturellement, de cette exclusion sociale — s'immisce dans les affaires d'un pays qui n'était pas le sien. Et les critiques ne manquèrent pas de souligner l'indélicatesse dont faisait preuve cet « apatride ».

Pierre Mélèse.

J'aimerais revenir au premier mot de la proposition de Mme Adamov, c'est-à-dire la censure. Mme Adamov a très bien montré ce qu'elle appelle la censure interne, que l'on retrouve dans toutes les pièces d'Arthur Adamov, et qui se manifeste par le sentiment de répression. Mais il y a aussi une censure effective qui s'est produite contre l'auteur pour *Paolo Paoli*, non pas, si vous voulez, sous forme de censure ouverte, mais qui a néanmoins provoqué l'interruption des représentations de cette pièce à Paris au bout d'un nombre assez restreint de représentations. Et j'ajouterai à cela une censure plus insidieuse qui s'est manifestée l'année dernière lors de la commémoration de la Commune de Paris. Je ne suis pas le seul à avoir constaté que personne n'a fait allusion à deux œuvres d'Adamov que je considère comme capitales, d'abord son *Anthologie de la Commune*, parue en 1959, dans laquelle il a réuni tous les documents, articles contemporains, propos, quelquefois même les plus étonnants de gens de lettres éminents sur ce sujet brûlant, etc. ; puis *Le Printemps 71*, pièce, peut-être discutable, mais, à mon avis, de valeur certaine, qui avait été jouée en avril 1963 au Théâtre Gérard-Philippe de Saint-Denis, mais pour un nombre trop restreint de représentations dû, semble-t-il, au coût trop élevé du plateau. Cette pièce n'a pas été reprise, tout au moins en France, mais elle est publiée dans le *Théâtre IV* d'Adamov, et il est bien déconcertant que nul n'ait fait allusion à cette manifestation des préoccupations de son auteur sur un sujet social aussi important.

Mme J. Adamov.

Il est bien vrai que la Commune est un sujet toujours gênant ; mais on a en effet célébré son centenaire sans même mentionner l'existence du *Printemps 71*. La représentation en aurait-elle été trop coûteuse ? La violence des guignols, opposée à la gentillesse communarde, choque-t-elle ? Ou plus simplement, se souvient-on que *Le Printemps 71* a été créé grâce à la municipalité communiste de Saint-Denis ?

Henri Béhar.

Je suis heureux d'avoir pu suivre une analyse, une psychanalyse d'un auteur, et je pense qu'il est souhaitable que nous ayons ici le maximum de « lectures plurielles ». Mais je suis en même temps gêné parce que j'ai le sentiment que vous avez étudié l'évolution diachronique d'un homme et de son œuvre, tandis que, par la même occasion, son système dramatique nous a échappé. Comment cette libération individuelle a-t-elle pu se traduire sur un plan théâtral ? La représentation de *La Politique des restes*, hier soir, m'a donné l'impression qu'il y avait peut-être une libération de l'auteur, dans un langage dramatique tout à fait classique, même s'il y avait représentation d'un fantasme sur la scène. En d'autres termes, Adamov n'avait pas trouvé la forme dramaturgique nécessaire à son expression d'autant que la réaction du public intervient toujours comme une forme de censure. Il est difficile d'analyser un rêve et de le transposer directement sur la scène : je pense qu'il faut conserver le langage du rêve, la rhétorique de l'inconscient telle que Benveniste l'a dégagée dans ses *Problèmes de linguistique générale*. Arrivé à ce point de ma réflexion, je me tourne vers Mme Benmussa et je lui demande si le théâtre politique auquel aboutit Adamov représente bien ce dont elle parlait, cette clôture du cercle qu'elle évoquait jeudi ?

Puis j'en viens à des questions de détail : vous avez parlé d'une mutilation, et j'avoue n'avoir pas compris de quelle mutilation il s'agissait ; était-elle personnelle ou collective ? Quelle est l'origine de cette mutilation, comment s'intègre-t-elle au théâtre ? Je me demande aussi, toujours dans une perspective diachronique, si la libération par le rêve marquée par *Le Professeur Taranne* par exemple, était bien une phase chronologiquement nécessaire pour aboutir au théâtre politique. Adamov n'aurait-il pas pu aborder le théâtre politique, comme tant d'autres, sans s'être auparavant libéré de ses angoisses individuelles ?

Mme S. Benmussa.

Je vais tâcher de répondre à la question de M. Béhar, en reprenant quelques mots de Mme Adamov. C'est d'une part que ce théâtre politique doit représenter une lutte, d'autre part que le théâtre est en mouvement. C'est là le problème : il faut à chaque fois renouveler les structures du théâtre. Il ne peut pas y avoir de structures fixes, sans quoi on perd toute force politique et toute force de dénonciation. Et on peut jouer même sur les mots : il y a un rapport de force et un rapport de forme à maintenir tout le temps, et si une pièce utilise des structures dramatiques traditionnelles, je crains qu'on ne puisse plus piéger le spectateur, car toutes les censures se trouvent reconstituées. Le fantasme est un compromis entre le désir et la censure, et il faut à chaque fois décomposer ce mécanisme, et s'en servir. On peut m'objecter, bien sûr, qu'à ce moment, on ne peut plus utiliser de texte préétabli. Mais je crois qu'on peut, sans trahir la pièce, ou au contraire pour la faire comprendre en tenant compte des problèmes qui nous concernent, la représenter avec d'autres structures et un nouveau regard. L'essentiel, c'est ce qu'a dit Mme Adamov, c'est que le théâtre doit être en mouvement donc ne pas s'habituer aux formes.

Mme J. Adamov.

Je crois que le théâtre rend compte d'une lutte incessante, qu'il s'agisse d'un conflit inconscient que l'auteur tente d'exprimer ou/et d'une lutte sociale jamais achevée. Pas plus que de « grand soir » il n'y a de réalisation totale et définitive d'un fantasme — à moins que la réalisation ne coïncide avec la mort. Le théâtre, je crois, ne peut être qu'en mouvement.

Henri Béhar.

Je n'ai pas très bien compris de quel type de mutilation il pouvait s'agir. J'imagine qu'elle était purement individuelle et subjective.

Mme J. Adamov.

Dans *L'Aveu*, Arthur Adamov se dit « séparé », et il évoque la notion de castration. Ce vivant châtré, mutilé, il montre à la scène, littéralement, une mutilation, non sans utiliser le déplacement auquel recourt le rêve : on montre un membre à la place d'un autre. Castration signifiant, bien entendu, impuissance sur tous les plans.

Henri Béhar.

Si le public le permet, je voudrais poser une autre question : Adamov connaissait-il et pratiquait-il l'analyse freudienne, comme vous-même, Madame ?

Mme J. Adamov.

Il avait beaucoup lu Freud, et les derniers temps de sa vie il relisait — et j'ai trouvé dans le volume des annotations indéchiffrables — *l'Interprétation des rêves.* Du reste, il emploie lui-même, dans l'Avertissement à *La Parodie,* les termes « contenu manifeste » et « contenu latent » qui lui étaient familiers. Je suppose que, comme tous ceux qui ne se sentent pas très « bien dans leur peau », il tentait de trouver dans l'œuvre de Freud des explications, ou peut-être seulement la confirmation du fait qu'il n'était pas seul à souffrir...

Henri Béhar.

Il a été psychanalysé, je crois ?

Mme J. Adamov.

Non, il a eu seulement quelques entretiens avec un psychanalyste.

Jean Pierrot.

Alors, pour en revenir peut-être au thème de la mutilation, si je peux me permettre encore quelques détails, il est évident que cette mutilation renvoie d'abord au complexe classique de castration ; un certain nombre de rêves qu'il décrit dans *l'Homme et l'Enfant* sont typiques en ce sens, mais plus généralement aussi du thème de la mort. Le Mutilé, dans la pièce où il intervient, perd successivement son bras, sa première jambe, les deux jambes, et en somme tout ceci est la transposition de l'obsession de la mort. Je crois qu'Adamov disait à propos du masochisme que c'était une mithridatisation de la mort. Expression très significative. Il concevait une espèce de désir du masochiste, de préparation à la mort en somme, un peu au sens de Montaigne, mais dans une perspective différente.

Mme J. Adamov.

Oui, mais les derniers temps, après avoir beaucoup souffert dans son corps, cette mithridisation lui paraissait inefficace, donc mensongère. Du reste, dans *Off limits,* il s'en prend violemment aux esthètes du masochisme, qu'il appelle « les nantis de l'anéantissement ». On peut dire, en simplifiant beaucoup, que le théâtre, après *Le Professeur Taranne,* était devenu pour lui un moyen de repousser l'obsession de la mort, et de se mêler à la vie ordinaire.

Mme H. Laurenti.

Je voudrais simplement apporter un témoignage. Je me suis attaquée à ce problème, j'étudie actuellement plusieurs pièces d'Arthur

Adamov sous cet angle. La difficulté majeure, dans l'analyse de cette dramaturgie, c'est l'interférence du collectif et de l'individuel — des problèmes individuels qui, eux, répondent à des sortes de constantes, et du problème collectif qui est vu à la fois sous l'aspect d'un conditionnement et d'une possibilité d'évolution du monde. Il me semble que dans *La Politique des Restes* on voit fort bien qu'effectivement tout est imbriqué. Dans une pièce comme *Off Limits* par exemple, il est très difficile de cerner les deux à la fois et, d'autre part, de les articuler. Le problème est là : si on étudie dans un seul sens, si on fait ressortir l'onirisme, les fantasmes, tous ces problèmes psychiques et individuels, on ne voit plus le problème collectif sous son aspect historique. Au fond, c'est l'articulation de l'individu et de l'histoire, ou du problème de la personne d'un côté, du problème de l'histoire de l'autre, qui est très difficile à trouver ; à tel point, j'ose le dire, que nous nous sommes demandés si vraiment cela était possible.

On a senti la difficulté hier, vous voyez, dans cette ébauche de mise en scène, justement, je crois, à cause de la permanence de structures classiques de théâtre, alors que peut-être un petit coup de pouce du metteur en scène aurait pu apporter d'autres éclairages...

Mme J. Adamov.

Il s'agissait hier d'une lecture, et j'imagine que le travail des comédiens était particulièrement difficile : dans le cadre d'une lecture, on les prive, comme Johnnie, du « passage à l'acte ». Mais une difficulté du théâtre politique réside bien, en effet, dans l'articulation des problèmes individuels et du jeu des forces sociales. Et il est bien vrai pourtant que si l'on occulte les problèmes individuels sous prétexte de privilégier la lutte politique, le théâtre risque, paradoxalement, de ne rien exprimer d'autre que des révoltes individuelles.

Pierre Voltz.

Je voudrais revenir sur l'intervention de Mme Benmussa. Il me semble que les pièces d'Adamov ont quand même introduit une certaine rupture. Dans l'immédiat après-guerre la dramaturgie de *La Grande et la Petite Manœuvre* ou les formes de théâtre classique ou certains procédés brechtiens introduits dans *Paolo Paoli*, d'ailleurs fort mal reçu, à l'époque, par une certaine critique traditionnelle et universitaire, montrent qu'en leur temps ces formes dramatiques ont eu une relative efficacité. Mais alors la question que je voudrais poser et à laquelle je n'ai, pour ma part, qu'une réponse extrême et qui me gêne est : comment les responsables du colloque ici réunis définissent-ils le théâtre contemporain ?

Paul Vernois.

Il s'agit du théâtre de notre temps, sans exclusive d'auteurs, mais apprécié plus spécialement à travers ses innovations dramaturgiques et scénographiques. Pour autant, je voulais vous remercier, Madame, de nous avoir restitué une présence. C'est beaucoup en pensant aux interrogations d'Arthur Adamov sur l'onirisme tant à l'*Old Navy* de Paris qu'à la salle Pasteur de Strasbourg que j'ai proposé le thème de ce colloque. Mais peut-être pour terminer pouvez-vous nous apporter encore quelques précisions très utiles sur ce sujet.

Mme *J. Adamov.*

Quand Arthur Adamov parlait de théâtre onirique, je me demande s'il ne voulait pas dire plutôt théâtre rendant compte de la névrose ; cette névrose qui, écrit-il quelque part, « après lui avoir permis d'écrire, finissait par l'en empêcher ». Et comme il avait tendance à se renier lui-même à chaque instant, le jour où il a voulu mettre en scène la vie sociale, il a rejeté en bloc toute son œuvre précédente. C'est seulement parce que les obsessions personnelles faisaient une nouvelle offensive qu'il a admis ensuite l'impossibilité de les ignorer, et qu'il a tenté de leur redonner place dans un théâtre politique. Et ce théâtre politique, peut-être lui était-il plus difficile qu'à d'autres de le réaliser. Il avait par exemple beaucoup d'admiration pour Brecht, mais sans doute lui était-il impossible de prendre comme Brecht une distance suffisante par rapport au fantasme de « corps-à-corps » qui sous-tend tout théâtre visant à convaincre. Il lui était impossible de renoncer totalement à un rapport duel avec le public, c'est-à-dire de réaliser un théâtre dialectique.

STRUCTURES DRAMATIQUES
DANS LE BALCON ET LES NEGRES DE GENET

par

Jacques PETIT

« Toute la pièce se déroulera comme dans un rêve. » Cette indication, qui figure au début de *Haute surveillance*, je ne la cite pas — ou pas seulement — pour rappeler l'un des thèmes de ce colloque et justifier mon choix ; elle définit aussi, très clairement, mon propos. *Haute surveillance* est la seule pièce de Genêt qui garde les apparences du « réalisme » ; la mise en scène devra, autant qu'il se peut, les atténuer. Dans *Les Bonnes*, déjà, cet élément onirique jugé indispensable par le dramaturge se trouve intégré dans la structure même de l'œuvre ; il le sera, plus nettement encore, dans *Le Balcon* et dans *Les Nègres*. Cette absence de tout caractère insolite que le jeu dramatique devrait compenser, explique sans doute le jugement porté par l'auteur sur *Haute surveillance*, « un brouillon de pièce », écrit « probablement dans l'ennui et par inadvertance ». Les autres drames répondent mieux à l'idée qu'il se fait du théâtre.

Mais mon intention n'est pas d'étudier sa conception du théâtre. Je ne tenterai pas non plus d'analyser l'aspect onirique de ses pièces ; il serait facile de montrer que le drame est le rêve de l'auteur, la projection de ses fantasmes, présentée comme telle, et qu'à l'intérieur même du drame, certaines scènes — dans *Le Balcon*, en particulier — sont les rêves des personnages. Plutôt que de dissoudre les œuvres dans une analyse de ce genre, il m'a paru plus intéressant de revenir à leur structure, où se retrouvent, d'une manière plus claire, ces éléments — onirisme et insolite, si l'on veut — que nous cherchons dans le théâtre contemporain.

Le premier aspect, commun à ces deux pièces, *Le Balcon* et *Les Nègres*, est l'utilisation d'un procédé, fort ancien au reste : « le théâtre sur le théâtre ». Genêt lui-même use de cette expression qui nous renvoie immédiatement à *L'Illusion comique*, à propos des *Bonnes :* « Je tâcherai — dit-il — d'obtenir un décalage qui, permettant un ton déclamatoire, porterait le théâtre sur le théâtre... » Peu importe, pour l'instant, l'explication... L'effet d'illusion dénoncée intéresse davantage. Lorsque commence cette pièce, les deux bonnes, Claire et Solange, ont changé de personnage : Claire joue à être

Madame et Solange à être Claire ; et si l'on se rappelle que Genêt aurait voulu voir ces rôles tenus, non par des actrices, mais par des adolescents travestis, on comprend en quel « tourniquet d'apparences », selon l'expression de Sartre, nous entraîne l'action. *Le Balcon* et *Les Nègres* en offrent d'autres exemples complexes.

Sans aller immédiatement aussi loin, notons que ces drames se déroulent sur deux plans, celui du jeu et celui de la réalité, de ce qui, au premier abord, du moins, paraît tel ; dans les deux cas, une révolution, devinée dans *Les Nègres*, constamment évoquée, en arrière-plan de toutes les scènes et, par instants, directement représentée dans *Le Balcon*.

Ces révolutions sont-elles vraies ? On pourrait le croire dans *Les Nègres*, mais non point dans *Le Balcon* ; la transformation des personnages (le faux général, la fausse reine devenant « vrais » quelques heures, et le chef des révoltés se rêvant chef de la police) dénonce la révolution comme un des éléments du spectacle ; une seconde révolution commence d'ailleurs à la fin du drame : « Qui est-ce ?... Les nôtres ?... ou des révoltés ? ou ?... » demande la fausse reine. « Quelqu'un qui rêve, madame... » Celle-ci reprend brusquement sur cette réplique son rôle primitif (elle est Mme Irma, la maîtresse de la « maison d'illusions ») et renvoie ses « visiteurs ». Le spectacle est fini : « Il faut rentrer chez vous, où tout, n'en doutez pas, sera encore plus faux qu'ici... »

Ces derniers mots rappellent qu'il y a, en effet, un troisième plan de « réalité » : celui de la vie quotidienne. Les clients de Mme Irma, comme les Nègres, jouent ; mais de temps à autre — et Genêt note la différence de ton — ils se laissent reprendre par la banalité de leur vie ; les acteurs oublient leur rôle, ou le refusent ; nous retombons dans ce qu'il faut, provisoirement, appeler le réel. Parfois nous ne savons plus — et leurs partenaires ne savent plus — sur quel plan se situe telle réplique : « Mais, il joue encore ou il parle en son nom ? », demande Archibald, le meneur de jeu dans *Les Nègres*.

Le « théâtre dans le théâtre » n'est donc pas ici un effet simple, l'opposition banale de deux réalités dont l'une se trouve dénoncée tout à coup, la mise en scène d'acteurs qui représentent à la fois eux-mêmes et leur personnage. Plutôt est-ce la construction d'un trompe-l'œil, un savant assemblage de miroirs qui ne se renvoient que de vaines images. Sartre, on le sait, décelait déjà dans *Les Bonnes* « ce stupéfiant agencement d'apparences », « ces truquages patients ». « Des illusions superposées, écrivait-il, s'écroulent comme un château de cartes » ; et, plus nettement « les apparences trompeuses qui, dans la pièce, se dissipent, révèlent à leur place d'autres apparences ». Tout en effet paraît se dissoudre. C'est à « cette pyramide de phantasmes », l'expression est de Sartre, à « cette architecture de vide et de mots », ceci est de Genêt, que je voudrais m'intéresser ; car la structure des drames évidemment en dépend.

L'absence d'intrigue, à peine moins évidente dans *Le Balcon* (car il y a dans cette pièce une « action »), rend plus sensible ce passage fréquent d'un plan à l'autre. Genêt aime d'ailleurs, comme il l'a fait dans *Les Bonnes*, à nous tromper d'abord (mais est-ce une tromperie ?). On connaît le début du *Balcon :* « Le décor semble représenter une sacristie [...]. L'évêque, mitré et en chape dorée, est assis dans le fauteuil... » L'évêque parle. Très vite l'illusion se dissipe. Comme les personnages qui apparaissent dans les tableaux suivants : le juge, le général..., celui-ci joue un rôle, cherche par le déguisement et par le jeu à satisfaire ses rêves, ses tendances les plus obscures. Il le dit, au moment où il abandonne ces vêtements d'emprunt : « Ornements, dentelles, par vous je rentre en moi-même. Je reconquiers un domaine. J'investis une très ancienne place forte d'où je fus chassé. » La justification profonde devient presque trop claire ; on aurait tort de s'y arrêter. Le jeu lui-même a plus d'intérêt. Il convient qu'il reste jeu : le fantasme se détruirait à trop se rapprocher du réel. « Ils veulent, dit Mme Irma, que tout soit le plus vrai possible... Moins quelque chose d'indéfinissable, qui fera que ce n'est pas vrai. » Cette idée revient à plusieurs reprises. « Et ce sera quoi, le détail authentique ? », demande Carmen à propos d'un nouveau « scénario » ; elle ajoute aussitôt : « Et le détail faux ? ». Et encore : Arthur avait sa place dans le « scénario » d'un « client », qui demandait un cadavre ; lorsqu'il est abattu par une balle perdue, il devient incapable de « jouer son rôle de cadavre » : « Ce que veulent ces messieurs, c'est le trompe-l'œil. Le Ministre désirait un faux cadavre. » Les quatre premiers tableaux sont dominés par ce mouvement, marqués par les ruptures, du ton théâtral, celui de l'illusion et du fantasme, au ton familier (ou inquiet, lorsqu'il s'agit de la révolution).

Lorsque commence le cinquième tableau, qui nous introduit dans les coulisses de la « maison d'illusions », comme l'appelle Mme Irma, la réalité devrait nous apparaître. Ce n'est que l'envers d'un décor. Un détail curieux l'indique : ce tableau se passe dans la chambre de Mme Irma, seul lieu réel de toute la pièce ; le spectateur s'aperçoit qu'il connaît ce lieu ; il apparaissait, reflété par un miroir, dans les trois premiers tableaux. Ainsi est-il à l'avance donné comme illusion. La réalité n'est atteinte que pour être immédiatement niée : « Je ne joue plus », dit Irma qui se reprend aussitôt : « Ou plus le même rôle, si tu veux. ».

Reste la révolution, dont les échos se font entendre depuis les premières scènes : cris et coups de feu. « Vue d'ici [...], dit Carmen, la vie me paraît si lointaine, si profonde qu'elle a autant d'irréalité qu'un film... » La révolte elle-même participe de cette irréalité : « Quand un homme, dans la chambre, s'oublie jusqu'à me dire : " On va prendre l'arsenal demain soir ", j'ai l'impression de lire un graffiti obscène. » Le Chef de la Police n'y croit pas : « La révolte est un jeu [...]. Chaque révolté joue. Et il aime son jeu. » Les rebelles eux-mêmes avouent : « La lutte ne se passe plus dans la réalité [...]. C'est le combat des allégories. » Reste l'amour, puisque l'une des prostituées, Chantal, a quitté la maison de Mme Irma pour suivre Roger ; elle ne fait elle aussi que « jouer un rôle », « donner la réplique » ; lorsque son amant le lui reproche, elle répond : « Cela s'apprend vite. Et toi-même... »

Du « Grand Balcon », sortiront à un moment tous les masques : évêque, juge, général et reine (Mme Irma jouera ce rôle), qui, après la destruction du Palais royal, remplacent les vrais dignitaires massacrés. Ne nous étonnons pas que la révolte, devant ces faux-semblants, cède aussitôt. C'est que l'apparence vaut la réalité, comme dit l'Evêque : « Quant à la peau de lapin, si elle est ce qu'elle doit être : l'image sacrée de l'hermine, elle en a la puissance indiscutable. » Les figures paraissent devenir des êtres. Il est vrai qu'ils ont perdu dans cette métamorphose tout ce qui les intéressait : « Je ne rêve plus... », dit le Général.

Le mouvement le plus curieux de ce final vient lui aussi d'un échange de réalités et de reflets. Le Chef de la Police souffre de ne pas appartenir à la « nomenclature » de la « maison d'illusions ». Personne, jamais, n'a demandé à revêtir son costume, à jouer son rôle, n'est venu se rêver dans son image. On dirait que, de ce fait, il n'est pas aussi vrai que les autres ; disons plutôt, pour ne rien compliquer, qu'il n'appartient pas au même ordre. Un homme vient qui demande à jouer ce rôle, c'est Roger, le chef des révolutionnaires. La première métamorphose est accomplie. Le jeu s'achève. Le Chef de la Police entre, symboliquement, dans une sorte d'éternité. Des coups de feu éclatent au dehors. Mme Irma abandonne le personnage de la Reine et chasse les masques...

Elle est, en somme, le seul personnage vrai du drame, sinon le seul personnage. Car je ne crois pas que Roger soit, comme l'ont dit certains critiques, « le vrai héros du *Balcon* ». Une telle interprétation donne à la révolution et à son échec une importance trop grande, me semble-t-il. Genêt déclare : « Ne pas jouer cette pièce comme si elle était une satire de ceci ou de cela. Elle est — et sera donc jouée comme — la glorification de l'Image et du Reflet. » Le personnage central est bien celui qui organise le jeu, place les miroirs, le maître des illusions (la même structure se retrouve dans *Les Nègres*) ; tous les autres appartiennent au jeu. Certes le mouvement est moins net que dans le drame suivant où ce personnage, Archibald, est metteur en scène, organisateur du spectacle, animateur de la « représentation » donnée par les Nègres. La structure profonde n'est pas différente... « C'est moi qui ai tout fait, tout organisé... », dit Mᵐᵉ Irma, quelques instants avant la fin du spectacle ; ce qui peut s'entendre de bien des manières. J'y vois, par comparaison avec *Les Nègres*, l'équivalent de l'adieu d'Archibald : « La représentation s'achève et vous allez disparaître. Laissez-moi vous remercier, tous, mes camarades. Vous avez bien joué votre rôle. » Elle aussi « congédie » les acteurs, tout en leur promettant une autre représentation : « Tout à l'heure, il va falloir recommencer... tout rallumer... s'habiller... s'habiller... ah, les déguisements ! Redistribuer les rôles... endosser le mien... préparer le vôtre..., juges, généraux, évêques, chambellans, révoltés, qui laissez la révolte se figer, je vais préparer mes costumes et mes salons pour demain... il faut rentrer chez vous, où tout, n'en doutez pas, sera encore plus faux qu'ici... Il faut vous en aller... C'est déjà le matin. »

Ainsi tout n'a été que comédie, illusion. Le jeu du Chef de la Police qui ne se sent atteindre à l'existence qu'à l'instant où un autre devient son reflet, son angoisse avant cet instant : « J'obligerai mon image à se détacher de moi, à pénétrer, à forcer tes salons, à se réfléchir, à se multiplier » suggèrent seulement ceci : rien n'est vrai qui ne possède dans l'imaginaire son reflet, qui ne participe de ce jeu de miroirs et ne devienne apparence. Tout est apparence, mais ne croyons pas trop simplement que le jeu conduise par l'apparence à une réalité. « Les autres, dit Mᵐᵉ Irma, ils sont dans la vie, supports d'une parade qu'ils doivent traîner dans la boue du réel et du quotidien. Ici la Comédie, l'Apparence, se gardent pures, la Fête intacte. » Donc, plus pure seulement ; mais pas plus vraie. « Lesquels sont vrais ? Ceux de chez nous ? », demande Carmen. Question sans réponse.

On pourrait revenir aux analyses de Sartre : « l'apparence ultime irréalise toutes les autres », « il semble que le réel soit fondant, qu'il se résorbe quand on le touche »... N'en gardons que ce qui nous intéresse, la structure dramatique ainsi définie. Toutes les scènes du drame — et non seulement les quatre premières (l'évêque, le général, le juge et le clochard) — paraissent se dérouler d'abord dans la réalité, dans une réalité qui est ensuite dénoncée ; soit qu'un mouvement d'alternance oppose une « réalité » et une apparence — dans ces quatre premiers tableaux —, soit qu'une réalité s'amenuise ou plus souvent se révèle brusquement fausse — dans la scène de la révolte. Chaque personnage passe par des réalités successives qui se détruisent : l'évêque est un faux évêque, mais lorsqu'il s'interroge devant le miroir — ou plutôt interroge le miroir : « Mais répondez donc, miroir, répondez-moi » — cette apparence qu'il se donne paraît être sa vérité ; au-delà de la révolte, il s'inquiète d'abord, puis se reprend au jeu, avant qu'on ne le chasse. On en dirait autant du juge, du général... Chantal, la prostituée qui s'est enfuie par amour, croit-on, est un personnage plus curieux ; la scène de la révolution semble dénoncer cet amour comme un rôle qu'elle aurait joué ; elle y renonce pour devenir l'égérie de la révolte, l'image de cette révolution ; elle sera tuée au moment où elle tente de rejoindre « le Balcon » et l'Evêque se vantera d'avoir « eu la présence d'esprit d'en faire une sainte »... Qui est-elle, sinon ces images successives qui se détruisent l'une l'autre ? Le Chef de la Police, le seul qui paraisse, par le pouvoir qu'il possède, avoir quelque existence, poursuit son propre reflet et c'est le chef des révoltés qui assumera ce rôle... La révolution et le pouvoir ne sont qu'images l'un de l'autre, la révolution n'est elle-même qu'une image (celle de Chantal) et le pouvoir qu'un jeu, celui de l'évêque, du général et du juge.

Mme Irma, seule, est vraie. Carmen le lui dit, avec une netteté un peu brusque : « Vous préparez leurs théâtres clandestins... Vous êtes sur terre. La preuve, c'est que vous empochez. » Mais elle acceptera de devenir la Reine : « Ainsi je serai vraie ? », s'écrie-t-elle alors. Elle ne saurait se trouver exclue de ce jeu qui donne à chaque personnage un reflet.

A considérer le mouvement du drame, on s'aperçoit que le seul lien entre les tableaux est dans cet effet. Où l'on a voulu chercher une intrigue que l'on a jugée mal construite, faite d'épisodes insuffisamment liés, il n'y a que jeu de miroirs, opposition systématique d'une apparence et d'une réalité qui devient elle-même très vite apparence dans son contraste avec une autre réalité, elle-même illusoire. Les reflets se multiplient à l'infini. Les quatre premiers tableaux sont illusions et rêves (mais nous les avons cru d'abord vrais) ; le cinquième — conversation de Mme Irma et de Carmen — nous donnerait le réel, l'envers du décor, s'il n'y avait cette révolution dont tous parlent et que nous présente le sixième tableau ; elle apparaît alors elle-même comme une illusion. Contre elle, le septième tableau reconstitue un pouvoir qui n'est que leurre : Irma sera la Reine et ses clients reprennent leurs rôles : évêque, juge, général... Leur apparition au balcon — huitième tableau — rétablit l'ordre. La dernière scène consomme la destruction : le révolté et le policier échangent leurs images, la Reine redevient Mme Irma, les déguisés restituent leurs costumes. Retour à un réel qui « sera plus faux » que l'illusion. Mais d'autres représentations auront lieu, bientôt : « c'est déjà le matin » ; le rêve est fini, la nuit le fera renaître.

Que ce jeu admette une interprétation, sans doute. Mais il convient de la construire et donc de jouer la pièce, sans donner à aucun élément du drame le privilège de représenter le « réel ». La révolution n'est pas plus vraie que le pouvoir et le juge joue moins peut-être lorsqu'il se déguise, que dans la vie quotidienne, lorsqu'il est banquier. S'il y a une satire, dit Genêt, elle apparaîtra dans le jeu. On sait qu'il écrivait à propos des *Bonnes* : « Il ne s'agit pas d'un plaidoyer sur le sort des domestiques. Je suppose qu'il existe un syndicat des gens de maison. » Ce n'est pas seulement une boutade : la satire — et dans *Le Balcon*, la révolution — sont prises dans le jeu d'illusions. En épigraphe des *Nègres*, que je voudrais étudier maintenant, il inscrivait : « Un soir, un comédien me demanda d'écrire une pièce qui serait jouée par des Noirs. Mais, qu'est-ce que c'est donc un Noir ? Et d'abord, c'est de quelle couleur ? » Sa position — on le voit — n'a point varié.

Dans ce drame, deux des éléments structuraux essentiels se trouvent matérialisés, pourrait-on dire : le jeu des reflets et celui de la « représentation ». J'ai déjà évoqué le second : Archibald, metteur en scène, meneur de jeu, organise et distribue sous nos yeux le spectacle, et, reprenant l'effet de « théâtre dans le théâtre », Genêt installe sur la scène un public : les Noirs vont jouer devant la Cour, composée de Blancs. Ce public, on le sait, est figuré par des Noirs masqués, assez mal, demande l'auteur, pour qu'on voie la peau noire autour du masque. Il ajoutera que ce spectacle est « destiné à un public de Blancs » ; que s'il devait être donné devant un public de Noirs, « il faudrait qu'à chaque représentation un Blanc fût invité » ; on le mettrait à la place d'honneur, on jouerait pour lui et un projecteur serait dirigé sur lui pendant tout le spectacle. Et s'il ne s'en trouvait point, « qu'on distribue, note-t-il, au public noir à l'entrée de la salle des masques de Blancs ». Si l'on rappelle que les Noirs jouent à être ce que les Blancs les voient, que la Cour représente les Blancs tels que les Noirs les voient, ce jeu sur les spectateurs donne bien cette impression « vertigineuse », dont parlait Sartre, de reflets et de reflets de reflets, se reprenant à l'infini.

La représentation est celle d'une sorte de crime rituel. Les Nègres ont tué une femme blanche, dont le cercueil est déposé au centre de la scène (cercueil vide, bien entendu, on l'apprendra plus tard, et même purement symbolique). Pour que toute idée d'une quelconque réalité antérieure disparaisse, Village, désigné comme meurtrier, donne plusieurs versions du crime ; dans un premier récit, la victime est une vieille clocharde, ivre ; dans la « représentation » qui suit, c'est une jeune femme, séduite avant d'être tuée.

Cette représentation s'organise sous nos yeux. Archibald présente les acteurs, distribue les rôles, intervient pour indiquer un geste, corriger une attitude et surtout ramener les acteurs à leur rôle : « C'est à moi qu'il faut obéir. Et au texte que nous avons mis au point. » Les détails de la mise en scène sont réglés à mesure que le spectacle se déroule. Les acteurs jugent, critiquent le jeu de leurs camarades, comparent avec d'autres représentations : « Hier vous êtes entré avec circonspection. Vous déformez. » Ainsi retrouvet-on à tout instant cette distinction des deux plans, sensible dans *Le Balcon*, ce passage du quotidien au théâtral. « Ici, c'est le théâtre et non la ville », proteste Archibald.

Il n'y a pas seulement deux plans, mais très vite quatre ; car le public sur la scène participe au jeu, tantôt se désintéressant de l'action (les personnages de la Cour discutent politique, économie, cours de la Bourse...), tantôt s'y mêlant par ses commentaires. Un cinquième plan apparaît, quand intervient, comme dans *Le Balcon*, une révolution. Elle se prépare du moins et, dans la coulisse, des événements se passent : un Noir, traître à la cause, est exécuté. A plusieurs reprises, un personnage surgit, qui vient informer les acteurs. Lorsqu'il annonce l'exécution du traître, les acteurs qui représentent la Cour, ôtent leurs masques et, quelques instants, tous sur scène, ne s'intéressent plus qu'à cette nouvelle. « Nous devons achever le spectacle », dit Archibald. Les acteurs reprennent leurs masques. Les Noirs se révoltent et massacrent les dignitaires de la Cour.

On pourrait croire que la nouvelle du meurtre — de l'exécution du traître — introduit soudain la réalité dans le jeu. La représentation même serait une diversion : « Puisque nous ne pouvions permettre aux Blancs d'assister à une délibération, ni leur montrer un drame qui ne les intéresse pas, et que, pour le dissimuler, nous avons dû échafauder le seul qui les concerne... », explique Archibald. N'est-il pas curieux toutefois que le messager, personnage réel, dirait-on, ait été présenté au début du drame comme l'un des acteurs ? Ce qui se joue en coulisse ne serait-ce pas un « rite », analogue à celui qui se déroule sur la scène, une autre illusion qui n'existerait que par son reflet dans la pièce ? Car le passage à la révolte qui suit, le meurtre des dignitaires ne dépendent pas de ces événements extérieurs : dès le début, on entendait le Gouverneur apprendre le discours qu'il doit prononcer avant de mourir. Tout était prévu. Au drame joué sur la scène répond son reflet, un drame joué en coulisse.

Peut-être ne faut-il pas accorder plus de réalité au court dialogue amoureux qui sert de conclusion. D'aucuns y ont vu un élément positif, une conclusion optimiste. Il me paraît plus juste de le replacer dans ce jeu de reflets. Village et Vertu demeurés seuls quelques instants s'avouent leur amour puis, tournant le dos aux spectateurs, rejoignent les autres acteurs groupés au fond de la scène, autour du cercueil. Entre Vertu et Village, un dialogue de ce genre s'est déjà amorcé, à plusieurs reprises. On sait que Vertu, son nom l'aurait suggéré, est une prostituée. « Une putain vous choque », dit-elle ironiquement. « Oui, si elle l'est dans la vie », réplique un des Noirs. A un moment, au cours du drame, leurs camarades se sont éloignés pour laisser seuls les deux jeunes gens ; scène inverse

— comme son reflet dans un miroir — de la scène finale ; pas plus vraie, pas plus fausse. Qui est Vertu ? Une amoureuse ou une coquette ? L'une et l'autre, sans doute. Et le passage de l'une à l'autre des deux images qu'elle nous donne, se fait parfois dans un éclair. Au moment où il croit l'avoir séduite (le spectateur le croit aussi), Village lui dit : « Je suis beau, tu es belle, et nous nous aimons ! Je suis fort ! Si quelqu'un te touchait... » Et Vertu de répondre « extasiée » : « J'en serais heureuse. » L'auteur commente, par une indication scénique : « Village demeure interloqué. ». Le spectateur aussi.

Comme dans *Le Balcon*, les personnages demeurent insaisissables, car tout est spectacle, au premier ou au second degré, et même ce qui se passe dans la coulisse. Aussi le drame finit comme il a commencé et Genêt insiste sur le rapprochement entre le final et le premier tableau ; les acteurs dansent un menuet sur un air de Mozart, autour du catafalque drapé de blanc. Mais au finale, tous les acteurs, y compris « ceux qui formaient la Cour et qui se sont débarrassés de leur masques », sont réunis pour ce menuet. La comédie est achevée, la troupe se reforme.

Ce mouvement circulaire marque sans doute la différence essentielle entre *Le Balcon* et *Les Nègres*. Dans la première pièce les apparences se détruisent par leur succession ; chaque tableau « irréalise » le précédent. Les reflets, dans *Les Nègres*, s'opposent en un tournoiement perpétuel. Cela vaut pour les personnages ; dans *Le Balcon*, ils subissent une série de métamorphoses, tandis que ceux des *Nègres* semblent assumer simultanément leurs diverses images. Chantal, la prostituée, s'enfuit par amour, trahit son amant pour la révolution et peut-être aussi la révolution pour retrouver son ancienne vie ; tuée, elle devient une martyre. Vertu, au contraire, garde à tout instant son ambiguïté. Cela vaut également pour les scènes ; nettement déterminées dans *Le Balcon*, se répliquant dans une opposition linéaire ; indistinctes et mouvantes dans *Les Nègres*, se reprenant sans cesse pour se contredire.

Les explications que donne Archibald ne nous avancent guère. Tantôt il parle du théâtre comme d'un refuge : « Inventez [...] et faites donc de la poésie, puisque c'est le seul domaine qu'il nous soit permis d'exploiter. » Il revient à cette idée : « On nous l'a dit, nous sommes de grands enfants. Mais alors, quel domaine nous reste ! Le Théâtre ! Nous jouerons à nous y réfléchir et, lentement, nous nous verrons, grand narcisse noir, disparaître dans son eau. » L'explication se fait ici très claire, trop claire peut-être : « Nous sommes sur cette scène semblables à des coupables qui, en prison, joueraient à être des coupables. » Reprise du thème de la réprobation assumée dont Sartre a fait une analyse qu'on ne saurait résumer sans la fausser. Retenons, de l'affirmation d'Archibald, que tout est jeu, même la vérité. S'il y a une vérité ! Il dit bien : « Ce soir — mais ce soir seulement — nous cessons d'être des comédiens, étant des Nègres. » Ils ne deviennent pourtant pas eux-mêmes dans cette comédie, fidèles à une image : « Nous sommes ce qu'on veut que nous soyons... »

Ainsi poursuivons-nous en vain à travers les répliques et les personnages du drame une réalité, qui nous échappe sans cesse. L'avertissement final : « Le temps n'est pas encore venu de présenter des spectacles sur de nobles données. Mais peut-être soupçonne-t-on ce que peut dissimuler cette architecture de vide et de mots », nous renvoie à cette quête inutile : la comédie, la parade semblent masquer l'action réelle qui se déroule ailleurs et dont tout dépend, mais le messager qui participe à cette action réelle, ne compte que sur les comédiens : « Je croyais que ce soir, grâce à vous, tout devait changer ? » Pas plus que *Le Balcon*, *Les Nègres* ne donnent prise à une explication qui serait résolution, séparation des apparences et du réel. Tout est dans le jeu.

Les éléments les plus réels, la révolution et le pouvoir, apparaissent dans un mouvement qui les détruit. Les révoltés du *Balcon* hésitent et s'avouent vaincus, ceux des *Nègres* n'interviennent que par le truchement d'un acteur. Quant aux dignitaires, des masques les figurent ; ils sont identiques d'ailleurs dans les deux pièces : la Reine, l'Evêque, le Juge, le Général et le Gouverneur ; on les joue et on les tue (le massacre fait partie du simulacre) ; double réaction qui les dénonce. Ils représentent ce que Madame représentait pour les deux bonnes, ce qui domine ; objet d'envie et de crainte. S'identifier à eux et/ou les tuer, c'est transposer en fantasmes ses pulsions obscures. Dans ces deux drames, il y a un personnage, maître des illusions, meneur de jeu, qui rend possibles, met en scène les fantasmes, Mme Irma ou Archibald. Il participe peu, ou pas du tout, au jeu, intermédiaire plus qu'acteur. Il distribue les costumes et les rôles, organise la représentation. D'une certaine manière, il est peut-être celui « qui rêve ».

En ce sens, *Les Nègres* marque un aboutissement. Le jeu indiqué pour *Haute Surveillance*, réalisé dans *Les Bonnes* et plus nettement encore dans *Le Balcon*, se trouve intégré à la structure même de ce drame, par le moyen de « l'illusion comique ». Archibald devient plus clairement le maître du jeu que ne l'était Mme Irma. Toute réalité est plus ostensiblement dénoncée. Il y avait encore, dans *Le Balcon*, sur la scène, deux morts qui, pour être symboliques, n'en étaient pas moins vraies, celles d'Arthur et de Chantal. Dans *Les Nègres*, les morts se relèvent pour participer à l'action ou, plus simplement, comme la Reine, parlent leur mort et jouent au-delà de cette mort. A la fin, ils forment un cortège pour descendre aux Enfers. Ce sont des acteurs et l'on nous a dit que rien n'avait été prévu pour le massacre : « ni couteaux, ni fusils, ni gibet ». « Pas la peine, réplique l'un d'eux. Nous sommes des comédiens, notre massacre sera lyrique. » L'effet est un peu lourd, insistant, mais nécessaire. Le « tourniquet d'apparences », dans *Les Bonnes*, s'arrêtait sur une mort véritable : Claire, reprenant le rôle de Madame, se faisait servir la tisane empoisonnée. Il fallait toute la subtilité de Sartre pour discerner là un faux meurtre ; c'était achever la comédie, mener le rite à son terme. Sartre y voyait un crime joué, un cérémonial de vengeance. *Les Nègres* n'étaient pas écrits, lorsqu'il composa sa préface ; ce drame éclaire son propos, car le thème en est identique. Mais là, il n'y a plus de cadavre, pas même un vrai cercueil ; un simulacre. Les bonnes jouent aussi leurs fantasmes, mais la dénonciation de l'apparence n'est pas nette ; le spectateur pourrait se laisser prendre au jeu. D'un drame à l'autre, la technique se modèle sur les intentions profondes du dramaturge. La pièce bascule dans le rêve.

On pourrait dresser un inventaire des effets qui en découlent. Outre la présence du meneur de jeu, véritable intermédiaire entre les spectateurs et les acteurs, tout un ensemble de procédés : déguisement, masque, cothurnes qui donnent aux dignitaires une taille démesurée ou poupées qui les doublent, multiplication des niveaux sur lesquels se déroule l'action, décors qui glissent « comme s'ils allaient s'emboîter les uns dans les autres sous les yeux du spectateur », trompe-l'œil ou faux-semblants, jeux de miroirs... Tous ces effets relèvent, on ne s'en étonne pas, du domaine de l'apparence et renforcent la structure du drame.

Quelques détails le feront mieux saisir. Les décors du *Balcon* doivent aux changements de tableaux « glisser » et non « tourner », insiste Genêt ; c'est que chacun détruit celui qui précède. Les miroirs reflètent un décor à venir ou subitement deviennent transparents pour nous offrir un autre spectacle. Dans *Les Nègres*, je ne citerai qu'un jeu très significatif par sa minceur même : sur la scène dès le début le catafalque drapé de blanc est censé contenir le cercueil de la femme blanche, tuée par les Nègres. Le crime devient de plus en plus illusoire à mesure que se déroule l'action. Lorsque les Blancs viendront pour juger et condamner, le Tribunal s'installe ; un des Nègres retire le drap du catafalque simplement « tendu sur deux chaises ». « Il n'y avait personne dans la caisse et dites-nous pourquoi ? » demande le Juge. « Hélas, répond Archibald, il n'y avait pas de caisse non plus. » Et le gouverneur proteste : « Ils nous tuent sans nous tuer et nous enferment dans pas de caisse non plus ! » Les deux chaises serviront à faire asseoir le Gouverneur et l'Evêque. Mais elles ont aussi une histoire : lorsque la Cour s'est installée, tout au début de la pièce, le Valet et l'Evêque ne trouvent pas leurs chaises et manifestent leur mécontentement de devoir assister debout au spectacle ; ils le rappellent, lorsqu'on découvre le catafalque. Ce détail sans importance, mis ainsi en relief, fait bien saisir le jeu, dénonciation à tous les niveaux de l'illusion. Ici, rien ne reste de ce qui était l'objet même du drame.

J'ai pris sans doute mon sujet à rebours. Il eût mieux valu peut-être montrer d'abord les aspects insolites de ce théâtre pour les réduire ensuite à une explication ; montrer que nous sommes dans un théâtre « truqué », où les personnages quittent soudain leur déguisement tandis que d'autres, se déguisant devant nous, se prennent au sérieux ; un théâtre où les décors se révèlent des trompe-l'œil, où les gestes mêmes et les paroles ne sont jamais sûrs... Mais c'était donner à l'insolite en soi une importance qu'il ne méritait pas ; il n'est ici que mode d'expression et non but, aboutissement d'une évolution dans laquelle sa recherche n'a joué aucun rôle. Lorsque, dans *Les Nègres*, Archibald proclame : « Nous sommes sur cette scène semblables à des coupables qui, en prison, joueraient à être des coupables », on dirait qu'il résume une pièce dont j'ai parlé déjà et qui ne contient aucun élément insolite, *Haute Surveillance*, dont on ne saurait mieux définir le mouvement que dans cette revendication de culpabilité. Cette pièce, dans son texte, n'offre rien que de banal ; elle est toutefois sous des apparences réalistes très profondément onirique. Le caractère fantasmatique des drames de Genêt est premier ; il impose à l'écrivain la recherche d'une technique qui le traduise. Intégrer dans l'écriture dramatique ce qui était laissé, pour *Haute Surveillance*, à la discrétion du metteur en scène, tel était le problème, que l'auteur en eût ou non conscience. Certains procédés, insuffisants encore, le permettaient, dès la seconde pièce, *Les Bonnes*. Ce n'est qu'avec *Le Balcon* et surtout avec *Les Nègres*, en dressant sur la scène le théâtre même de ses fantasmes que Genêt y parvint. L'insolite y est l'élément destructeur indispensable : toute tentative d'interprétation devrait partir de cette constatation. Il en demeure peut-être, comme dit un personnage du *Balcon* : « une image vraie née d'un spectacle faux » ; mais le faux du spectacle me paraît plus intéressant que cette « vérité », dans son jeu et même dans sa signification.

DISCUSSION

sur la communication de Jacques PETIT

Interventions de : A. Stoll. — J. Petit. — J.-N. Segrestaa. — V. Hell. — P. Voltz.

Andreas Stoll.

Monsieur Petit, permettez-moi d'attirer votre attention sur deux caractéristiques structurales dont l'omission au cours de votre exposé vous a nécessairement conduit à une vue d'ensemble incomplète et par là, inexacte de la signification des procédés dramaturgiques employés par Genêt.

En premier lieu, je vous reprocherai de traiter toutes les pièces de notre auteur suivant le même schéma esthétique — en appuyant vos arguments essentiellement sur l'analyse (excellente, d'ailleurs) des *Bonnes* fournie par Sartre au début des années 50 —, tout comme s'il n'y avait pas eu de développement historique, c'est-à-dire de transformation sur le plan significatif, entre *Haute surveillance* (qui fait encore partie de l'exégèse sartrienne) et *Les Paravents*, qui est l'œuvre la plus récente. Il est, certes facile de reconnaître qu'un grand nombre des procédés d'irréalisation et de miroitement caractéristiques pour les premières pièces — et dont Sartre a mis à nu le jeu tourbillonnant des vérités et contre-vérités réciproques —, reviennent dans les créations postérieures, non sans être complétés par des artifices stylistiques chaque fois plus complexes encore. Il serait cependant dangereux de nier que ces opérations dramaturgiques toujours analogues servent à exprimer, dans la pièce la plus proche de nous par exemple, une expérience historique, une conception de la réalité très différente de celle qui est à la base des *Bonnes*. On refuse au jeu dramaturgique de chaque œuvre nouvelle sa sémantique propre, sans rapport originel avec sa réalité sous-jacente, si on laisse de côté cette évolution historique esquissée par Lucien Goldmann et dont Sartre, en 1952, ne pouvait pas encore prévoir le déroulement.

Prenons un exemple. Comparons de plus près ces rêveries lyriques par lesquelles, à travers les différentes pièces, les êtres opprimés extériorisent leur plus fervent désir de libération. Dans les *Bonnes*,

les divagations lyriques (associations d'images « baroques », etc.) des
deux servantes reproduisent toujours, à titre négatif, les moments
d'exaltation pathétique de la maîtresse : impossible aux deux vieilles
filles de penser un monde qui ne soit pas préfiguré dans la réalité
rêvée des « maîtres », impossible donc de briser les miroirs qui les
tiennent prisonnières. Avec les *Nègres*, en revanche, on assiste pour
la première fois dans l'évolution théâtrale de Genêt, à la formation
d'un univers linguistique imagé qui ne soit plus le reflet de la réalité conçue par les « maîtres ». Les propos amoureux qu'échangent
Village et Vertu à la fin de la représentation, ne constituent déjà
plus la contrefaçon « noire », c'est-à-dire complémentaire, du langage amoureux des Blancs ; bien au contraire, dégagés du code linguistique cartésien des Blancs, ils annoncent, comme leur réalité sous-
jacente, un monde qui, lui aussi, ne sera plus régi par les normes
(sociales) des maîtres actuels. Par leurs créations linguistiques donc,
les Noirs arrivent à briser le cadre des miroirs qui a entouré leurs
actions précédentes. Ainsi, les mêmes schémas poétiques — associations métaphoriques « baroques » — ont, dans les deux cas, des
fonctions sémantiques différentes, puisqu'ils expriment chaque fois
adéquatement une vérité sociale unique, celle que l'auteur a bien
voulu leur confier.

Un deuxième élément dont l'omission doit nécessairement fausser
votre interprétation formaliste des procédés dramaturgiques, me
paraît être la notion du tragique en tant que facteur sémantique, donc
sociologique. Pour ne citer qu'un exemple : Vous passez sous silence
le fait qu'à la fin du *Balcon*, le héros révolutionnaire, au moment
de franchir le seuil du bordel, ne laisse pas seulement derrière lui
sa vérité sociale antérieure, mais qu'il commet l'acte de castration
sur lui-même. Cet acte tragique visant à la destruction de l'*ego* —
comparable au suicide de Claire, dans les *Bonnes* — fait, bien sûr,
partie de la stylisation artistique de la réalité opérée par toute représentation théâtrale, mais pour cela il n'interrompt pas moins l'éternelle alternance du réel, du faux-semblant et du refoulement qui a
lieu entre la « vie publique » (le réel) et la « maison des illusions »
qu'est le bordel. Le « jeu des miroirs » se voit soudain arrêté au
profit d'un événement irréversible qui doit ainsi décider de la signification « morale », donc sociologique, qu'on sera tenté d'attribuer à
la pièce entière. Insister uniquement sur l'éternel miroitement d'une
« vérité » dans l'autre et en tirer des conclusions pour une interprétation d'ensemble, c'est donc, à mon avis, une tâche fortement criti-
quable, puisque vous faites volontairement abstraction de la sémantique propre à chaque figure artistique observée. Ne risquez-vous pas
ainsi de tomber dans le même piège que ceux qui, sans égard pour
l'historicité d'une œuvre littéraire, ne voient pas de différence entre
un Caldéron, un Hoffmannsthal et un Pirandello, — et qui n'hésite-
raient pas d'y associer un Genêt — pour la toute simple raison

qu'ici et là, ils découvrent des jeux de miroirs « baroques » et analogues, sous lesquels ils supposent alors la même « vision du monde »... ?

Jacques Petit.

Je voudrais d'abord répondre sur certains points. Je n'ignore pas que *Les Bonnes* ont la même structure que *Haute Surveillance*, puisque vous relevez vous-même que j'ai lu l'analyse de Sartre et que c'est l'essentiel de son analyse des *Bonnes*. Vous me reprochez de n'avoir pas vu l'élément tragique. Je vous rappellerai ma conclusion : « une image vraie née d'un spectacle faux ». Et j'ai dit simplement : je me suis intéressé au spectacle dans cette communication, et pas à l'image. J'ai, me semble-t-il, le droit d'envisager ce théâtre du point de vue de son fonctionnement dramatique sans me préoccuper de cette évolution « sociologique ».

Il y a en effet des problèmes de ce genre, je ne l'ai pas nié. J'ai dit simplement que, si l'on suit le texte de Genêt — et je le maintiens — toutes les analyses qui donnent à la révolution ou à la conversation amoureuse de la fin une valeur plus réelle qu'au reste de la pièce sont fausses. A la fin des *Nègres*, Village et Vertu rejoignent les autres acteurs et se mettent avec eux à danser le menuet qu'on a dansé au début. Cela appartient au spectacle. Qu'il y ait là une intention de la part de Genêt et qu'il y ait une évolution par rapport au *Balcon*, que le *Balcon* soit le lieu où en effet les gens viennent projeter toute une partie de leur vie, j'en suis d'accord aussi, — je n'ai jamais dit que ça n'avait pas de sens —, j'ai dit que c'était un jeu, que ce jeu avait une signification et que la signification passait à travers le jeu. Genêt ne dit rien en clair. J'accepterais la discussion, et je montrerais qu'il n'y a pas une scène, pas un mot, ni dans le *Balcon*, ni dans *Les Nègres*, qui ne soit le reflet d'autre chose et qui, de ce fait, puisse être considéré comme la réalité. Toute autre attitude est un choix politique, antérieur à la lecture de Genêt. Je sais très bien qu'on a dit que la fin, c'était l'optimisme, la libération des Noirs, la naissance de quelque chose de nouveau ; peut-être, mais à l'intérieur du jeu, et je trouve qu'il est faux de privilégier cette scène alors qu'elle appartient, comme le reste, au spectacle.

Andreas Stoll.

Vous refuseriez alors à toute représentation scénique une signification sociologique, puisque vous ne faites rien moins que soutenir que l'essence de la déréalisation réside dans un jeu gratuit, une sorte de carnaval sans lendemain... ?

Jacques Petit.

Je n'ai jamais dit que le jeu n'était pas sérieux. J'ai fini en disant
que le dernier mot de Genêt, c'était : il naît une image vraie d'un
spectacle faux. Le spectacle est faux, et grâce à lui, Genêt représente
quelque chose de vrai. Simplement, j'avais choisi de m'intéresser à
cet aspect faux du spectacle pour en démonter le mécanisme. Je n'ai
jamais dit que Genêt n'avait pas voulu dire quelque chose, qu'il n'y
avait rien de « sociologique » dans son texte, je n'ai pas dit qu'il
n'y avait rien de tragique, j'ai dit qu'il se situait sur un plan de jeu
et qu'il n'y avait pas moyen d'analyser la pièce en opposant une
réalité et une fiction. Les fictions se renvoient l'une à l'autre. Je n'ai
jamais nié le sens de ce théâtre. Je dis simplement que, personnellement, je n'en suis pas sûr ; je le trouve assez obscur dans sa
signification ; je ne suis pas sûr de la conclusion qu'il faudrait donner. C'est tout.

Andreas Stoll.

Vous restez uniquement sur le plan de la pièce, vous restez sur
le plan de l'illusion.

Jacques Petit.

Parlant en une demi-heure de deux pièces extrêmement importantes, il me fallait choisir un angle de vue. Appelez ma communication « le jeu de l'illusion dans *Les Nègres* et dans les *Bonnes* »,
ce sera exactement ce que j'ai voulu faire.

Jean-Noël Segrestaa.

Avec le point de vue que vous nous avez proposé, j'ai simplement
deux points de divergence. L'un porte sur un détail, que peut-être
j'interprète mal : c'est le récit du meurtre de la vieille clocharde par
Village, que vous comprenez comme une autre version du meurtre
de la Blanche. Or, moi, il m'avait semblé comprendre que le spectacle
donné par les Nègres étant répété chaque soir, comme ils veulent
donner l'illusion qu'il y a quelqu'un dans le catafalque, il faut chaque fois y introduire une nouvelle victime, qui est censée représenter
la Blanche dont le meurtre sera raconté par la suite.

Jacques Petit.

C'est possible.

Jean-Noël Segrestaa.

C'est simplement un détail, mais je crois que cette idée de la répétition de la même action théâtrale est inscrite dans *Les Nègres* comme dans *Le Balcon* et je rattacherais volontiers l'histoire de la clocharde à cela.

Jacques Petit.

Oui, de toute façon, l'histoire de la clocharde, qu'on la considère comme une répétition, comme un doublet du récit, ou comme tout imaginaire, la conclusion est la même.

Jean-Noël Segrestaa.

En effet, c'est un détail qui ne change rien au fond de votre analyse. Ma seconde objection, c'est qu'il me semble que vous avez un peu rusé en disant que le meurtre, qui est représenté comme un meurtre réel, tragique, à la fin des *Bonnes*, devenait dans les pièces suivantes un faux meurtre, puisque l'exécution des masques, à la fin des *Nègres*, est vraiment une simulation théâtrale. Mais il y a tout de même aussi dans *Le Balcon* et dans *Les Nègres* de vrais meurtres ; d'ailleurs vous l'avez signalé. Il y a la mort d'Arthur et de Chantal dans *Le Balcon*, et il y a le rebelle condamné dont Ville de Saint-Nazaire raconte l'exécution dans *Les Nègres*. Il semble bien que ceci s'insère dans ces jeux de l'illusion, mais il y a, à ce moment, passage à un certain niveau de réalité, comme si Genet avait voulu montrer par là — vous l'avez dit dans votre conclusion — que l'image était elle-même productrice de réalité, un peu comme dans les *Six Personnages en quête d'auteur* de Pirandello où il y a tout de même un vrai coup de révolver et la mort du petit garçon ; ainsi le monde imaginaire n'apparaît plus du tout comme un reflet ou un double du monde réel, mais vraiment comme un autre monde, un monde rival, et qui existe pleinement.

Jacques Petit.

J'ai été frappé, dans les *Nègres*, du fait que Ville de Saint-Nazaire, qui vient raconter l'exécution, fait au début partie des comédiens et qu'à la fin on ne sait pas très bien qu'en faire. J'ai relu trois fois la pièce pour savoir s'il sortait ou ne sortait pas. Et je crois qu'il ne sort pas, qu'il doit rester avec les autres acteurs ; à ce moment-là, il participe au spectacle avec eux. Je ne dis pas qu'il n'y ait pas de meurtre réel dans la coulisse, mais on peut se demander si ce qui se passe dans la coulisse n'est pas aussi un jeu, un reflet de l'autre ; ce qui ne lui enlève rien de sa force. Quant au massacre des Blancs, je suis entièrement d'accord qu'il a une signification ; mais Genêt a voulu insister : dans le *Balcon*, on voit les morts sur la scène ; dans les *Nègres*, il a tenu à ce que ces morts soient des acteurs, et joués comme tels.

Jean-Noël Segrestaa.

Il y a un mort qu'on ne voit pas mourir.

Jacques Petit.

Non, parce que l'on n'est pas sûr du tout que ce soit un vrai mort, pas plus que ceux de la pièce. Pour moi, je me pose la question.

Victor Hell.

Je voudrais faire quelques brèves remarques en tant que comparatiste. Je suis évidemment attentif aux correspondances qui peuvent s'établir avec certains problèmes historiques posés dans d'autres littératures. Je déplore simplement que dans ce colloque, il se soit agi presque exclusivement du théâtre français. Ce qui m'a frappé, c'est qu'il y a là un problème du rapport entre l'objectif et le subjectif, la réalité et l'illusion, à rapprocher — je ne cite que le début — du procès de Kafka. Vous connaissez ce début, c'est l'interrogatoire. Et Joseph K. (voilà les rapports entre réalité et jeu), pour relater l'événement insolite, le joue, le met en scène, en tant qu'acteur unique : il joue donc l'interrogatoire. Alors, un glissement du décor se produit : il prend la chaise et un problème est posé dans la mesure même où Joseph est maintenant le metteur en scène ; c'est lui qui organise le jeu, et il ne sait pas où se mettre, puisqu'il doit être l'inculpé, mais il entre dans un rôle à partir de ce moment. Et le procès commence, dès lors que s'évanouit, se dissipe l'opposition manichéenne entre le réel et le subjectif. Et ce n'est plus seulement le jeu. Si j'insiste sur ce point, c'est parce que les interprétations existentialistes, philosophiques, théologiques, ont relégué à l'arrière-plan la part de l'élément ludique et de l'humour qui est essentielle dans l'œuvre de Kafka.

Jacques Petit.

Sur ce problème du jeu, je voudrais dire ceci en revenant sur l'objection de tout à l'heure : je n'ai jamais considéré, en parlant du jeu et de l'illusion, que ce théâtre était faux, ni qu'il avait moins d'impact sur le public ; bien au contraire, à mon avis. Mais je reste un peu indécis sur son sens. Je ne sais si vraiment ces deux pièces ont une valeur politique, « sociologique », ou si ce ne sont pas seulement ses propres fantasmes que Genêt a transposés. Est-ce que *Les Nègres* et le *Balcon* nous transmettent une réflexion politique ou n'est-ce pas simplement le prolongement de *Haute Surveillance*, c'est-à-dire de ce mouvement par lequel Genêt, rejeté par la société, se joue comme rejeté pour essayer de se sauver ? Je n'en sais rien. Je ne conclus pas. Le jeu me paraît avoir, au niveau du théâtre, une influence beaucoup plus grande qu'une action directe. *Les Bonnes* me paraissent avoir un impact beaucoup plus grand que *Haute Surveillance*.

Pierre Voltz.

Je me suis posé un problème en vous écoutant : c'est que vous avez fort bien défini tous les aspects de relation entre l'illusion et la réalité en ramenant les choses au niveau du jeu, car cette réalité dont vous parlez, en partant du texte de Genêt, est de toute façon pour nous une fausse réalité. Mais il y a quand même une réalité au théâtre, et c'est le jeu des acteurs, et la présence réelle des gens qui sont autour d'eux. Quand vous dites : « je ne sais pas si le meurtre est réel en coulisse », vous voulez dire « réel par rapport à un autre, qui serait non-réel dans la fiction », car c'est bien un meurtre imaginaire de toute façon ; qu'il ait lieu ou non, il se situe dans le rapport illusion-réalité à l'intérieur de l'imaginaire de ce jeu théâtral. Mais ce jeu de miroirs s'arrête quand même quelque part, ou alors moi je deviens fou. Il s'arrête devant le fait qu'il y a des gens réels qui jouent. Et ces gens réels jouent. Vous dites : d'un certain point de vue, je ne sais pas le sens de l'œuvre. Je crois qu'on ne peut pas le connaître quand on reste dans le texte. Mais je constate une chose, c'est que Genêt est beaucoup joué, souvent repris, mais souvent aussi récrit, réadapté. Je connais un certain nombre de troupes qui n'ont pris dans Genêt que ce qui était véritablement à prendre pour elles, c'est-à-dire des propositions de jeu, et à partir de ces propositions, ont reconstitué la seule chose qui puisse avoir un sens, la construction d'un jeu par des gens réels, devant des gens réels. A ce moment-là, le théâtre prend tout son sens.

Jacques Petit.

Je réfuterai en tout cas votre dernière phrase. Il ne prend pas tout son sens, il prend un sens, peut-être plus profond...

Pierre Voltz.

...Son sens actuel et contemporain.

Jacques Petit.

Tout à fait d'accord sur le fait que la réalité — quand j'ai parlé de réalité au début, je l'ai mis entre guillemets — c'est ce qui nous est dans la pièce présenté comme réalité et qui est déjà une illusion. D'ailleurs Genêt le montrait d'autant mieux, qu'il voulait faire jouer *Les Bonnes* par des adolescents travestis ; il voulait faire intervenir, au niveau même du jeu de l'acteur, un « truquage » supplémentaire.

C'est exactement l'histoire des Blancs qui sont des Nègres masqués. Donc tout à fait d'accord sur ce plan.

Maintenant, que le théâtre de Genêt puisse être tiré vers une autre interprétation, je n'y contredis pas. Personnellement je suis de ceux qui croient encore qu'un texte existe. Qu'il n'ait pas un sens univoque, sans doute ; qu'on en tire un sens, je veux bien ; qu'il suscite un jeu, fort bien, mais ne dites pas que le théâtre de Genêt prend alors tout son sens.

Pierre Voltz.

Je crois qu'il y a là une proposition un peu contradictoire, car ou le texte est, et il n'y a pas de jeu, ou bien il est un jeu et une proposition pour les gens qui jouent. Qu'est-ce qu'un jeu ? Prenons celui de gendarmes et de voleurs, qu'on peut très bien improviser en séance dramatique. Les gens qui jouent et les gens qui regardent investissent dans ce jeu (dont les règles sont données au départ, mais qui n'ont pas de contenu symbolique personnel) un certain type de relations entre eux qui leur permet de construire un échange. A la limite, l'aspect dynamique du théâtre de Genêt, et la raison pour laquelle il est si souvent repris par un certain nombre de théâtres de recherche, c'est qu'avec, bien entendu, une autre richesse que le jeu de gendarmes et voleurs, avec une autre ouverture vers le sens symbolique du jeu, il a fondamentalement cette même qualité d'offrir aux gens la possibilité de jouer, c'est-à-dire d'investir dans le jeu quelque chose qui, à travers l'expression symbolique d'eux-mêmes, leur permet de construire une relation réelle les uns avec les autres.

Jacques Petit.

Il y a peut-être deux aspects dans le théâtre de Genêt ; c'est d'ailleurs pourquoi j'ai insisté, pour ma part, sur le jeu. Mais vous paraissez dire que l'intérêt du théâtre de Genêt est de permettre à un certain nombre de gens de jouer un psychodrame à partir du texte.

Pierre Voltz.

Il ne s'agit pas de psychodrame, parce que les gens ne cherchent pas à guérir de maladies qu'ils n'ont pas forcément. C'est un mode d'expression. Mais je crois plutôt que tous les grands textes de théâtre sont comme cela. C'est très exactement du jeu dramatique au sens fort du terme. Si on reprend parfois *les Perses* d'Eschyle, si on reprend un certain nombre de textes, des comiques latins (parce qu'on peut en faire ce qu'on veut) ou de Shakespeare, si la tendance profonde du théâtre à l'heure actuelle, c'est de dire : les textes écrits, les textes figés, on ne sait plus quoi en faire, parce qu'ils sont écrits, figés, alors les uns gardent le texte, mais ils l'interprètent de l'extérieur, ils le commentent, ils en donnent une « lecture », les autres disent : « Le texte, je l'adapte, parce que ce qui est intéressant, c'est la proposition de jeu qui est dedans ; ce n'est pas la chose écrite une fois pour toute 500 ans avant J.-C., ou 1 500, ou 2 000 ans après. » Je crois que s'il y a là une tendance profonde du théâtre contemporain, elle correspond à quelque chose de réel qui est la redécouverte du théâtre comme jeu. Et c'est pourquoi, depuis le début de ce colloque, mes interventions vont toujours finalement contre la notion d'auteur, parce qu'elle prétend ancrer dans une signification univoque ce qui n'est jamais qu'une suite de mots dont je revendique le droit de faire ce que je veux.

LES PRINCIPES D'ANTONIN ARTAUD
ET LE THEATRE CHINOIS CONTEMPORAIN

par

Danielle Bonnaud-Lamotte

Antonin Artaud et la culture chinoise actuelle ont, d'abord, un point commun qui est Marseille. Artaud est né dans cette ville qui, à mon avis, l'a créé. D'autre part, les premiers contacts français avec la République Populaire de Chine sont venus de Marseille où fut, il y a une dizaine d'années, fondée une association d'amitié avec la Chine, devenue ensuite le *Centre Culturel France-Chine*. Du temps d'Artaud — et cela n'a guère changé — contrairement aux bonnes villes de province, la notabilité respectée à Marseille n'était ni le juge, ni l'évêque, ni le bourgeois de vieille souche, mais l'homme, parfois Marseillais de très fraîche date, qui avait réussi dans les « affaires ». Déjà à cette époque, les fortunes rapides, les trafics équivoques n'entachaient guère une réputation. J'oserais avancer que la personnalité d'Artaud s'est développée non pas dans ce contexte, cette atmosphère là mais, à son encontre. Je crois qu'il aurait aimé que ma première approche de lui se fît, non à travers ses œuvres écrites, mais grâce à certaines de ses amitiés marseillaises, notamment le poète Axel Toursky (1). Celui-ci avait fréquenté Artaud à Marseille et aussi à l'occasion d'un séjour à Paris ; il avait vécu avec Gide et d'autres écrivains la fameuse soirée de 1947 au Vieux-Colombier au cours de laquelle Artaud, en une seule séance, livra le message de toute une vie de souffrances physiques et morales. Axel Toursky ne craignait pas de considérer l'entourage familial d'Artaud comme, en partie, responsable de la situation du patient. Hypothèse pénible et discutable qui ne fait qu'ajouter à une situation fort douloureuse pour des proches en cas d'accusation injuste. Si je l'évoque, ce n'est que pour vous proposer une autre explication,

---

(1) D'origine russe et décédé à Marseille en 1970 dans d'atroces conditions, proches de la propre fin d'Artaud auquel il avait souvent souhaité s'identifier.

laquelle sert de base à la vision du monde peu à peu élaborée par Artaud et d'où découle sa conception de l'art et du théâtre (2).

Je considère Artaud comme un homme physiquement malade dont on n'a pas compris la nature de l'affection, parce que notre conception de la maladie relève, en Occident, de concepts issus de la Renaissance. Des textes d'Artaud, il ressort qu'il a pressenti puis compris que notre médecine est une médecine de cadavres. Ne sort-elle pas des travaux d'Ambroise Paré, qui, ayant voulu connaître l'intérieur du corps (en quoi il faisait bien) eut des successeurs dont la médecine, puis la vision du monde, prit pour base l'étude presque exclusive du corps sans vie, privé d'énergie, ne fonctionnant plus ? Et je suis frappée de ce que l'homme qui aura, peut-être, le plus renouvelé le théâtre depuis Molière aura, comme lui, revu la plupart des idées qu'il avait reçues, à cause de l'échec de la médecine à le guérir.

Que s'est-il passé pour Artaud ? On peut supposer qu'un dérèglement organique, dû à un trouble des ordres que donne le cerveau et traité comme un déséquilibre mental aboutit, par suite des traumatismes successifs infligés lors des soins, à un état, en dégradation croissante, qu'il aurait, au contraire, fallu enrayer. La souffrance du malade s'en trouva exagérée ainsi que son exaspération mais les plaintes mêmes qu'elles suscitèrent ne firent que révéler plus clairement l'origine quasi abstraite de ses maux. Entre la médecine « de cadavre » et celle qui croit à une âme en dehors du corps, entre un matérialisme inerte et l'idéalisme, il n'est pas de place pour la compréhension des maux, commodément qualifiée de « nerveux » !

Ce n'est qu'après ces premières réflexions que j'ai lu l'ouvrage si remarquable d'Alain Virmaux sur Artaud. J'y ai trouvé (3) confirmation de mes pressentiments dans un texte qu'il reproduit sous la rubrique « textes rares » ; c'est celui de la conférence que fit Artaud en 1936 à Mexico (4), intitulée *Le Théâtre et les Dieux*. En voici quelques extraits qui nous permettront, je crois, d'atteindre le cœur du problème.

« (...) Dans le corps de la jeunesse française une épidémie de

---

(2) Cf. Jean-Louis Brau, *Antonin Artaud*, coll. « Les Vies Perpendiculaires », La Table Ronde 1971, qui écrit, avec une grande pertinence, p. 199 : « Il est ridicule (...) de nier la folie d'Artaud et d'accuser les psychiatres de tous les péchés du monde sans en tirer des conclusions qui se résument dans une mise en cause fondamentale du concept d'aliénation.

(3) *Antonin Artaud et le Théâtre*, publié avec le concours du C.N.R.S., 1970, L'Archipel, Seghers, pp. 256-261.

l'esprit bourgeonne, qu'il ne faut pas prendre pour une maladie mais qui est une terrible exigence. C'est une caractéristique de ce temps que les idées ne sont plus des idées, mais une volonté qui va passer aux actes. (La jeunesse) veut comprendre la Nature et l'Homme par-dessus le marché. Non pas l'Homme dans sa singularité ; mais l'Homme grand comme la Nature.

(...) Et la jeunesse sait que cette haute idée de l'Homme et de la Nature, le théâtre peut la lui donner (...).

Quand la jeunesse apprend que la médecine des Chinois, médecine archi-millénaire, a su guérir le choléra par des moyens archimillénaires, alors que, contre le choléra, la médecine de l'Europe ne connaissait naguère que les moyens barbares de la fuite ou de la crémation, il ne lui suffit pas d'introduire cette médecine en Europe ; elle pense aussi aux vices de l'esprit de l'Europe et cherche à guérir de cet esprit.

Elle comprend que ce n'est pas par un artifice, mais par une compréhension profonde que la Chine a pu connaître la nature du choléra. C'est cette compréhension qui est la culture. Et il y a des secrets de culture que les textes n'apprennent pas.

« (...) En face de l'Européen qui ne connaît que son corps et qui n'a jamais pu rêver qu'on pouvait organiser la nature, puisqu'il ne voit pas au-delà du corps, le Chinois, par exemple, apporte une connaissance de la nature par une science de l'esprit. »

Nous rapprocherons ce texte extraordinaire d'un article, publié dans la revue *La Chine* (5) de novembre 1971, à propos de la nouvelle thérapeutique des maladies mentales, appliquée depuis 1969 en Chine. Sans négliger certains apports de la science occidentale, elle s'y oppose en concevant l'homme dans sa totalité, ce qui conduit à rejeter les soins traumatisants pour tout ou partie de la personne.

Comment Artaud, à partir de la conviction que l'Occident faisait entièrement fausse route, a-t-il élaboré sa nouvelle vision du monde ? D'abord, je crois, en rejetant ce qui vient, non pas seulement de

---

(4) Le samedi 29 février à l'Ecole Préparatoire Nationale, après celle du 26, *Surréalisme et Révolution* et du 28, *L'Homme contre les Dieux* (précisions données par J.-L. Brau, Antonin Artaud, *op. cit.*, p. 180). *Le Théâtre et les Dieux* ne fut publié que beaucoup plus tard ; pour la première fois, nous dit Virmaux, dans *L'Arbalète* (Marc Barbezat), n° 13, été 1948, pp. 196-208. Il serait très intéressant de savoir pourquoi un texte, aussi chargé de signification, ne se trouvait pas dans le recueil *Le Théâtre et son Double*, édité en 1938 par Gallimard.

(5) Mensuel publié en diverses langues et distribué par Guozi Shudian, Pékin.

la Renaissance, mais de beaucoup plus loin, des fondements mêmes de notre civilisation sémito-chrétienne, et repose sur le texte : « Au commencement était le Verbe et le Verbe s'est fait chair. » (6).

Cela lui paraît l'hérésie fondamentale parce que le biblique « et le Verbe s'est fait chair » a été récupéré par des clergés plus bavards qu'actifs, trop heureux de nous imposer une telle conception du monde. Conception qui, une fois introduite dans la culture, a suscité un théâtre de la seule parole, un théâtre — dit Artaud — « complètement coupé de la vie ».

Il est impossible, ici, de résumer Artaud. Je me contenterai de m'appuyer sur un texte : la Préface d'Artaud à son recueil *Le Théâtre et son Double* (7) dont l'auteur mesurait bien l'extrême importance puisqu'il demanda à Paulhan qu'elle fût imprimée en italique. « Je tiens absolument à cette Préface. » Préface qui, en fait, était une post-face. Lorsqu'Artaud eut rassemblé (8) tous les textes destinés à son recueil sur le théâtre, il rédigea une présentation. Non datée par lui, la préface serait de 36 ou 37 (9), donc, à mi-chemin entre son premier écrit sur le théâtre : *Manifeste pour un Théâtre avorté*, publié dans la revue marseillaise *Les Cahiers du Sud*, n° 87, en 1927 et l'émission préparée en janvier 1948 pour la radiodiffusion française (10).

Cette préface nous permet de nous interroger sur la nature des dérangements mentaux d'Artaud. Rappelant par la rigueur du style et l'élévation de l'esprit certaines des plus belles pensées de Pascal, ne pouvait-elle pas faire écarter l'hypothèse que son auteur relevait de la camisole de force et d'un internement pour accès de folie criminelle ? (11).

---

(6) Cf. J.-L. Brau, Antonin Artaud, *op. cit.*, p. 169 : « Depuis longtemps s'est ancrée chez Artaud l'idée de la responsabilité de la civilisation occidentale, des vingt siècles de civilisation judéo-chrétienne dans le détournement des forces vives de l'homme. »

(7) Publié pour la première fois dans la coll. « Métamorphoses » (1938), N.R.F., Gallimard. Actuellement *in* Coll. « Idées » (Gallimard).

(8) Lettre du 1/4/1937 in *Le Théâtre et son Double*, 1969, cf. éd. « Idées », p. 230, N.I.

(9) *Ibid., loc. cit.*

(10) « L'émission sera interdite par le Directeur W. Porché, au grand désespoir d'Artaud pour qui il s'agissait (enfin) d'une démonstration de *théâtre de la cruauté* » dit D. Joski dans sa brève mais émouvante étude *Artaud*, coll. « Classiques du XXᵉ s. », Editions Universitaires, Paris, 1970, p. 95.

(11) Sur le bateau le ramenant d'un voyage en Irlande, Artaud, à la suite de circonstances restées fort obscures, fut traité comme fou dangereux. V. Jean-Louis Brau, *Antonin Artaud*, op. cit., p. 198, contestant la version de l'erreur tragique, avancée par Paule Thévenin dans *Tel Quel*, n° 20, hiver 1965 : « Antonin Artaud dans la vie ».

L'extraordinaire c'est qu'Artaud soit parvenu, au prix d'un surcroît de souffrances et de souffrances acceptées, à conduire avec une stupéfiante lucidité, sa quête d'une nouvelle définition de la culture et de son rôle. Le début de la préface montre à quel point le hantent les grands problèmes de son temps, alors que sa première rupture avec les surréalistes, lors de leur bruyante et passagère adhésion au Parti Communiste, passe fréquemment pour l'adieu d'Artaud à l'actualité :

« *Avant d'en revenir à la culture, je considère que le monde a faim, et qu'il ne se soucie pas de culture ; et que c'est artificiellement que l'on veut ramener vers la culture des pensées qui ne sont tournées que vers la faim.*

Le plus urgent ne me paraît pas tant de défendre une culture dont l'existence n'a jamais sauvé un homme du souci de mieux vivre et d'avoir faim, que d'extraire de ce que l'on appelle la culture, des idées dont la force vivante est identique à celle de la faim.

Nous avons surtout besoin de vivre et de croire à ce qui nous fait vivre (...) S'il nous importe à tous de manger tout de suite, il nous importe encore plus de ne pas gaspiller dans l'unique souci de manger tout de suite notre simple force d'avoir faim. »

Il est frappant qu'au moment où paraît ce texte, le poète et leader chinois, Mao Tsé Toung, alors que la situation révolutionnaire est des plus dures, élabore des thèses reposant sur la même base philosophique qui s'exprimeront, en 1942 à Yenan, à l'occasion des *Causeries sur la Littérature et sur l'Art*.

A travers les brûlantes paroles d'Artaud, je me demande si ne s'expriment pas les aspirations des damnés de la terre : populations sous-alimentées du Tiers-Monde, manœuvres asservis par les affairistes, retraités sans retraite (12).

Pour Artaud, en effet, une tentative culturelle, sous peine d'être mystificatrice, doit d'abord poser le droit de manger pour tous, puis, ce droit acquis, doit satisfaire d'autres faims. Est-ce une coïncidence qu'Artaud ait écrit cela alors que les manifestants du Front Populaire défilaient aux cris de : « Du pain et des roses » ?

---

(12) V., publié en langue française, Mao Tsé-Toung, *Sur la Littérature et l'Art*, Editions en langues étrangères, Pékin, 1965, pp. 80-128.
On ne saurait confondre les thèses maoïstes avec les anarchismes, voire les terrorismes qui, un peu partout dans le monde, prétendent en être l'application concrète. On cherche en vain mention des actions de ces prétendus « maoïstes » dans la presse chinoise. Bien au contraire, dans les opéras revus depuis 1970, la nocivité des actions anarchistes ou même des actions révolutionnaires, conduites isolément, est amplement soulignée. Voir par ex. *Littérature Chinoise*, 1971, n° 1, p. 35 et p. 39.

Ces autres faims, ces autres choses, qu'Artaud exigeait, certes diffèrent beaucoup des buts actuellement assignés à la Révolution Culturelle chinoise. Mais ce qui me paraît essentiel c'est la démarche commune à Artaud et à Mao Tsé Toung (lui-même s'inspirant de Marx et de Lénine), c'est-à-dire une démarche d'esprit matérialiste qui pose d'abord la matière, puis passe de la matière à ce qui naît d'elle, improprement appelé immatériel, au lieu de surmatériel qui serait plus exact. Dans ce domaine, veillons à ne pas isoler du contexte des citations d'Artaud qui laisseraient croire chez lui à une prééminence de la métaphysique, dans le sens couramment admis chez nous. S'il rejette la parole en tant que principe premier, c'est que, selon lui, « au commencement était la matière », le culte de la parole, au surplus, devenant le support de l'argent et tombant sous l'accusation de détruire la vraie culture.

Qu'est-ce donc, pour lui que la vraie culture ? Il nous est aisé, sur ce point, de rapprocher sa pensée des thèses popularisées par la Révolution culturelle. Voici la définition d'Artaud :

« La culture est faite pour régenter la vie. »

Pour Artaud, c'est une fausse culture que celle prônée dans nos pays puisqu'elle n'a jamais sauvé un seul homme du souci de mieux vivre. D'où il conclut que :

« Le plus urgent est d'extraire de ce que l'on appelle la culture des idées dont la force vivante est identique à celle de la faim. »

Je m'émerveille, chez un homme dont les idées ne rencontrent alors aucune audience et dont le corps est déjà si profondément atteint, de trouver, plus qu'un témoignage, plus qu'une espérance, une pathétique adhésion à la vie ; la vie considérée comme l'énergie, le mouvement, l'action, soit, très exactement le contraire de ce qu'est la mort. C'est pourquoi, un théâtre qui n'est pas action et qui, à son tour, n'engendre pas l'action est, à ses yeux, un théâtre mort. Ceci le conduit à affirmer que :

« le mouvement, la création culturelle doivent être continus, car l'acte de créer est supérieur à l'objet créé ».

En effet, le culte immodéré des œuvres du passé entraîne une paresseuse inaction et, bientôt, une culture de nécropole qui, précise-t-il,

« ne permet plus de comprendre et d'exercer la vie ».

N'en déduisons pas qu'il a souhaité la destruction de toutes les œuvres du passé ; mais il exige que la culture prenne d'autres formes et que l'on se donne la peine, en chaque période nouvelle, de retrouver par nos propres efforts les grandes lois de la vie. A ceux qui craignaient que Mao Tsé Toung veuille rayer l'héritage culturel du passé, celui-ci a répondu :

« Nous ne refusons nullement d'utiliser les formes littéraires et artistiques du passé mais refaçonnées entre nos mains et chargées d'un contenu nouveau, elles deviendront, elles aussi, propres à servir la Révolution et le peuple. » (13).

Il est remarquable qu'Artaud, dans sa préface, après ce qu'il dit de la culture, passe, sans transition, à l'affirmation de ce que le théâtre est le moyen privilégié, pour la vraie culture, d'agir « par son exaltation et sa force ». Il veut donc un théâtre qui établisse la communication de toutes les forces, réveillées et libérées, avec le public dans lequel elles prennent corps. Tous les langages, et même la parole, à condition qu'elle reste à sa place, sont alors nécessaires ; il les énumère ainsi :

« gestes, sons, paroles, feu, cris ».

Grotowski considère qu'Artaud, lorsqu'il exprime son enthousiasme pour le théâtre balinais (dont il reçut l'éblouissement en 1931, à l'exposition coloniale de Paris), en a mal compris les symboles (14). C'est possible mais, à mon avis, cela ne détruit pas l'essentiel, entendez ce qu'Artaud, après l'avoir dit pour la première fois lors de sa découverte du théâtre balinais, a repris chaque fois qu'il a évoqué le théâtre oriental :

« Le théâtre balinais qui tient de la danse, du chant, de la pantomime, de la musique et, excessivement peu du théâtre psychologique, remet le théâtre à son plan de création autonome et pure. »

Ce qui l'émerveille, dans un tel théâtre, c'est ce que nous appellerions, empruntant à l'actuelle terminologie mathématique, « la théorie des ensembles ». Le théâtre ne s'y déroule pas à plat, mais dans l'espace que les acteurs occupent :

« à l'aide, dit-il, de mouvements, formes, couleurs, vibrations, attitudes, crise. » (15).

---

(13) Citation mise en exergue à *Littérature Chinoise* n° 1 de 1971 (revue en cinq langues, rédaction : Yu Tchéou-Hong, Editions en Langues Etrangères de Pékin).
(14) Rapporté par Igor Diochên, chargé de cours à l'Institut d'Art Théâtral Lounatcharski de Moscou, au cours de la conférence qu'il y a donnée en février 1972 portant sur Artaud et Arrabal.
(15) « Le Théâtre balinais » in *Le Théâtre et son Double*, op. cit., p. 79 et p. 84.

Où, à mon avis, Artaud s'est trompé c'est plutôt en s'imaginant qu'à l'époque le théâtre de Bali était un théâtre populaire. En réalité, les conditions sociales n'en faisaient pas un spectacle offert à tous et ne créaient pas une fraternité véritable, au niveau de la rue. D'ailleurs, l'homme des campagnes, asservi, ne connaissait que les durs travaux de la terre. En revanche nous pouvons voir dans cette apologie du théâtre balinais comme une prémonition des spectacles qui, aujourd'hui, en Chine ont pour public toute la population.

Il faudrait maintenant parler de tout ce qu'Artaud voulait que le théâtre libère : ces ombres, cette réalité cachée qui *doublent* la réalité apparente (16). J'évoquerai seulement ce qui, chez lui, annonce le théâtre chinois contemporain, notamment l'exigence d'une mise en scène qui soit, selon ses termes magnifiques à la fin de « Théâtre oriental et théâtre occidental » :

« la projection brûlante de tout ce qui peut être tiré des conséquences objectives d'un geste, d'un son, d'une musique et de leurs combinaisons entre eux » (ce dernier point est capital).

Le théâtre chinois contemporain, je le date du début des années soixante, au moment où, sous l'impulsion de Mao Tsé Toung, sont posés, avec une nouvelle acuité, les rapports entre l'art, la littérature et la révolution. Auparavant, durant les années cinquante, deux formes théâtrales (je schématise un peu) avaient co-existé en Chine.

L'une, l'opéra, issu de l'ancien régime. Précisons que l'opéra de Pékin n'en était que la forme la plus élaborée, la plus aristocratique, mais, il y avait aussi l'opéra de Canton, l'opéra de Shangaï, celui des bateleurs qui se jouait dans la rue, l'opéra des amateurs, toutes sortes d'opéras ayant comme point commun de vouloir, chacun, porter le chant au maximum de son expression. L'opéra, après la fondation en 1949 de la République Populaire de Chine, s'était maintenu intact, aussi bien dans ses structures scéniques que dans son contenu (16).

_____

(16) Mao Tsé-Toung l'a défini comme un théâtre de généraux, princesses, dames et damoiseaux. En 1966, cette étonnante situation a été ainsi expliquée : « Depuis la fondation de la République Populaire, les idées contenues dans les œuvres du président Mao (notamment *Lettre* adressée au Théâtre de l'opéra de Pékin de Yénan, à la suite d'une représentation des *Rebelles Malgré Eux*) n'avaient pratiquement pas été appliquées dans les milieux littéraires et artistiques ».
(*Causeries sur le travail littéraire et artistique dans les forces armées*, 2-20 février 1966 ; v. plus loin).

L'autre forme de spectacle était de type occidental, déjà de mode dans les années trente, mais mis à l'honneur après la révolution, sous l'influence culturelle de l'Union Soviétique.

En Chine c'est au « début des années soixante que fut sérieusement entrepris ce qui correspond, pour l'essentiel « au rêve oriental d'Antonin Artaud ».

En quoi cela va-t-il consister ? D'abord à rejeter le théâtre occidental, non point en fonction des thèses d'Artaud (qui, à ma connaissance, n'étaient et ne sont toujours pas connues en Chine), mais de la ligne définie en 1962 par le Comité Central du P.C. Chinois et par Mao Tsé Toung (17). Décisions reprises et développées en 1966, puis largement diffusées par un opuscule présenté comme le célèbre petit livre rouge et intitulé *La Grande Révolution Culturelle Prolétarienne*.

Ici, mon exposé devient difficile, parce que je dois vous expliquer quelque chose de global en ne pouvant le faire que linéairement, terme après terme. En effet, on ne peut dans cette vaste entreprise chinoise, dissocier la notion de public de celle de but, la notion de but de celle de mise en scène, les trois étant intimement liées, puisque la mise en scène se fait en fonction du but et du public, que le public est là, à cause du but recherché.

Commençons, si vous voulez, par le public. Jusqu'à la fin des années cinquante, la majorité du peuple chinois, cinq cents millions de paysans, était pratiquement exclue du théâtre. Ainsi s'imposait d'autant la nécessité de leur ouvrir le théâtre pour que soit favorisée leur prise de conscience qu'il n'y avait pas, en Chine — et on ne peut dire qu'il y en ait désormais partout — de langage unique.

Ce fut donc au langage théâtral qu'il revint d'établir la communication et d'être un lien entre tous ceux qui peuplent la Chine. Ces peuples aux langues multiples, le Gouvernement central entend, désormais, qu'ils avancent d'un même pas vers la culture. Il ne faut plus qu'une avant-garde cultivée avance tandis que les masses illettrées restent en arrière. C'est la raison pour laquelle on a, durant les dix dernières années, créé en Chine seulement 6 grands opéras et 2 ballets, tous « à thème révolutionnaire contemporain » (18).

_____

(17) Au cours de la 10ᵉ session plénière du Comité Central issu du VIIIᵉ Congrès du Parti.

(18) A savoir : * *L'Orient Rouge* (cependant critiqué après 1966), *La Prise de la Montagne du Tigre*, * *Chakiapang*, *Raid sur le Régiment du Tigre Blanc*, *Le Fanal Rouge*, *Sur le Port* comme opéras ; *La Fille aux Cheveux Blancs*, * *Le Détachement Féminin Rouge* comme ballets. (Les opéras et ballets précédés d'un astérisque ont été filmés, et projetés en France par le

Que reste-t-il à faire à ceux qui ont déjà vu et revu les pièces ? Tout simplement à les jouer à leur tour. C'est ainsi que, depuis quelques années, partout en Chine, ayant assisté aux représentations, des gens éprouvent le besoin de se faire les interprètes du message théâtral qui les a enthousiasmés. Ainsi, durant mon court séjour, ai-je pu voir la même pièce jouée de toutes sortes de façons, chacun présentant le spectacle comme il l'entend. Il arrive que, dans la rue, éclate tout d'un coup un grand bruit de cymbales ; une camionnette survient, des gens en descendent et chantent, par exemple, un extrait de l'opéra *Sur le Port* qui leur paraît riche de sentiments révolutionnaires et en rapport avec le fait qu'une tâche exceptionnelle attend, sur le port, les travailleurs du quartier. Dans les champs, à l'improviste, des paysans arrêtent leurs travaux et se concertent ; ils ont quelque chose d'urgent à faire comprendre à tous, cela peut être une question d'entraide car l'orage menace ; ce sentiment sera suscité en jouant une scène d'un des opéras que beaucoup connaissent déjà ou même en dansant une partie d'un ballet.

Les soldats, les marins et même les enfants se font acteurs. Je ne voudrais pas faire rire d'un sujet grave, mais j'ai même vu, dans une école de sourds-muets, les petits infirmes en cours de guérison dont la première tentative de contact avec les autres se faisait par le chant balbutié, la musique et la danse. Nous avions peine à retenir notre émotion (19).

En ce qui concerne les buts, il s'agit de susciter des forces révolutionnaires, des forces de libération. Bien qu'ils soient très liés à l'idéologie dominante, je ne crois pas qu'Artaud s'en serait désintéressé, car cela ne se traduit point sur la scène d'une façon figée et stéréotypée. C'est ainsi qu'aux thèmes des années 60 « nous devons être prêts à nous battre pour la révolution », « ne craindre ni les épreuves, ni la mort » a succédé avec l'opéra *Sur le Port* un thème de temps de paix et de portée universelle.

Il s'agit de dockers qui, sur le port de Shangaï, achèvent de charger un bateau de céréales, à destination d'un pays africain où elles manquent. C'est alors qu'une femme, employée sur les quais et, en même temps responsable politique, apprend qu'un jeune docker a chargé des sacs, sans remarquer que dans quelques-uns avait été, par malveillance, glissée de la fibre de verre. La prise de conscience des dockers fatigués et attendus par d'autres devoirs,

---

service culturel de la R.P.C., les associations d'amitié avc la Chine et certains cinémas d'essai. *Le Fanal Rouge* avait fait l'objet d'un film antérieurement à l'opéra.

(19) Ecole spécialisée dans le traitement des sourds-muets par l'acupuncture, dans une banlieue de Pékin.

va se développer, non sans peine, sous l'influence des travailleurs les plus évolués. Que faut-il faire ? Et, avant tout peut-on retarder le départ de ce bateau impatiemment attendu ? Mais alors va-t-on laisser partir aussi la mort ? Pourra-t-on, après, dire que le poison est venu de Chine ? Finalement, les dockers accepteront de ressortir les sacs et de les rouvrir, un à un, jusqu'à ce que soient découverts les sacs empoisonnés.

Ce sera alors la joie sur le port et il faudra reprendre, en sens inverse l'épuisante manutention des sacs. La propagande est incontestable, mais lorsqu'elle sert une cause profondément actuelle et humaine ne prend-elle pas un caractère élevé, très supérieur en tout cas aux thèmes vulgaires des pays d'économie capitaliste ?

Quant à la mise en scène, que de choses à dire ! Parlons d'abord, puisque c'est le thème du Colloque, de l'insolite pour remarquer que, double ou envers inattendu de la quête d'Artaud, l'insolite dans le théâtre chinois contemporain vient de l'Occident. C'est, par exemple le drapeau rouge sur la scène ; ainsi dans *Le Détachement Féminin Rouge*, l'héroïne Wou Tsing-Houa pleure-t-elle, en le pressant contre sa joue. Souvenons-nous qu'au temps de *La Condition Humaine*, on ne pouvait, en Chine, s'approcher d'un drapeau rouge sans le payer de sa vie ! L'insolite dans une société naguère féodale c'est aussi la présence, sur la scène, du commissaire politique.

Mais c'est surtout que, pour la première fois, des gens qui auparavant n'avaient pas même conscience d'être des hommes, se voient maintenant représentés au théâtre. Paysans à peine sortis du servage, anciens coolies, femmes récemment affranchies de leur millénaire infériorité sont, comme autrefois les généraux impériaux et les princesses, à leur tour, les héros d'un spectacle. « Théâtre de la naïveté », disait avant-hier M. Etiemble (20), mais n'est-ce pas, un peu, la naïveté de nos Pastorales, l'un des rares spectacles où le public jusqu'à la dernière guerre, se retrouvait sur la scène dans le personnage du meunier, du remoulaïré (remouleur) ou de la vieille aux fagots ?

Ayant réussi à Shangaï à me glisser parmi les spectateurs, je me trouvais à côté de deux femmes pendant l'opéra *La Prise de la Montagne du Tigre*. S'y manifeste une héroïne, maintenant présente dans toutes les pièces chinoises : la grand-mère, soit ce qu'il y avait autrefois en Chine de plus humilié parce que femme, parce que vieille et usée. Je me souviens du regard ébloui de ces deux spectatrices chinoises, à la vue d'une créature pareille à elles et cependant deve-

---

(20) Dans son intervention après l'exposé, si intéressant, de Simone Benmussa.

nue quelqu'un qui fait des choses importantes, que l'on regarde et
applaudit.

C'est ici que l'insolite devient le véhicule de l'onirisme ; car, à
cause de l'introduction inattendue des gens du peuple sur la scène, le
vieux rêve de libération, de paix, de nourriture pour le corps et pour
l'esprit va pouvoir se réaliser. C'est à la mise en scène de le faire
sentir et, pour cela, elle recourt à tous les moyens possibles. Ce ne
sont pas des structures identiques à l'ancien opéra que l'on retrouve
où, par une substitution grotesque, l'empereur serait désormais
remplacé par le Président Mao, le chambellan par le commissaire
politique, etc...

Pendant que s'élabore la mise en scène, c'est à tout moment l'interrogation sur le langage le plus adapté à ce que l'on veut exprimer.

Suivant les besoins, cela peut être ou les meilleures techniques du
chant héritées de l'opéra de Pékin, ou bien l'acrobatie, la pantomine,
voire la boxe (chinoise) ou encore des pas de danse combinant la
chorégraphie la plus traditionnelle à des hardiesses toutes modernes.
Ainsi, à la fin de *La Montagne du Tigre*, il faut s'emparer du repaire
des bandits et des Japonais, creusé dans une montagne très enneigée.
L'action va, ici, progresser, par un ballet extraordinaire où interviennent le ski, l'acrobatie et la virtuosité chorégraphique classique.
Cet amalgame de tous les mouvements scéniques possibles symbolise
la nécessité, pour vaincre un obstacle apparemment insurmontable,
de conjuguer les énergies, les astuces et même les ruses.

La ruse, vieux truc du théâtre universel, est constamment présente
dans le théâtre chinois. Elle intervient, en général, lorsque la situation paraît perdue ; c'est alors que la parole tient son rôle mais,
le masque ou le déguisement au moins autant.

L'utilisation des moyens est globale ; à tout moment, sont intégrés
dans un ensemble harmonieux, costumes, décors, mots et mouvements. Ce n'est qu'après avoir assisté à des spectacles chinois que
j'ai lu le récit émerveillé d'Artaud de sa découverte du théâtre oriental. C'est tout à fait ce que j'avais ressenti moi-même : un éblouissement de ce que, rien dans le théâtre chinois actuel, ne soit jamais
isolé du reste. Cela repose sur la conception du monde qu'Artaud
avait cherché à définir et d'où il ressort que l'Occident crève d'avoir
coupé le un du tout.

Cette prolifération cancérigène que Ionesco a représentée (chacun
pouvant lui donner la signification qu'il veut) provient de ce qu'une
cellule, coupée du milieu vivant, devient une cellule morte. Lorsque,
de son mouvement propre, elle continue à proliférer, elle ne le fait
plus que dans la mort.

Assurément la solution de nos angoisses passe par l'obligation de retrouver l'harmonie, de recréer le tout. La lutte entre les deux conceptions du monde se manifeste, en Chine, par la lutte contre l'individualisme et pour l'insertion de la personne dans un tout harmonieux. Lutte donc contre l'individu, mais non contre la personne, ce qui n'est pas la même chose (21). Cela se manifeste aussi dans la mise en scène des opéras.

Nous savons qu'Artaud voulut mourir debout. Alain Virmaux le souligne, avec une pointe d'humour en disant « on a beaucoup brodé là-dessus, on l'a assimilé à Tristan (...) ». Je l'expliquerais autrement. Artaud a pu élaborer à nouveau sa vision du monde seulement parce qu'il avait descendu tous les degrés d'une infernale souffrance. C'est du fond de l'enfer qu'il a rejeté ce qui lui venait de siècles d'une civilisation, à ses yeux, aberrante et qu'il a, par là, trouvé des chemins nouveaux. C'est ce qui différencie Artaud des pessimistes dont nous avons parlé durant ce Colloque ; je doute qu'ils aient dans leur chair et dans leur cœur souffert jusqu'à descendre au fond de l'enfer. C'est pourquoi ils ont désespéré. Reprenons le symbole cité hier par M. Onimus (22) ; c'est lorsque tout est dévasté, l'arbre dénudé, qu'apparaît la petite feuille verte.

Je crois, de plus en plus que, par-dessus les mots, les manifestes, les meetings, ce qui rend une attitude révolutionnaire c'est l'espérance. Car, le pessimisme, le désespoir, nous n'en avons que faire. Si la vie est trop dure à supporter, que l'on me tue ou, alors, qu'on me donne une raison d'espérer ! Il n'y a de révolution, il n'y a d'enfance que dans l'espoir. Ainsi, lorsqu'il fallut mettre en scène la mort du héros, Hong Tchang-tsing du *Détachement Féminin Rouge*, capturé par des ennemis qui lui préparent un bûcher, une grande discussion s'instaura. Comment doit mourir le héros ? Les réalistes expliquaient, avec érudition, que lorsqu'on brûle on est tordu, rapetissé par la douleur, mais les simples gens présents ont voulu que celui qui incarnait le peuple meure debout, le poing tendu (23).

---

(21) Il est très remarquable que le reproche fait par Artaud au marxisme scientifique est, non pas d'avoir étouffé l'individu — comme le rabâchent les anti-marxistes — mais « de n'avoir pas détruit la conscience individuelle ». Artaud explique : « La destruction de la conscience individuelle représente pourtant une haute idée de culture (...) d'où dérive une forme toute nouvelle de civilisation. Ne pas se sentir vivre en tant qu'individu revient à échapper à cette forme redoutable du capitalisme que moi, j'appelle le capitalisme de la conscience puisque l'âme c'est le bien de tous. » Cité par Jean-Louis Brau, *Antonin Artaud*, op. cit., p. 182 qui renvoie aux *O.C.*, t. VIII, p. 240.

(22) Au cours de sa conférence, émouvante, sur Samuel Beckett.

(23) V. la très belle photo hors-texte, *Litt. Chinoise*, 1971, n° 1.

Dans d'autres pièces, les héros vont à la mort autrement, mais toujours dans un mouvement de montée (24).

Or, ce qui avait frappé Artaud, dans les récits de l'ancien Mexique, c'est que les victimes mouraient, gravissant une colline, dans une sorte de gloire expiatoire. C'est-à-dire, à l'inverse de notre société où l'on voit des manœuvres mourir au fond d'une tranchée d'égouts, écrasés sous des tonnes de boue. Les victimes, dans le théâtre chinois, elles, meurent au son de *L'Internationale*.

Nous avons laissé dépérir Artaud sans essayer de comprendre ce qu'il nous hurlait douloureusement. Du Théâtre Chinois actuel, M. Etiemble a dit que, par sa naïveté, il rappelait le théâtre soviétique des années trente, le théâtre dit « de Jdanov ». Je suis d'accord si l'on donne à naïveté la signification de naissance.

Quelque chose est en train de naître dans le peuple chinois. Pour une fois, et comme Romain Rolland, dont on connaît pourtant les réserves à l'égard de la jeune culture soviétique : « Allons vers l'enfant nouveau-né. »

---

(24) Dans *Le Fanal Rouge*, par ex., le personnage qui incarne le Fils enchaîné, mais tendant ses fers à les briser, monte vers le peloton d'exécution, placé en haut d'une colline.

(25) Tel que Rolland. V. Jean Pérus, *Romain Rolland-Maxime Gorki*, Les Editeurs Français Réunis, 1968, chap. VIII. Quant à Artaud, malgré de violentes critiques sur les méthodes employées sur les scènes soviétiques du début des années trente, il eut au moins le mérite de s'intéresser aux tentatives faites alors dans le théâtre (et même dans le cinéma). V. Alain Virmaux, *Antonin Artaud et le Théâtre*, op. cit., pp. 138-139.

DISCUSSION

sur la communication de Mme BONNAUD-LAMOTTE

Interventions de : P. Vernois. — Mme Bonnaud-Lamotte. — P. Voltz, F. Lautenbach. — M. Décaudin.

Paul Vernois.

J'étais persuadé, Madame, que vous aviez là un grand sujet. En effet, Artaud, reste avant tout, pour nous, un théoricien dont les réalisations sont comptées et difficiles à apprécier, après coup, sur le témoignage de quelques descriptions. Aussi bien, puisque je savais que vous étiez allée en Chine, j'ai pensé que votre contribution serait précieuse en nous éclairant sur des spectacles, plus étroitement fidèles que les nôtres, peut-être, à l'idéal d'Artaud. Permettez-moi tout d'abord pourtant de vous demander une précision. Vous avez dit : « Tout le mal vient que le verbe s'est fait chair ». Sans plaisanterie, je me pose la question de savoir si vous n'avez pas démontré aussi que « la chair s'est faite verbe », en donnant au terme de « verbe » le sens de parole vide. Tous les auteurs plus ou moins disciples d'Artaud ont répété que dans le théâtre traditionnel tout ce qui relevait de l'existentiel, du « viscéral », a été en quelque sorte édulcoré ou intellectualisé. Or Artaud a précisément voulu écarter le discours au profit de la pulsion, de l'attitude et du cri. « En finir avec les chefs-d'œuvre » c'est aussi entrer en guerre contre la parole des chefs-d'œuvre. Vous avez noté qu'en Chine tout le monde voulait être acteur et vous avez évoqué les privilèges de la danse ou l'intérêt des spectacles de sourds-muets qui révèlent l'importance de l'expression corporelle défendue par Artaud.

Mme Bonnaud-Lamotte.

Je n'ai malheureusement pas le temps de développer ce qu'Artaud attendait et que les chinois commencent à peine à réaliser, à savoir que l'esprit sort du corps, comme le suggérait le pionnier français dans son dernier poème (« Je dis chiotte à l'esprit », qui ne signifie pas « je supprime l'esprit »). Or, cela n'est pas produit en Occident. Le « corps » occidental est déjà coupé, déjà un cadavre. Ce qui sort d'un cadavre, c'est un cérémonial funèbre, mais plus la vie. Ce dont a accouché le « corps » occidental, c'est d'une littérature déjà coupée de la vie. Le point de jonction profond avec la philosophie chinoise est d'avoir posé la matière au départ. Dans la mesure où l'Occident a mis le verbe d'abord et fait descendre arbitrairement la chair du verbe, pour les Chinois, pour Artaud et pour moi, il n'a engendré qu'une chair morte parce que l'esprit ne peut pas produire de la chair. C'est ça le point de vue profond d'Artaud.

Paul Vernois.

Votre raisonnement ne me paraît pas absolument convaincant mais je pense, comme vous, que pour Artaud il y a une chair, une existence qui est première.

Mme Bonnaud-Lamotte.

Oui, mais là où je ne suis pas d'accord avec vous c'est quand vous appelez corps-existence-vie ce qui se passe en Occident depuis un certain nombre d'années et qui ignore les grandes voies de la vie. Artaud a été vraiment explicite, un grand nombre de fois, jusqu'à ses derniers textes malgré une contradiction apparente dans sa Préface où il écrit : « Il faut que ça sorte du corps » et évoque d'autre part « l'Européen qui ne veut que son corps ». En fait c'est un corps qui n'est plus en vie parce qu'il s'est coupé de l'harmonie universelle.

Paul Vernois.

Je ne puis vous donner mon sentiment sur les rapports de la pensée d'Artaud et de la philosophie chinoise telle qu'elle se présente actuellement. En revanche je puis vous souligner les connivences de l'expression corporelle conçue par Artaud et des pratiques de la secte musulmane des Aïs-Aoua auxquelles il m'a été donné d'assister et où j'ai pu voir les fidèles « prier par le corps » sans prononcer une parole, mais en poussant des cris et en se livrant à des gesticulations d'une violence inouïe.

Mme Bonnaud-Lamotte.

L'ensemble de la civilisation orientale est près de la vie dont elle est le témoin direct : les gens dorment sous des nuits étoilées, traversent des fleuves, quelquefois, à pied. Les forces de la vie sont partout prédominantes. Nous avons perdu la peur de ces forces : nous sommes à l'abri du chaud, de toute espèce de dangers dont on ne perçoit plus, à la différence de l'oriental, la présence angoissante.

Mais je voudrais apporter certaines précisions techniques sur l'opéra chinois que l'on m'a demandées. Dans ce type d'opéra, on a d'abord un sujet qui devient la propriété de tout le monde. On voit souvent sur les affiches : « version revue en telle année », « revue par plusieurs personnes simultanément ». Un sujet est lancé par quelqu'un qui a procédé à une première rédaction mais il n'y a pas de droits d'auteur. Pour le *Détachement féminin rouge*, le sujet, ou plutôt l'écriture scénique, a été conçu en dernier. L'idée lancée a amené la conception de personnages, une chorégraphie, une musique. On considère comme antibourgeois de faire la musique à la fin. Au contraire, illustrer la musique par des danses est une conception bourgeoise et occidentale. Selon les metteurs en scène chinois, la musique doit venir à la fin pour harmoniser, unifier, rehausser les personnages et la chorégraphie. Elle découle de l'élaboration du ballet. Il en est de même pour les textes qui sont continuellement remaniés, pas toujours dans le meilleur sens d'ailleurs (voir à la fin des années 60 dans *La Montagne du Tigre* — événement historique vécu par Lin Piao —, le culte de la personnalité et du héros unique).

Pierre Voltz.

Vous avez parlé du rôle de Marseille dans la naissance de la fascination de l'Orient chez Artaud. N'y a-t-il pas plutôt l'atmosphère surréaliste, les idées de Breton, comme on le voit par exemple dans la Conférence prononcée à Madrid sur l'Orient ?

Mme Bonnaud-Lamotte.

Certainement, mais je crois vraiment que le climat marseillais s'y prêtait, surtout du temps d'Artaud, où le port — voyez les pièces de Pagnol — était libre d'accès pour les habitants et où l'on pouvait aller rêver en se promenant sur les quais. Vous connaissez ce passage merveilleux où Marius énumère : « Bangkok, Singapour ». La poésie dont on pouvait disposer à Marseille était celle des noms de bateaux, noms étrangers, de capitaines, de chargements, ou de villes. Au niveau de l'enfance un tel climat est très important. Il semblerait, d'après ce qu'écrit Mme Thévenin, qu'Artaud a été beaucoup influencé par le Félibrige, c'est-à-dire la culture provençale. Il est certain qu'il y a deux ouvertures culturelles de Marseille : l'une sur l'arrière-pays par le Félibrige, l'autre sur l'Orient par le port dont Artaud entendait constamment parler par ses parents associés au commerce maritime.

Fritz Lautenbach.

Ajoutons que Marseille n'était pas le seul « port de l'Orient » ; déjà, en 1913, beaucoup de collaborateurs de la revue berlinoise *Der Sturm* ont été attirés par la culture et la pensée de l'Extrême-

Orient : Apollinaire (comme son ami René Dupuy), les Delaunay,
W. Kandinsky, Jean Arp, B. Cendrars, H. Walden, H. Richter,
A. Döblin, S. Friedlaender, etc., se sont occupés de la culture
chinoise et du Taoïsme ; l' « indifférence des différences », principe
des dadaïstes (p. ex. Arp, Tzara, Huelsenbeck, Flake, etc.), provient,
pour une large part, d'une occupation du Tao et du Ch'an (Zen).
Pour distinguer l'esprit oriental et celui de l'Occident, il n'est pas
correct de dire que la pensée chinoise soit caractérisée par la recherche de « l'Un » et la pensée occidentale par celle du « Tout » ;
le « Grand Un » (T'ǎi-i) contient tel un embryon, antérieurement à
toute différenciation, les « dix mille choses », la multiplicité des
polarités visibles de l'univers ; il est aussi le « Tout ». La pensée
synthétique de l'Orient regarde ces polarités se complétant les unes
les autres sous l'aspect de leur « identité contradictoire » (principe
de «Oui *et* Non »), tandis que la pensée analytique et dialectique
de l'Occident introduit les dualismes sans les réunir dans une Unité
supérieure où les différences s'abolissent (principe logique de « Oui
ou Non »). Par la recherche de l'insolite et de l'onirique, de « l'objet
dadaïste », de « l'objet trouvé », du « sans-sens illogique », de
l'androgynéité primordiale, de « l'Art concret », les dadaïstes et les
surréalistes se sont efforcés, eux aussi, d'abolir les différences au profit d'une unité illogique et métapsychologique. C'est pourquoi on
pourrait appeler ces tendances de l'art et de la littérature modernes,
dont le développement n'est pas encore fini, une parallèle occidentale
à la pensée de l'Extrême-Orient.

Pierre Voltz.

Je suis tout à fait d'accord avec ce qu'a dit Mᵐᵉ Bonnaud-Lamotte
sur l'essentiel, c'est-à-dire, d'abord la faim, etc... et qu'il faut que
les acteurs se placent dans le contexte réel où sont les gens : le
théâtre et une activité globale dans laquelle le spectateur, l'acteur,
tout le monde travaille ensemble. Je voudrais citer l'exemple d'une
autre forme de théâtre populaire qui fonctionne dans le sud-ouest
des U.S.A., c'est la troupe du *Campesinos*. Son *Pancho Villa*, par
exemple, qu'on a vu au festival de Nancy, il y a quelques années,
a pu amener sur les lèvres d'un Français un sourire sceptique,
parce qu'on avait l'impression d'être tout à coup devant une mise
en scène d'Antoine adaptant Zola : c'est la même réaction que
devant les « naïvetés » du didactisme révolutionnaire chinois. Or,
cette réaction est fausse, parce que le *Campesinos*, sur place, dans
les pays où il travaille, s'appuie sur le niveau exact des représentations mentales de son public, et notamment de l'idée que ce dernier
a du théâtre : il lui offre alors une pièce où se mêlent le fantastique épique du thème et le réalisme natif de la réalisation. A partir
de là l'échange se produit et peut être fructueux. Or, dans un autre
contexte, avec d'autres formes d'expression, la même chose se fait

en Chine, et quand nous voyons l'opéra révolutionnaire chinois avec un sourire, nous sommes en fait hors du coup, et c'est nous qui avons tort.

Mais je voulais poser une question plus précise à Mme Bonnaud-Lamotte : il y a quand même tout un aspect de l'œuvre d'Artaud qui ne colle pas avec cette image du théâtre chinois, c'est tout ce qui va dans le sens de « retrouver les mythes », ou de la « fête noire ». Artaud cherche la « blessure » par quoi les gens seraient marqués, nonobstant leur système rationnel. Il agit, à un niveau beaucoup plus inconscient que ce que vous avez dit, quand vous développez l'argument : « Les Chinois sont très contents, parce que, tout à coup, ils voient leurs rêves, leur réalité sur la scène. » La position que vous décrivez est plus didactique, et c'est ce divorce entre les deux entreprises que j'ai voulu souligner.

Mme Bonnaud-Lamotte.

Je crois que vous avez raison mais on n'en est pas encore en Chine à envisager tous les problèmes. Reportez-vous, par exemple, à ce qu'était, il y a trois siècles, le mystère de la naissance. Parmi nous, il n'existe plus, mais nous avons encore celui de la mort. Je vois très bien dans 100 ou 200 ans, ou avant, s'il continue sur sa lancée, le théâtre chinois se poser des questions de cet ordre qui, pour l'instant, sont prématurées. Vous savez qu'Han Suyin a répondu à une journaliste un peu sotte qui se plaignait de ne pas constater « l'amour libre » en Chine : « Les Chinoises émergent d'une société abjecte où, avant tout, elles aspiraient à leur dignité. Le mythe, la chose impensable, c'est qu'une femme soit respectée, même sur la scène au milieu de soldats, et qu'elle ne soit pas violée. » Et Han Suyin d'ajouter : « Rien ne prouve que d'ici une génération ou deux, il n'y aura pas d'autres aspirations, les rêves actuels une fois incarnés. »

M. Décaudin.

Je pense que nous n'avons pas le temps de prolonger cet entretien. Je le regrette, car la question soulevée par M. Voltz est intéressante. Vous avez envisagé Artaud sous un certain angle. Il faudrait aussi penser au problème de la résurgence des mythes dans son œuvre, au sens qu'il donne à la cruauté et au théâtre de la cruauté, etc. Ce qui nous mènerait aussi très loin...

Avant de demander à M. Vernois de tirer les conclusions de ce colloque, je crois être votre interprète à tous en le félicitant et en le remerciant pour la parfaite organisation, à la fois matérielle et intellectuelle, de ces journées.

Sans doute avons-nous pu avoir, les uns ou les autres, l'impression que beaucoup de questions n'ont pas été abordées, qui auraient dû l'être. Mais nous savons bien ce qu'est un colloque : un pointillé dans le temps, dans une période de temps très brève. Et avec un thème aussi vaste — aussi nécessairement vaste —, s'appliquant à une texture aussi complexe, je crois qu'il nous est permis d'être satisfaits de la richesse et de la variété de nos travaux.

Me permettez-vous cependant, sans ouvrir un nouveau débat, de reprendre une question très pertinente de M. Voltz qui appelle peut-être des précisions supplémentaires. Vous demandiez hier ce qu'on entendait par théâtre contemporain, ce qui laissait supposer que nous n'entendions peut-être pas tous la même chose. Il me semble que l'accord est facile sur ce point. On parle d'Histoire moderne et contemporaine, de littérature moderne et de littérature contemporaine. Par opposition à l'antiquité et au moyen âge, les temps modernes sont ceux qui se sont ouverts au XVIe siècle ; la vie contemporaine, c'est celle à laquelle nous touchons et qui a une influence directe sur nous (disons que c'est, en gros, le XXe siècle), je la distinguerai de l'actuel, qui est le monde que nous faisons au jour le jour, qui est problématique et création.

C'est ainsi que, si je cède à mon tour à la tentation des regrets, je dirai que j'aurais aimé que le nom de Cocteau fût au moins prononcé. On protestera que Cocteau, c'est le passé, que son théâtre est une forme morte. Ceci qui est vrai, du point de vue de l'actualité, de la réalité dramatique qui se forge aujourd'hui, mais faux, dans la perspective contemporaine. Car, si l'auteur des *Parents terribles* n'est plus un modèle pour le jeune théâtre, celui-ci ne s'en situe pas moins, quoi qu'il en ait, dans un courant où Cocteau a eu sa place ; et il lui arrive de marcher sur ses traces. Quand j'entends dire que dans telle expérience dramatique, le temps du théâtre est un temps nul, je pense à l'entracte d'*Orphée*. Quand ce matin, à propos de Genêt, on avançait qu' « il naît une image vraie d'un spectacle faux », n'était-ce pas une variation sur le célèbre « je suis un mensonge qui dit toujours la vérité » ? Et ainsi de suite.

Nous aurions donc pu parler de Cocteau, d'autres aussi. Ne nous reprochons pas de ne pas l'avoir fait : le propre d'un colloque n'est pas d'épuiser les questions, mais de les poser, et je crois que nous avons bien rempli notre rôle.

RETROSPECTIVES ET PERSPECTIVES

par

Paul VERNOIS

Tout organisateur de colloque, au terme de journées chargées, se doit de solliciter l'indulgence des participants pour faire excuser, non seulement le déroulement imparfait des débats, mais encore l'exposé final que la tradition lui impose. Ce bilan de longues discussions établi sans recul ne saurait, en effet, se donner comme un fidèle compte rendu de la pensée de chacun et encore moins prétendre dessiner avec fermeté certaines lignes de force du théâtre contemporain. Je n'ai ni le désir ni la possibilité de m'installer sur quelque belvédère privilégié pour tenter de découvrir et de décrire, avec une sérieuse objectivité, les perspectives ouvertes par vos communications. Mon exposé mêlera paraphrase et libres propos, le sujet m'autorisant à donner du jeu tant à la logique qu'à la rhétorique dont le procès fut discrètement institué. Je procéderai moins à une analyse structurée qu'à un cheminement au long de vos discours et interventions, les considérant tous comme un seul texte, dont il convient d'assurer une lecture finale, nonobstant la discontinuité des propos et des points de vue. Vous me pardonnerez, je l'espère, digressions et suggestions personnelles surajoutées à vos propres réflexions qui, par leur richesse, récusent les résumés trop succincts.

Ce colloque qui s'est ouvert comme une geste potachique ne peut finir que de la même manière, en traquant une vérité rebelle tour à tour occultée ou révélée par les parodies et les exagérations du théâtre, certes, mais aussi par les synthèses arbitraires à force d'être rapides.

Peut-être convient-il d'abord de donner la raison d'être de cette rencontre. Les rapports de l'onirisme et de l'insolite pouvaient sembler confus, au départ, ou proposés, *a priori*, avec quelque légèreté. Or, votre courtoisie m'a épargné des reproches sur le titre même de ce colloque, titre bicéphale, dont la conjonction de coordination aurait pu faire l'objet de réserves justifiées. Au-delà de ce problème de terminologie, les orateurs ont préféré se placer sur un terrain moins contestable gardant toute liberté de manœuvre pour apprivoiser les monstres de bizarrerie et d'angoisse qui hantent

la scène actuelle. On a pris comme un postulat la coexistence apparemment naturelle du sentiment de l'insolite et d'une manifestation
de l'onirisme, qui, en bien des cas, est à la source de ce sentiment.
M. Béhar avait donné le ton en nous mettant à l'aise avec les singu-
larités de la pensée de Jarry, si bien que, d'une journée à l'autre,
a dû revenir à l'esprit de chacun cette pertinente remarque de
Baudelaire : « Après le plaisir d'être étonné, il n'y a pas de plus
grand plaisir que d'étonner. »

Le projet de ce colloque, on l'a vite pressenti, n'était point d'entretenir des querelles de mots mais bien de prendre conscience d'un
grand tournant du théâtre français, non pas à travers une exégèse
historique prématurée — il a été peu question d'histoire littéraire —, mais par la reconnaissance de la première irruption, victo-
rieuse, du rêve, du bizarre et de l'irrationnel sur la scène française.
Voltaire, si audacieux dans le domaine politique, jouait les conser-
vateurs en littérature : ne se voilait-il pas la face devant les fantaisies,
à ses yeux incongrues, de Shakespeare ? Or, le XIXᵉ siècle malgré
ses protestations novatrices et contestataires avait reculé devant
l'anarchie de l'irréel qui dérangeait la bourgeoise ordonnance de
ses plaisirs. Il appartenait au XXᵉ siècle de franchir le pas de l'insolite : vous l'avez fort bien montré en procédant à de scrupuleuses
analyses de textes, faute de pouvoir recourir, au préalable, à une
critique historique, dont je mesure tout le prix en l'occurrence,
mais qui ne viendra que plus tard quand les archives théâtrales,
à peine constituées aujourd'hui, feront l'objet d'un dépouillement
systématique.

Si la dernière journée n'était pas venue très sensiblement atténuer
la portée des remarques suivantes, j'aurais volontiers compris qu'on
déplorât deux lacunes dans nos débats.

On a fait peu de place à l'influence de l'étranger dans un contexte
théâtral qui ignore les frontières politiques. Il était arbitraire de
séparer à notre époque le destin du théâtre français d'échanges
culturels auxquels il devait tant. J'en étais personnellement pleinement conscient, mais il convenait, à mon sens, de privilégier le
travail de soi sur soi que s'imposait la scène française, de mettre
en lumière la métamorphose décisive réalisée ces dernières décennies
par une double évolution des auteurs et du public, grâce au
truchement, souvent avisé, des metteurs en scène. Le retentissement
des œuvres étrangères est depuis longtemps pris en compte par la
critique littéraire, à preuve les travaux de Martin Esslin. Il n'en est
pas de même du bouleversement conjoint d'une esthétique dramaturgique et d'une sensibilité réceptrice. Fort récente, en effet, l'acceptation d'un nouveau climat théâtral par un large public, jusqu'ici
plus ou moins prisonnier de son intellectualisme et de la tradition.

Le second regret s'attache à l'approche un peu lente des problèmes de la dramaturgie contemporaine qui est une combinatoire autant et plus qu'une somme de procédés où l'insolite prend ses libertés. M. Voltz l'a pertinemment laissé entendre à plusieurs reprises avant que les derniers débats n'abordassent de front la question. J'avais pensé un moment intituler ce colloque « Colloque sur la dramaturgie contemporaine », mais j'ai reculé devant l'imprécision du terme dramaturgie, dont les linguistes ne vont pas tarder à mettre en relief les incertitudes sémantiques. Le dramaturge est-il le créateur, entendez par là l'auteur du texte écrit, ou le responsable de l'écriture scénique, c'est-à-dire le metteur en scène, le scénographe, ou encore ce nouveau maître d'œuvre qui se propose, à la manière d'un chef d'orchestre, d'assurer la liaison entre le texte et le plateau ? L'adaptation des textes à la scène a fait l'objet, entre autres publications, des précieuses recherches de MM. Jacot et Bablet. Aussi bien notre information scénographique a-t-elle, sur ce point, beaucoup progressé. En revanche, la construction même du spectacle présenté sur scène, imaginée la plume à la main par l'auteur, les moyens de la durée du spectacle, la convergence des procédés d'expression qu'impose l'actualisation de l'onirique et de l'irréel pour le spectateur, restaient à découvrir. Mieux valait donc, plutôt que de parcourir les chemins divergents d'une dramaturgie au sens discuté, pénétrer la problématique réelle des auteurs par le moyen du double thème de l'onirisme et de l'insolite. Les données psychologiques liées à ce thème deviennent, en effet, chaque jour, la matière de nombreuses pièces dont les motivations profondes ne laissent pas, au demeurant, d'être fort dissemblables.

Il était naturel que le colloque s'interrogeât d'abord sur la nature et les formes de l'insolite au théâtre dont l'onirisme est un des aspects voyants. Formes assurément multiples, diverses ou volontairement diversifiées, retenues pour leur caractère étrange, pour ne pas dire étranger. La séduction un peu trouble de l'insolite vient de sa nature jaillissante, surprenante, qui révèle la puissance de l'imaginaire dans l'acte créateur en même temps que le charme du renouvellement des apparences, chez le spectateur. L'insolite, par les écarts de la mode, découvre l'indéfini besoin d'innovation de notre société moderne, entr'aperçu par Baudelaire dans *l'Art romantique :* Image d'un mal qui se propose comme son remède, ressort d'un univers de jeu gratuit et pourtant en secrète connivence avec un réel dont il fait fi. M. Béhar a mis en évidence chez Jarry le postulat de l'insolite monstrueux, en l'occurrence les aberrations du principe d'identité. Le créateur d'*Ubu* fait table rase de l'univers cartésien et entretient volontairement un divorce, une non conformité entre le signifiant et le signifié. Divorce qui sonne le glas du théâtre traditionnel puisqu'il met en cause, par la provocation et la parodie, les formes du théâtre symboliste et, d'une manière plus générale, les schèmes dramaturgiques admis par les auteurs et les maîtres de l'Université.

La liberté retrouvée conduisait à la fantaisie gratuite et ouvrait la porte à l'insolite scénique. Mme Benmussa en demeurant dans le domaine des préalables fit justement remarquer que l'insolite, bien loin d'être étranger au fait théâtral, lui était, en réalité, consubstantiel. A l'identité : Théâtre = vie, fondement du théâtre réaliste, elle préféra l'identité : Théâtre = jeu. Elle peut ainsi affirmer comme une donnée irrécusable, que toute entreprise théâtrale, toute présence d'une scène et d'un acteur constituait la base d'un univers insolite. Ecarter l'insolite du plateau c'est donc amoindrir la vocation du théâtre, en contester ou en renier l'essence. Dès lors se légitime, à tous les niveaux que nous allons découvrir par la suite, la tentation de proposer ou d'imposer, en tout cas, d'utiliser et de diversifier, cette potentialité d'insolite contenu dans le fait théâtral lui-même. Sans doute le théâtre classique et même le théâtre romantique français ont-ils redouté cette liberté d'imagination, « ce sommeil de la raison qui engendre les monstres ». L'insolite, repris à son compte par le XXe siècle, ne fait donc que remettre le théâtre en possession de son bien, au point que Mme Benmussa a pu se demander si le « théâtre engagé », quand il renonce à l'étrange et au rêve, ne se prive pas d'un moyen puissant d'atteindre le public au niveau infra-conscient pour se complaire dans un intellectualisme trop symbolique et allégorique.

A ce point de son analyse, Mme Benmussa abordait le problème même de la nature de l'insolite sur lequel M. Voltz devait s'interroger longuement. L'insolite suppose la perception d'un déplacement, d'un décalage, M. Voltz dira d'une *rupture*, que le théâtre amplifie par les moyens de la démesure et de la disproportion. Cette rupture saisie par le spectateur étonné et troublé a le mérite de provoquer une activation de la tension dramatique et d'élargir le champ de possibilités des effets théâtraux puisque la scène peut accueillir l'accidentel, l'absurde, l'invraisemblable. L'insolite qui n'est pas une catégorie dramaturgique demeure un précieux ingrédient, un catalyseur efficace de la représentation fondée sur le jeu, auquel participent auteur, metteur en scène, acteurs et spectateurs.

Ces trois premières communications dégagèrent ainsi avec netteté, mais par des voies différentes, la nature de l'effet insolite, auquel les orateurs suivants apportèrent des éclaircissements nouveaux sans s'écarter sensiblement du vocabulaire de leurs prédécesseurs. On parla de *glissement* au lieu de *déplacement*, de *fissure* ouvrant sur l'imaginaire au lieu de *rupture*, bref d'une surprise, difficilement surmontée ou surmontable, engendrant progressivement un sentiment d'alacrité ou de malaise. Dans l'alacrité, le spectateur se laisse gagner par le plaisir de jouer avec les mots, avec les trouvailles d'une mise en scène bizarrement spectaculaire ou dérisoire. Il se sent avec l'auteur, qu'on fasse peu ou prou appel à son imagination ou à ses rêves, constructeur d'un univers, d'un microcosme où règne la liberté. Or, cette liberté a la grâce ingénue et émerveillée qu'engendre la découverte du paradis de l'enfance, heureusement restitué dans les œuvres de Louis Foucher, de MM. Weingarten et Obaldia. Dans le malaise le spectateur se sent entraîné sur un terrain glissant. Il perçoit une tension gênante dans le climat du spectacle. Il ne retrouve plus la sécurité du connu et du stable : aussi naît son angoisse qui est pressentiment de l'irrémédiable, c'est-à-dire, tout simplement du tragique.

Les effets de l'insolite sont d'autre part multipliés par le fait même que cette rupture dans les habitudes se produit à des niveaux et à des points de vue différents. La perception de l'insolite s'effectue à un niveau psychologique, mais la préparation de cette réaction peut être voulue, calculée par l'acteur comme par le scénographe — P. E. Heymann l'a bien montré —, par le dramaturge aussi, quand il use ou abuse de certaines techniques théâtrales, monologues ou *a-parte*, chez Tardieu par exemple, ou grossissements clownesques chez Ionesco, par le metteur en scène enfin, quand il souligne à plaisir le caractère de gratuité ludique du spectacle ou l'étrangeté presque fantastique d'une situation. Le théâtre dans le théâtre d'Anouilh offre aux professionnels une matière riche en ce sens, et d'un insolite de théâtralité souvent réduit à lui-même. Pourtant, plus généralement, l'insolite a partie liée avec l'onirisme car — et c'est un point acquis au terme de ces débats —, il n'est guère d'auteurs contemporains qui n'aient renoncé à projeter sur scène leurs propres fantasmes, que ceux-ci soient déterminés par les situations d'une existence personnelle ou les vicissitudes d'une société en mutation ou en convulsions. Et le fait même de la projection d'un vécu psychologique dans un cadre conçu naguère pour l'action constitue, à lui seul, un des problèmes fondamentaux de notre théâtre actuel, mais surtout une tentative insolite en soi sur laquelle les théoriciens comme les historiens du théâtre n'ont pas fini d'épiloguer.

A l'interrogation sur la nature de l'insolite la suite des débats fit succéder peu à peu la recherche de la signification de la même notion et laissa apparaître entre les orateurs un clivage essentiel aboutissant à des exclusives de points de vue aussi fondamentales que compréhensibles.

Dans un premier cas, l'insolite se révéla comme un moyen de faire surgir des images signifiantes, renvoyant à un signifié assimilé à une cause originelle, constituée, en l'occurrence par des obsessions refoulées, ou bien inversement, postulait une finalité cachée, foyer de polarisation de l'ensemble des signes qui tiraient leur force et leur signification de leur relation à cette raison ultime des effets scéniques. Une pulsion archétypale ou une orientation ontologique commandait donc l'activité ludique et réorganisait secrètement son désordre et sa gratuité appparents.

L'œuvre de Ionesco, telle qu'elle fut présentée par M. Lioure, répondait bien à une hantise fondamentale, la prolifération, avec, en arrière-plan, le spectre du cancer qui apparaissait comme une des formes tangibles de l'idée de mort. L'absurdité de la condition humaine insère l'homme dans un monde d'additions et de multiplications où l'individu succombe finalement, étouffé et écrasé. L'Avoir interdit l'Existence. Les paroles de chaque personnage ne font qu'épeler les êtres, les choses ou les idéologies sans leur donner une cohérence, une consistance qui les sauveraient de l'inanité. La lourdeur des choses, dans le domaine du concret tout comme le non-sens du dialogue dégagé par la parataxe, sur le plan des abstractions verbales, disent moins la bizarrerie du monde appréhendé hors des usages que l'inconfort véritable de la vie, la perpétuelle interrogation de l'existence qui se remet en cause par le seul fait de porter sur soi un regard insensible aux conventions et aux convenances. L'insolite perçu par le spectateur a donc pour signification majeure d'exprimer avec le maximum de force un insolite existentiel.

L'analyse de l'œuvre de Beckett conduisait M. Onimus à des conclusions semblables déterminées par les facteurs essentiels d'une dramaturgie de type onirique dégageant peu à peu la convergence de ses significations. Il y a chez Beckett un constat inhabituel et par là insolite, mais impossible à éluder, si on le suit, de la toute puissance du vide et du silence qui absorbe l'homme et suscite chez lui un désarroi angoissé et un appel décontenancé, voire désespéré à un moyen de salut. La perception de l'insolite s'accompagne de la prise de conscience d'une décevante solitude qui relance l'interrogation au niveau ontologique. Aussi bien le constat d'impuissance de toute action provoque-t-il un effet comique qui se fige et se glace. Là encore l'insolite théâtral n'est que l'image d'un insolite profond découlant du fait d'exister perçu avec des yeux qui se veulent déssillés.

Cette position fut jugée excessive par certains participants qui s'en tinrent à une interprétation ludique de l'onirisme scénique et récusèrent les conséquences d'un pessimisme radical. Ainsi se dessina parmi les avis une seconde tendance qui ramena la signification de l'insolite à sa pure fonction de jeu. De l'insolite du monde on revint à l'insolite du spectacle. Le fait d'exister n'étant pas perçu comme singulier — vieille querelle Pascal — Voltaire — l'univers ludique se révèle satisfaisant en lui-même dans les potentialités de sa structure en dehors de toute référence extrinsèque à lui-même dont il serait l'effet ou le reflet. L'ambiguïté des signes propose une polyvalence de significations que chacun développe à sa guise et s'accompagne d'une gratuité pleine de fantaisie qui fait naître une euphorie très communicative. La représentation d'*Adorable Peau d'Ange* de Louis Foucher, en créant un concert inattendu de sonorités verbales, de contrepèteries sur un rythme débridé en administra une preuve surprenante. Dès lors, le metteur en scène, comme l'expliquait P. E. Heymann, pouvait privilégier les effets insolites d'une pièce, les développer pour tirer un meilleur parti scénique aux dépens même parfois des prises de position de l'auteur décidé à rester le maître du jeu alors même que son texte lui échappe dans la confrontation de l'acteur et du public. Ainsi se dégageait l'idée d'un insolite qui soulignait moins l'inanité des êtres que la vacuité d'un texte, forme creuse et matrice du mythe théâtral.

Les analyses des motivations profondes des écrivains renvoyaient ainsi aux problèmes de l'écriture théâtrale appréhendés au niveau de la stylistique et par-delà aux difficultés de la construction dramaturgique, un peu laissées dans l'ombre au départ. L'insolite verbal retint, à juste titre, toute l'attention de M. Monférier et de M. Lioure comme de Mlle Weil. Les jeux de langage s'épanouissaient dans les pièces de Schéhadé comme dans celles de MM. Obaldia et Weingarten après avoir fait le succès de *la Cantatrice chauve* et surtout de *Jacques ou la Soumission*. Ils ouvraient la voie aux plus singulières fantaisies scéniques : la vision enfantine, chère aux auteurs, trouvant son expression dans le langage comme dans la miniaturisation ou la déformation des êtres et des choses. Leur fonction était de ne jamais laisser l'esprit en repos, de créer les conditions d'une liberté intérieure, gage de la liberté tout court et par-là même d'ouvrir la voie à un théâtre de l'éveil et de la vigilance chez René de Obaldia, de l'imaginaire chez Romain Weingarten mais aussi de la poésie comme le rappelait M. Robin avec l'exemple de Schéhadé.

De la poésie à la poétique de l'onirisme et de l'insolite sur le plan dramaturgique surtout il n'y a pas loin. La troisième journée de ce colloque, en restituant à l'étrange le pouvoir d'exiger et de susciter une nouvelle architecture scénique, ramena les débats sur un plan méthodologique et technique et non plus ontologique. On regagnait un terrain où l'entente était profonde et les conclusions positives. Il y avait en effet beaucoup à gagner à reprendre la problématique de l'insolite au niveau de l'inspiration et de la recherche même des auteurs. Le témoignage de Mme Jacqueline Adamov sur le drame intérieur d'Arthur Adamov fut à cet égard exemplaire. Le problème précis, en effet, fut celui des difficultés éprouvées par le dramaturge lorsqu'il essayait de faire passer ses fantasmes à la scène. Sans doute y eut-il chez Adamov une angoisse liée à sa propre personnalité, à l'ensemble de ses traits caractériels, mais il y eut aussi une réelle inquiétude d'artiste préoccupé de créer un univers théâtral, une structure scénique où ses rêves (ou cauchemars) d'homme, comme ses convictions de militant, pussent avoir leur place légitime. Je n'en veux pour preuve que la longue conversation que j'eus avec lui à l'*Old Navy*. Le même souci d'aborder les problèmes dramaturgiques donna à la communication de M. Petit tout son prix. Il y avait intérêt à dégager patiemment les aspects d'une combinatoire scénique aussi complexe et aussi élaborée que celle de Genêt. Le jeu théâtral, qu'il renvoie ou non à des présupposés, qu'il se satisfasse de ses propres effets, dès l'instant qu'il a créé son propre univers, exige pourtant une certaine perfection dans sa construction même. Les analyses de M. Petit ont fortement montré que le jeu de miroirs constituait comme la structure fondamentale des *Nègres* et du *Balcon*, structure permettant précisément à une forme de devenir ce mythe, à travers lequel chacun pouvait se reconnaître et se réaliser.

L'insolite apparaissait comme un catalyseur précieux qui, dès l'instant où il était accepté et introduit, provoquait le renouvellement complet de l'écriture théâtrale, au sens large du terme, et poussait la critique littéraire dans ses derniers retranchements en l'obligeant à rechercher les éléments du succès scénique dans les domaines les plus inattendus. Insolite, un théâtre qui fait fi de la chronologie, des combinaisons ordinaires de l'intrigue, des références plus ou moins avouées à une esthétique réaliste. Insolent, un théâtre qui, indifférent ou hostile, dédaigne avec la rhétorique, la séduction des scènes à faire et l'effet des morceaux de bravoure. Singulière, une dramaturgie qui propose une représentation dont le jeu se polarise autour de schèmes récurrents et harmonieux, où les pulsions infra-conscientes, les images signifiantes comme le miroir chez Genêt, le mur ou le maëlstrom chez Ionesco, se conjuguent et se renforcent, soutenues par les trouvailles du style et de la scénographie, pour donner moins une illustration d'un texte qu'un spectacle qui laisse bientôt deviner son centre de gravité en même temps que son charme et sa signification.

Ainsi, sur le plan théâtral, le recours à l'insolite et à l'onirisme découvre-t-il la valeur, mais aussi la difficulté d'une dramaturgie où le spectacle est privilégié, ce spectacle exigeant de l'écrivain une reconversion dans le domaine de l'expression puisqu'on joue avec des mots qui auront pour écho, si l'on peut dire, des images et aussi la prise en compte des réactions du public. Il invite le chercheur, à travers l'analyse des textes conçue en fonction de leur potentialité de mise en scène, à mesurer l'effet sur le public des phénomènes de convergence, de correspondances, d'équilibre des éléments scéniques, mais aussi des aspects dynamiques de l'architecture théâtrale, nouveaux moyens de plaire et de toucher du théâtre contemporain. La confrontation du théâtre occidental et du théâtre chinois n'a pas été sans mérite à cet égard. La prise de conscience de la révolution scénique déterminée par l'irruption de l'insolite et de l'onirisme à la scène française a montré que les règles d'approche de la dramaturgie devaient être désormais adaptées au nouvel objet de leur recherche. Rien ne peut être compris au niveau du seul langage. Il faut appréhender et apprécier cette nouvelle esthétique sur tous les plans, au niveau de l'expression corporelle, de la chorégraphie suggérée par les indications scéniques comme au niveau du dialogue. L'insolite et l'onirisme au théâtre, pour être reconnus et jugés, exigent une vision globale du spectacle. Sur la scène le Un est le Tout et le Tout est Un comme l'a fort justement dit, en conclusion, un participant.

COLLOQUE SUR
L'INSOLITE ET L'ONIRISME
DANS LE THEATRE FRANÇAIS CONTEMPORAIN

Les élèves comédiens et régisseurs du groupe XIV (1ʳᵉ année) présentent en lecture :

« *Adorable Peau d'Ange* »,
de Louis FOUCHER

Récitants .... { Catherine Sumi
                                 { Lysiane Lecuyer

Jenny Peau d'Ange .... Barbara Renkès

L'assassiné .... Jean-Jacques Scheffer

Pervenche .... Claude-Bernard Pérot

Madame Emme .... Marie-Agnès Chaloine

La petite Mirobola .... Isabelle Rattier

Le Colonel .... Yvan Guignard

Adonis Q sur son cheval .... Hervé Loichemol

Le palefrenier-ponctueur de phrases d'Adonis Q .... Bruno Coleur

Aldo .... Alain Buttard

Tobie Fleur de Nave .... Patrick Le Mauff

La vachère en sa fenêtre .... Frédérique Pierson

Le grand Saxhorn .... Pierre Soullard

Le tueur au triste sourire .... Jean-Jacques Scheffer

« *La politique des restes* »,
d'Arthur ADAMOV

Récitant .... Marie-Agnès Chaloine

Johnie Brown .... Pierre Soullard

Joan Brown .... Françoise Lafond

James Brown .... Hervé Loichemol

Le Docteur Perkins .... Alain Buttard

M. Galao .... Jean-Jacques Scheffer

Tom Guinness .... Pierre-Yves Lohier

Jimmie Madison .... Bruno Coleur

L'Avocat Général .... Françoise Benejam

La Défense .... Danièle Klein

La Partie Civile .... Catherine Sumi

Le Président .... Yvan Guignard

Le Greffier .... Claude-Bernard Pérot

Un Policier .... Patrick Le Mauff

Jacques Esmieu
Régie : Pierre-Yves Lohier

TABLE DES MATIERES

Section I

SOURCES ET PROBLÉMATIQUE DE L'INSOLITE ET DE L'ONIRISME

Section II

LES LIBERTÉS INSOLITES DU RÊVE ET LA DRAMATURGIE

Section III

ONIRISME SCÉNIQUE ET REPRÉSENTATIONS DE LA SOCIÉTÉ

Appendice

ACHEVÉ D'IMPRIMER PAR
L'IMPRIMERIE TARDY-QUERCY-AUVERGNE
46001 CAHORS
Dépot légal : 2ᵉ trimestre 1974
30549